皇龍寺 | 황룡사

皇龍寺

황 룡 사

터 잡고 꽃을 피우다

조 원 창 지음

서경문화사

서문 —

　　신라 진흥왕 때 창건된 경주 황룡사는 왕권을 상징하는 국찰이었다. 구층목탑이 몽고 전란기에 소실되기 전까지 황룡사는 각 왕조의 정신적 지주 역할을 담당했던 것으로 생각된다. 지금은 건축물이 훼실되고, 그 터만 남아 있지만 가람배치 및 유물에서 느낄 수 있는 웅장함과 장엄함, 장식적 아름다움 등은 삼국시대 최고라 간주해도 결코 무리가 아니라 생각된다. 특히 발굴조사 과정에서 수습된 치미는 당시 황룡사 중금당의 규모가 얼마나 컸었는지를 가늠케 해준다.

　　황룡사와 관련된 기록은 삼국유사와 삼국사기에 개략적으로 기술되어 있다. 하지만 창건가람과 관련된 고고학적 자료가 영성함에 따라 연구자들간에 여러 의견이 제기되고 있는 실정이다. 이는 황룡사의 축조 시기와 개별 건물의 배치, 그리고 현재 구층목탑 심초석의 조성 시기에 이르기까지 다양하다. 이러한 제 견해와 필자의 황룡사에 대한 궁금증은 이 책을 쓰게 된 결정적인 계기가 되었다.

　　본서는 7편의 논문으로 구성되어 있다. 주제는 수막새, 치미 등의 유물을 비롯해 기단과 심초석, 주두와 소루, 탑파를 통한 대외교섭 등 필자의 관심사를 주로 다루었다. 이 과정에서 백제의 건축·토목기술이 신라 황룡사에 유입되는 과정을 살필 수 있었고, 또한 중국 남조대에 유행하였던 돌대식 수막새가 황룡사 창건와에 사용되었음을 확인할 수 있었다. 그리고 182cm에 이르는 대형 치미가 연화문을 통해 6세기 후반이 아닌 7

세기 중반 무렵 중금당에 사용되었음도 알게 되었다. 이 외에 구층목탑의 심초석이 본래 백제의 조탑공이었던 아비지가 축조한 것인지, 아니면 통일신라기에 새롭게 조성된 것인지에 대해서도 층위와 출토유물의 관계를 통해 면밀히 검토해 보았다. 특히 황룡사 구층목탑과 관련된 '塔初成'은 필자로 하여금 창건가람의 존재를 의심케 하는 동기가 되었다. 하지만 여러 편의 논고를 집성하는 과정에서 상호간의 논지차이도 어렵지 않게 살필 수 있다. 이는 10여 년 전의 생각이 현재 시점에서 바뀌었음을 의미하는 것이기에 이를 감안하여 읽어봐 주시길 바란다.

황룡사는 저지대이면서 연약지반인 기반층을 2~4m 정도 성토하고 그 위에 건축물이 조영되었다. 본래 사역이라는 것이 불과 법을 모셔놓은 가람과 승이 머무는 승방으로 구분되었음을 볼 때 황룡사의 본래 사역은 지금보다 훨씬 더 넓었던 것으로 생각된다. 이들 건축물을 조성하기 위한 대규모의 토목공사는 건축공사 못지않게 많은 시간과 노동력을 요구하였다. 특히 성토된 대지에서 수습된 고배 등의 신라 토기는 현재의 황룡사가 6세기 후반에 이르러 창건되었음을 추정케 하고 있다.

황룡사는 대찰이면서 국찰이었기 때문에 여느 사찰과 비교해 장엄성과 장식성 등이 한층 더 돋보였을 것으로 생각된다. 그러나 구층목탑을 구성하였던 공포 형식이나 지붕의 구조, 기와의 즙와 등에 대해선 아직까지 충분한 연구가 진행되지 못하고 있다. 그런 점에서 아비지와 관련된 7세기 전반대의 백제 고고학 자료는 중요한 지표가 될 수 있을 것이라 생각된다. 이는 향후 고고학뿐만 아니라 건축학 분야, 혹은 협업을 통해 활발히 진행되어야 할 것이다.

황룡사지에서는 다양한 유물이 수습되었다. 몇몇의 중요한 것은 국립경주박물관에 전시되어 있지만 대부분의 많은 유물들이 수장고에 보관되어 있어 아쉬움이 크다. 아울러 최근에는 황룡사 중문 남쪽 대지에 대한 발굴조사를 통해 신라 고대의 부엽공법과 토제(土堤, 土丘) 등의 토목공법이 알려지기도 하였다. 이러한 새로운 유물, 유구의 등장은 앞으로도 황룡사에 대한 연구가 끊임없이 이어질 수 있는 징검다리가 될 것이다. 향후 시간이 허용되는 대로 하나하나씩 정리하고픈 생각이 든다.

금번 책자를 간행하면서 많은 분들의 도움이 있었다. 먼저 상업성이 떨어짐에도 불구하고 흔쾌히 출판을 감행하신 서경문화사 김선경 사장님께 고마운 마음을 전하고 싶다. 지금까지 10여 권이 넘는 단행본을 함께 작업하였으니 전생에 많은 인연을 쌓았던 것 같다. 그리고 좋은 책이 되도록 많은 시간을 할애하신 김소라 책임편집자님과 한 자 한 자 교정에 힘써준 한혜리티지센타의 임종태 선생님께도 감사한 마음을 전한다.

하나의 논고를 작성하기 위해선 현지답사도 빼놓을 수 없는 작업이다. 그때마다 항상 길잡이가 되어준 아내 이은희와 아들 나한에게도 고마움 마음을 전하고 싶다. 이제 여든이 훌쩍 넘으신 부모님의 건강과 행복을 빌며 글을 마치고자 한다.

2020년 2월
熊津古城 아래에서
조원창

목차 — 황룡사

01

考古·文獻資料로 본 皇龍寺 畢功의 意味와 創建伽藍의 存在

I. 머리말

황룡사지(사적 제6호)는 경주시 구황동 320-1번지 일원에 위치하고 있는 신라의 대표적인 사지이다. 이의 발굴은 1976년부터 1983년까지 총 8차에 걸쳐 실시되었다. 조사면적은 담장 내부를 기준으로 동서 288m, 남북 281m로 약 82,928㎡였다.[1] 하지만 황룡사가 왕경과 인접해 있고, 주변 경관 또한 고려해 볼 때 대지조성은 위의 면적보다 훨씬 더 넓었을 것으로 판단된다.[2]

---

1)　文化財管理局 文化財研究所, 1984, 『皇龍寺 遺蹟發掘調査報告書』I, 43쪽.

2)　문화재청 홈페이지에 따르면 황룡사지의 사역은 약 390,418㎡로 적기되어 있다. 이는 백제 성왕의 능사로 알려진 능산리사지(28,989㎡)의 약 10배가 넘는 면적임을 보여준다.

　　대지조성의 범위는 회랑 내부의 佛界뿐만 아니라 승려들의 생활을 위한 요사 구역, 그리고 사원을 중심으로 한 주변 도로 및 광장 등도 포함하여야 한다. 따라서 황룡사는 553년(진흥왕 14) 착공되어 566년(진흥왕 27) 창건가람이 완공된 것으로 보고 있다. 그리고 569년(진흥왕 30)부터 584년(진평왕 6)까지는 담장 조성과 장육상 주조, 삼금당이 완성되었다. 삼금당이 축조되고 59년 후인 643년(선덕여왕 12)부터 645년까지는 백제 조탑공 아비지에 의해 구층목탑이 조성되면서 마침내 중건가람이 완공되었다. 이후 754년(경덕왕 13)에는 구층목탑의 남서·남동방향에 종루와 경루가 축조되었다. 마지막으로 고려시기에는 회랑이 단랑에서 복랑으로 바뀌고, 동서 회랑의 남단 건물 등이 폐기되면서 최종가람이 완성된 것으로 파악하고 있다.

그런데 황룡사지가 발굴되면서 원지반(뻘층) 및 대지조성토에서 검출된 6세기 후반경[3]의 토기편과 탑지, 금당지, 강당지 등의 부재는 566년에 완공된 것으로 파악된 창건가람의 존재를 심히 의문스럽게 하고 있다. 물론 발굴보고자들의 표현대로 탑지 및 금당지 등이 중건가람의 조성과 더불어 완전 멸실되었다고 볼 수도 있다. 그렇다면 축기부가 검출되지 않은 강당지의 부재는 과연 어떻게 이해할 수 있을까? 그 동안 발굴조사된 삼국~통일신라시기의 사지에서 강당지가 거의 대부분 확인되었음을 상기하여 볼 때 대가람 황룡사에서의 강당 부재는 쉽게 이해할 수 없다. 또한 삼국유사에서 구층목탑과 관련한 '塔初成'의 기사는 구층목탑 이전, 즉 창건가람기에 탑이 존재하지 않았음을 암시하고 있다. 이는 강당의 부재와 연계시켜 볼 때 황룡사 창건가람의 존재를 완전히 부정하는 것이어서 그 파장 또한 작지 않을 것이라 판단된다.

황룡사의 가람변천 과정에서 창건가람은 삼국사기에 기록된 '皇龍寺 畢功'과 직접적인 관련이 있다. 하지만 '功'이 창건가람이었다면 황룡사의 위상으로 비춰볼 때 일명 중건가람과 마찬가지로 당탑을 비롯한 여러 전각

단순히 회랑 내부만의 대지조성을 의미하는 것은 아니다.

3) 이러한 단각고배의 편년관은 그 동안 신라 고분 및 토기 연구자들에 의해 검증된 바 있어 어느 정도의 신뢰성을 인정할 수 있다. 이에 대해선 후술하고자 한다.

의 축조 기사가 짧게나마 표기되는 것이 당연할 것이다. 아울러 '功'이 창건가람이라는 등식 또한 그 어디에서도 찾아볼 수 없다. 이는 당초에 '功'과 창건가람의 관련성을 일차적으로 밝혔어야 했다.

위에 제시된 여러 의문은 결과적으로 '功'의 주체를 실체가 모호한 창건가람으로 파악하고, 여기에 발굴조사의 결과를 꿰맞춘 게 아닌가 하는 의구심을 낳게 한다. 따라서 본고에서는 '황룡사 필공'에 대한 의미를 문헌 및 고고자료를 중심으로 검토해 보고, 공의 주체를 창건가람이 아닌 대지조성으로 이해하고자 한다. 그리고 이를 바탕으로 일명 황룡사 창건가람은 처음부터 존재하지 않았음을 밝혀보도록 하겠다.

Ⅱ. 황룡사의 대지조성과 토목공법

건물을 조영하기 위해선 기본적으로 터파기나 성토, 판축 등과 같은 토목공사가 먼저 이루어진다. 이 과정에서 지하수의 배수를 위한 암거나 자갈석렬, 집수조 등도 함께 조성되는데 이러한 전체 작업을 흔히 대지조성이라 부른다. 이러한 과정을 거쳐 완성된 이후에야 비로소 건축공사를 실시할 수 있다.

황룡사지는 유구 내외의 시굴구덩이를 통해 개략적인 토층양상을 확인할 수 있다. 즉, 중금당지의 경우는 최하층인 갯벌토(흑색 泥土)[4]가 서쪽에

---

4) 이 토양은 황룡사 보고서의 집필자나 논자에 따라 원지반, 늪의 흑(회)색 니토, 뻘흙층 등으로 기술되고 있다. 이에 대해 필자는 본고에서 갯벌이나 뻘, 원지반, 늪이라는 표현보다 연약지반이라는 용어를 사용하고자 한다. 한편, 연약지반 아래에서 자갈층이 확인되고 있는데 이는 경주 대부분의 지역에서 검출되고 있다고 한다.

서 동쪽 방향으로 약간의 경사를 이루면서 지하로 연결되고 있으며,[5] 연약지반 위로는 자갈층과 흑갈색 및 황갈색점토층이 약 8.2척의 깊이로 축토되어 있다.[6]

이렇게 볼 때 경주 황룡사지는 흑색 니토인 연약지반 위에 대지조성을 하고 건축물이 축조되었음을 알 수 있다. 그런데 백제 사비기의 부여 능산리사지를 보면 연약지반 위에 성토작업을 할 경우 곧바로 축토하지 않고, 지하수 및 기존의 물을 배수하기 위한 연약지반 개량공법이 선행되고 있다. 즉, 자갈석렬을 비롯한 집수조, 석축 암거, 부엽공법, 말뚝지정 등이 대지조성 과정에서 공반되고 있다.[7]

따라서 경주 황룡사지의 경우도 연약지반 위에 2.5~4m 이상[8]의 대지조성을 실시하기 위해선 이의 개량공법이 필수적으로 사용되었을 것으로 판단된다. 하지만 황룡사지의 경우 대부분 시굴구덩이를 통해 토층조사를 실시하였기 때문에 발굴조사 보고서를 통한 전반적인 연약지반 공법은 확인할 수 없다.[9] 그러므로 여기에서는 대지조성에서 볼 수 있는 축토공법[10]을 중심으로 살펴보고자 한다. 아울러 황룡사 토목공법의 특성을 살

---

5) 이러한 층위 양상은 결과적으로 중금당지의 동쪽부인 동회랑지 부근으로 갈수록 성토의 깊이가 점점 더 깊었음을 판단할 수 있다.

6) 文化財管理局 文化財研究所, 1984, 『皇龍寺 遺蹟發掘調查報告書』Ⅰ, 48~49쪽.

7) 이에 대해선 조원창, 2010, 「백제시대 부여지역 저습지에 조성된 유적에서 나타나는 연약지반 개량공법 연구」『건축역사연구』73 참조.

8) '4m 이상'이라는 치수는 2017년 11월 24일 제14회 한국기와학회 정기학술대회를 통해 황룡사지 발굴조사에 직접 참여하신 신창수 선생님을 통해 알게 되었다.

9) 황룡사의 연약지반 개량공법은 6세기 중엽 신라의 대규모 토목공법을 이해하는데 중요한 지표가 될 수 있을 것이라 생각된다.

10) 흙을 성토함에 있어 경사지게 축토하는 것을 경사축토, 편평하게 축토하는 것을 수평축토라 부르고자 한다(조원창, 2012, 『기와건물지의 조사와 해석』, 서경문화사, 20~23쪽).

피기 위해 기존에 조사가 이루어진 백제, 신라시기의 대지조성에 대해서
도 검토해 보도록 하겠다.

1. 백제 사비기의 대지조성

최근까지 백제시대 건축유적은 대부분 부여 및 익산지역에서 발굴조사
되었다. 이들 지역의 유적은 시기적으로 백제 사비기에 해당되는 것들로
서 다양한 경사축토와 수평축토의 대지조성을 보여주고 있다. 축토에 사
용된 토양은 사질토 및 점질토로서 유적 주변의 구릉에서 채토하여 사용
하였음을 알 수 있다.

1) 부여 능산리사지 대지조성토[11]

원지형이 북고남저로써 북쪽의 강당지에서 남쪽의 중문지 방향으로
완만한 경사를 이루고 있다. 곡간 사이에 사지가 위치하고 있으며, 대형
배수로 및 암거, 집수조, 자갈석렬 등의 연약지반 개량공법을 살필 수 있

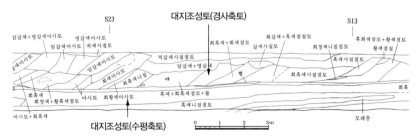

그림 1. 부여 능산리사지의 경사축토 대지조성(백제 사비기, 567년 이전)

---

11) 國立扶餘博物館·扶餘郡, 2000, 『陵寺』.

다. 수평축토와 경사축토가 동시에 사용되었으며(그림 1),[12) 상하 2단의 경사축토도 살필 수 있다. 마사토와 사질점토, 점토 등을 이용하여 축토하였다.

2) 부여 왕흥사지 대지조성토[13)

원지형이 북고남저로써 금당지 및 목탑지 부분이 수평축토로 이루어진 반면, 목탑지 남쪽부는 경사방향으로 축토되었다(그림 2).[14) 특히 목탑지 남쪽부분은 급경사로 인해 상하 2단에 걸쳐 경사축토가 실시되었으며, 상하면 사이에는 부분적으로 수평축토가 사용되었다.

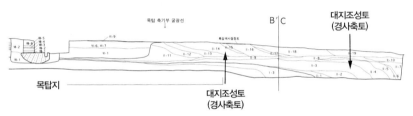

그림 2. 부여 왕흥사지의 경사축토 대지조성(백제 사비기, 577년 이전)

3) 부여 정림사지 대지조성토[15)

원지형이 북고남저로써 북쪽의 강당지에서 남쪽의 중문지 방향으로 경

12)　國立扶餘博物館·扶餘郡, 2000, 『陵寺』, 7쪽 도면 6.

13)　국립부여문화재연구소, 2009, 『王興寺址 木塔址 金堂址 發掘調査 報告書』Ⅲ.

14)　국립부여문화재연구소, 2009, 『王興寺址 木塔址 金堂址 發掘調査 報告書』Ⅲ, 33쪽 도면 5.

15)　국립부여문화재연구소, 2011, 『扶餘 定林寺址』.

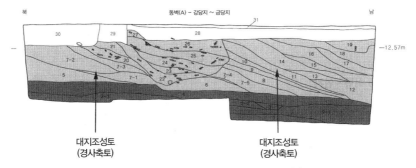

북 동벽(A) - 강당지 ~ 금당지 남

−12.57m

대지조성토
(경사축토)

대지조성토
(경사축토)

그림 3. 부여 정림사지의 경사축토 대지조성(백제 사비기, 7세기 전후)

사를 이루고 있다. 북에서 남으로 경사진 방향에 따라 경사축토로 대지조
성 되었다(그림 3).[16] 서회랑지 아래에는 대지조성토와 함께 집수조 및 우
물형 암거 등이 시설되어 있다.

4) 익산 미륵사지 대지조성토[17]

서탑 동쪽의 시굴구덩이를 통해 대지조성의 축토공법을 살필 수 있다.
수평축토와 경사축토가 동시에 사용되었으며(그림 4),[18] 왕흥사지와 같은
상하 2단의 대지조성도 확인된다. 대지조성토에는 기와편 등이 혼입되어
있다.

---

16) 국립부여문화재연구소, 2011, 『扶餘 定林寺址』, 67쪽 도면 13 중.

17) 國立扶餘文化財硏究所, 2001, 『彌勒寺址 西塔 周邊發掘調査 報告書』.

18) 國立扶餘文化財硏究所, 2001, 『彌勒寺址 西塔 周邊發掘調査 報告書』, 28−1쪽 도
면 5.

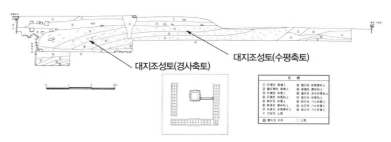

그림 4. 익산 미륵사지의 수평·경사축토 대지조성(백제 사비기, 7세기 초)

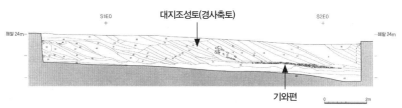

그림 5. 익산 제석사지 남회랑지 남쪽 경사축토 대지조성(백제 사비기, 7세기 초)

5) 익산 제석사지 대지조성토[19]

정교한 수평축토 및 경사축토의 대지조성을 살필 수 있다. 부분적으로 상하 2단의 경사축토가 확인된다(그림 5).[20] 사질점토를 중심으로 하여 대지조성을 실시하였다. 특히 S2E0 지점의 대지조성토에서는 기와편이 혼입되어 있는데, 이는 창건기 제석사와 관련된 유물임을 파악할 수 있다.

---

19) 국립부여문화재연구소, 2013,『帝釋寺址 발굴조사보고서』Ⅱ.

20) 국립부여문화재연구소, 2013,『帝釋寺址 발굴조사보고서』Ⅱ, 49쪽 도면 5.

6) 익산 왕궁리유적 대지조성토[21]

경사도에 따라 수평축토와 경사축토(그림 6)[22]가 적절히 활용된 고도의 토목기술을 보여주고 있다. 특히 궁장 남성벽 동측문지 중앙부에서는 夾築土 공법의 대지조성이 확인되고 있다.[23] 이는 동일 작업에서 선축된 경사 하단부의 경우 '／／／'방향으로 경사축토하고, 후축된 경사면은 '＼＼＼'방향으로 경사축토한 것이다. 그리고 성토하고 남은 'ᐯ'부분은 수평축토로 대지조성 하였다(그림 7).[24]

그림 6. 익산 왕궁리유적 경사축토 대지조성(백제 사비기, 7세기 초)

---

21) 國立扶餘文化財研究所, 2012,『王宮里 發掘中間報告』Ⅷ.

22) 필자 사진.

23) 왕궁리유적 대지조성토에 대한 특징은 아래의 논고를 참조.
     조원창, 2016,「익산지역 백제 건축유적에서 보이는 신 토목·건축 기술」『馬韓·百濟文化』28.

24) 國立扶餘文化財研究所, 2012,『王宮里 發掘中間報告』Ⅷ, 45쪽 도면 11.

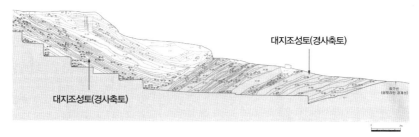

그림 7. 익산 왕궁리유적 남성벽 동측문지 중앙부 경사축토 대지조성(백제 사비기, 7세기 초)

2. 신라시기의 대지조성

고신라기 및 통일신라기의 건축유적은 그 동안 많은 지역에서 발굴조사 되었다. 그러나 대지조성을 확인할 수 있는 유적은 상대적으로 많지 않다. 그리고 초석이나 적심석, 기단석 등의 토층 현황을 파악하기 위해 조성된 트렌치가 대부분이어서 대지조성의 축토 범위도 전체적으로 넓지 않은 편이다. 따라서 본고에서는 그 동안 발굴조사된 신라시기의 유적 중 부분적이나마 대지조성을 파악할 수 있는 유구를 중심으로 그 현황을 살펴보고자 한다.

1) 경주 분황사지 대지조성토[25]

잔자갈과 모래로 이루어진 원지반층 위로 와편과 石群, 토기편, 소토 등이 혼입된 갈색 사질점토층, 황갈색 사질점토층 등이 수평축토 되어 있다 (그림 8).[26] 대지조성토에 소토 및 유물 등이 포함되어 있는 것으로 보아

25) 국립경주문화재연구소·경주시, 2015, 『芬皇寺 發掘調査報告書』Ⅱ.
26) 국립경주문화재연구소·경주시, 2015, 『芬皇寺 發掘調査報告書』Ⅱ, 239쪽 도면 26.

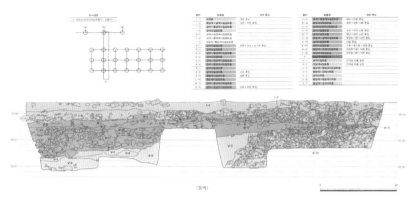

그림 8. 경주 분황사지 서남 회랑지 및 건물지 I 수평 토석혼축 대지조성
(통일신라기, 634년 이전)

인접한 지역에 선축된 기와건물지가 존재하였음을 유추할 수 있다. 층위의 정형성은 없어 보이고 석군이 다량 혼입된 대지조성의 특징을 보여주고 있다. 분황사의 창건 기사로 보아 대지조성은 634년 이전에 이루어졌던 것으로 추정할 수 있다.

2) 경주 사천왕사지 서회랑지 대지조성토[27]

사천왕사지는 서회랑지 동쪽 부분의 경우 정지작업을 통해 평탄화되었고, 서쪽 부분은 이의 잔토를 이용하여 성토다짐 하였다. 토층도를 보면 대지조성은 지형이 높은 곳에서 낮은 곳으로, 즉 서회랑지의 동쪽에서 서쪽 방향으로 경사축토 되었다(그림 9).[28] 대지조성 이전의 원지반은 회색

---

27) 국립경주문화재연구소, 2013, 『四天王寺 回廊內廓 발굴조사보고서』II.

28) 국립경주문화재연구소, 2013, 『四天王寺 回廊內廓 발굴조사보고서』II, 145쪽 도면 29.

1~3층 : 폐와무지 내부토	9층 : 대지 성토
4~6층 : 후대교란	10~14층 : 기존 퇴적토
7~8층 : 서회랑지 적심	

그림 9. 경주 사천왕사지 서회랑지 수평·경사축토 대지조성(통일신라기, 679년 이전)

뻘층 및 산화철 침전층으로서 본래 연약지반이었으며, 이의 대지조성은 사천왕사의 창건 기사로 보아 679년 이전에 실시되었음을 알 수 있다.

3) 경주 천관사지 대지조성토[29]

석탑지 아래에서 부분적으로 대지조성토를 살필 수 있다. 기단석 직하에는 토석혼축의 축기부가 조성되어 있다. 생토층 위로 회갈색 점질토+토기편, 황갈색 사질점토, 회흑색 사질점토, 암황갈색 점질토 등이 수평축토 되어 있다. 반면에, 석탑지 서쪽부의 흑갈색 점질토+돌, 기와편 다량층, 암황갈색 사질점토+소토입지+와편 소량층 등은 경사지게 축토되어 있다(그림 10).[30] 석탑이 8세기 중엽 이후[31]로 편년된 것으로 보아 대지조성은 그 이전에 축토되었던 것으로 볼 수 있다.

---

29) 國立慶州文化財硏究所, 2004,『慶州 天官寺址 發掘調査報告書』.

30) 國立慶州文化財硏究所, 2004,『慶州 天官寺址 發掘調査報告書』, 34쪽 도면 4.

31) 國立慶州文化財硏究所, 2004,『慶州 天官寺址 發掘調査報告書』, 261쪽.

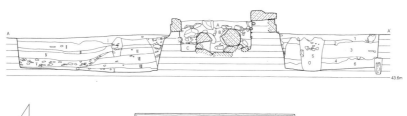

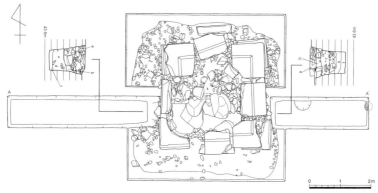

그림 10. 경주 천관사지 수평·경사축토 대지조성(통일신라기, 8세기 중엽 이전)

4) 경주 전 인용사지 대지조성토[32]

사지의 전반적인 토층은 0W60 Grid 동서트렌치에서 살필 수 있다. 토층도를 보면 생토층(Ⅳ) 위로 흑회색 사질점토(Ⅲ-2)와 사질토+기와+토기편(Ⅲ-1) 등이 포함된 층위가 수평축토 되어 있다(그림 11).[33] Ⅲ층은 유물의 편년을 통해 삼국~통일신라시대 층위로 추정되었다. 그리고 Ⅱ층은 통일신라~조선시대의 유물을 포함한 층위로 수평축토 되어 있다. 대지조

---

32) 國立慶州文化財研究所·慶州市, 2013,『傳仁容寺址 발굴조사 보고서』Ⅰ.

33) 國立慶州文化財研究所·慶州市, 2013,『傳仁容寺址 발굴조사 보고서』Ⅰ, 52쪽 사진 23.

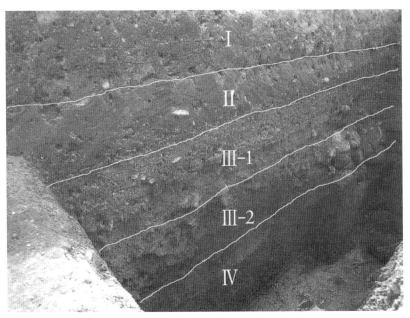

그림 11. 경주 전 인용사지 0W60 Grid 동서트렌치 남벽 수평축토 대지조성
    (통일신라기, 8세기 후반 무렵)

성은 출토유물과 석탑의 양식으로 미루어 8세기 후반 무렵에 이루어졌음
을 판단해 볼 수 있다.[34]

5) 울산 영축사지 대지조성토[35]

수평축토와 경사축토를 이용하여 대지를 조성하였다. 원지형이 급경사
를 보이는 석탑 남쪽 부분의 경우는 정교한 경사축토 공법을 사용하였다

---

34) 國立慶州文化財研究所·慶州市, 2013,『傳仁容寺址 발굴조사 보고서』I, 53쪽.
35) 울산박물관, 2016,『울산 영축사지 발굴조사보고서』I.

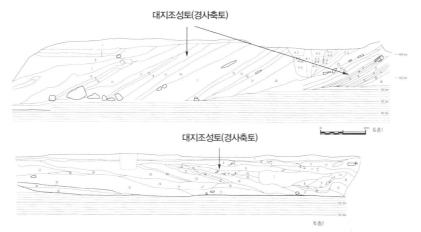

대지조성토(경사축토)

대지조성토(경사축토)

그림 12. 울산 영축사지 동탑지 남쪽의 경사축토 대지조성(통일신라기, 683년 이전)

(그림 12).[36] 축토에 사용된 토양은 점질토와 사질토가 주를 이루고 있다. 아울러 토층에서 일부 석재가 확인되고 있으나 층위를 이루지 않고 있어 축토 과정에서 혼입된 것으로 생각된다. 영축사의 창건이 683년인 것으로 보아 대지조성은 이 보다 이전인 신문왕 초기로 판단된다.[37]

3. 황룡사지의 대지조성

황룡사지의 전반적인 대지조성을 파악할 수 있는 동–서, 혹은 남–북의 전체 토층도가 없는 상태에서 이의 축토 과정 및 공법을 살핀다는 것은 쉽지 않은 작업일 뿐만 아니라 또 다른 오해를 불러올 수 있다는 점에서 많

---

36) 울산박물관, 2016,『울산 영축사지 발굴조사보고서』I , 도면 4 중.
37) 徐姈男, 2017,「統一新羅式 伽藍配置의 成立과 靈鷲寺 創建」『文化史學』 제48호, 63~64쪽.

은 주의가 요구된다.

황룡사지의 전체 토층은 크게 3개 층위로 구분할 수 있다. 먼저 생토층에 해당되는 회청색(갈색)자갈과 사질토(모래)가 있고, 그 위로 뻘층에 해당되는 흑색니토가 폭넓게 분포하고 있다. 그리고 흑색니토층 위로는 약 2.5~4m 이상의 대지조성토가 높게 축토되어 있다.

본고에서는 먼저 황룡사지의 대지조성토를 살펴보기 앞서 원지반에 해당되는 자갈과 모래층 및 뻘층에 대해 살펴보고자 한다. 이는 대지조성 외에 또 다른 토목공사에 해당되는 연약지반 개량공법이 실시되었음을 판단케 하는 것이어서 반드시 필요한 선행 작업이라 생각된다. 그런 다음 유구 내외에 조성된 시굴 구덩이를 통해 확인된 토층도를 중심으로 황룡사지의 대지조성 공법과 그 특성을 살펴보도록 하겠다.

1) 황룡사지의 기반층[38]

황룡사지를 포함한 경주 시내지역은 선상지로서 북으로는 소금강산과 명활산이 위치하고 있고, 남으로는 남산이 자리하고 있다. 그리고 남북으로는 동에서 서로 남천(문천)과 북천(알천)이 흐르고 있다. 또한 형산강의 본류인 서천이 경주 시내의 서쪽에 자리하며, 남천 및 북천과 합수하여 동해로 흘러 들어가고 있다.

위의 세 개 하천 중 홍수 범람 시 가장 큰 피해를 일으킨 것은 바로 북천(알천)[39]이었다. 이는 동쪽 높은 산지에서 발원하여 소금강산과 명활산

---

38) 이와 관련된 자료는 아래의 논고를 참조.
　　이기봉, 2002, 「新羅 王京의 範圍와 區域에 대한 地理的 硏究」『서울대학교 국토문제연구소 논문집 地理學論叢』 별호45.

39) 북천의 범람이 범상치 않았음은 원성왕 1년(785) 북천 북쪽에 거주하였던 김주원이 홍수로 인해 하천을 건너지 못해 왕이 되지 못하였다는 일화를 통해 확인할 수 있다. 아울러 구황동 원지유적과 가스관 부지에서 검출된 遮水 목적의 점토벽

줄기의 협곡을 통과하면서 경주 시내의 평야로 곧바로 흘러들어온 것과 밀접한 관련이 있다. 이러한 북천의 지리적 특성은 서천이나 남천에 비해 홍수 발생 시 그 위험성을 훨씬 더 배가시켰다. 반면 경주 시내 남쪽에 위치하고 있는 남천은 완만한 평지를 거치면서 운반력이 급격히 떨어져 홍수의 비해가 그렇게 크지 않았다.

북천의 하상에는 바위와 자갈, 모래 등이 뒤섞여 있다. 이에 비해 남천은 돌과 자갈이 섞여 있으나 모래가 대부분을 차지하고 있다. 따라서 북천에 의한 홍수 범람은 자연스럽게 경주 시내 지역을 자갈이 섞인 모래층으로 뒤덮어 놓았다.

황룡사의 원지반 역시도 경주의 여타 지역과 마찬가지로 자갈 섞인 모래층으로 이루어졌다. 그리고 이의 상층으로는 전체적으로 흑색니토가 덮여 있다. 결과적으로 흑색니토는 물이 고여 형성된 층으로서 황룡사 창건 이전의 해당 부지가 저습지(연약지반)였음을 판단케 한다.

그렇다면 이 저습지는 과연 어떤 과정에서 만들어지게 되었을까? 이는 향후 황룡사지 및 인접한 왕경이나 분황사 등의 토목공법 등을 이해하는 데 많은 도움이 될 수 있기에 언급해 보고자 한다.

저습지는 기본적으로 범람한 물이 웅덩이에 고이거나 용천수로 인해 형성된다. 이 중 황룡사의 저습지는 『삼국유사』의 기록으로 보아 북천의 범람보다는 용천수에 의해 형성되었음을 확인할 수 있다. 즉 『삼국사기』 및 『삼국유사』의 내용을 통해 그 사실을 살펴보도록 하겠다.

과 수리시설 기사 등도 이와 밀접한 관련이 있을 것으로 판단된다. 아래의 자료를 참조.

姜奉遠, 2005, 「신라시대 경주 북천의 수리에 관한 역사 및 고고학적 고찰」 『新羅文化』 25.

차순철, 2011, 「신라 왕경과 북천 범람에 따른 상관관계 검토」 『新羅史學報』 23, 176~178쪽.

가-1) (진흥왕) 14년 2월에 왕이 소사에게 명하여 월성 동쪽에 신궁을 지을 새, 그 곳에서 황룡이 나타나므로 왕이 이상히 여기어 이를 불사로 개조하고 절 이름을 황룡이라 사하였다.[40]

가-2) 이 나라에서 여태껏 불교 이치를 몰랐으나 이후 3천 여월 만에 계림에 거룩한 임금이 나서 크게 불교를 일으킬 것이다. 그 곳 서울 안에 일곱 곳의 절터가 있으니 첫째가 금교의 동쪽 천경림(지금의 흥륜사)이다. 금교는 서천교를 말함이니 세간에서는 잘못 송교라고도 부른다. 절은 아도가 처음으로 세운 뒤로부터 중간에 폐사가 되었다가 법흥왕 정미(526)에 새로 세워 을묘(535)에 크게 떠버리고 진흥왕이 역사를 끝냈다)이요. 둘째는 3천 가닥(지금의 영흥사이니 흥륜사와 같은 시대에 세웠다)이요. 셋째는 용궁 남쪽(지금의 황룡사이니 진흥왕 계유(553)에 공사가 시작되었다)이요. 넷째는 용궁 북쪽(지금의 분황사이니 선덕왕 갑오(634)에 공사가 시작되었다)이요.[41]

위의 내용을 살피면 황룡사는 모두 용과 관련된 사찰임을 알 수 있다. 용은 주지하듯 물에 사는 상상의 신수로, 흔히 바다나 연못 등에 사는 것으로 알려져 있다. 특히 연못에 사는 용은 백제 무왕의 탄생설화를 통해서도 쉽게 확인할 수 있다.[42] 따라서 삼국시대 용과 관련된 설화는 인물이나 사찰 등에 신성성을 부여하는 것으로서 곧 왕의 절대성, 사찰의 장엄성을 의미하는 것으로 이해할 수 있다.

황룡사는 위의 사서로 보아 황룡이 사는 용궁, 즉 연못이나 저수지 등에 축조되었음을 알 수 있다. 그리고 이러한 논지에 무리가 없다면 황룡

---

40) 『三國史記』卷第4 新羅本紀 第4 眞興王 14年條.
   李丙燾 譯註, 1993, 『三國史記(上)』, 乙酉文化社.

41) 『三國遺事』卷第3 興法 第3 阿道基羅條.
   리상호 옮김, 1990, 『北譯 三國遺事』, 신서원.

42) 『三國遺事』卷第2 武王條.

사의 흑색니토층은 북천(알천)에 의한 범람보다는 해당 부지의 용천수에 의해 형성되었음을 판단케 한다.

이상과 같은 역사적 기록은 한편으로 고고학적 층위를 통해서도 쉽게 파악할 수 있다. 즉, 북천은 삼국시대 이후 조선시대에 이르기까지 여러 차례의 범람이 있었고, 황룡사 창건 이전에만 두 차례의 범람 기사가 있다.[43] 그런데 황룡사지의 기반층인 자갈층, 혹은 자갈 섞인 모래층 위의 흑색니토층을 보면 범람과 관련된 층위가 하나만 관찰되고 있다. 이는 결과적으로 흑색니토층이 북천의 반복적인 범람과 관계없이 용천수에 의해 형성된 층임을 인지케 하고 있다. 만약, 북천의 범람에 의해 흑색니토층이 형성되었다면 범람 횟수에 따른 퇴적물(자갈, 혹은 모래) 등이 해당 층위에서 검출되어야 하나 이러한 잔재는 전혀 확인되지 않았다.

이처럼 황룡사지의 흑색니토층이 북천의 범람과 무관하다고 볼 수 있는 또 다른 근거는 북천 북안 지역에 비해 해발고도가 약 3~6m 정도 높고, 북천의 흐름이 북서쪽으로 치우쳐 있었다는 점이다.[44] 이러한 지형적 요인들은 결과적으로 황룡사 부지가 북천의 범람으로부터 큰 영향을 받지 않도록 하였다.

2) 유구 토층도를 통해 본 황룡사지의 대지조성토

황룡사지 대지조성토는 시굴 구덩이를 통해 확인되었기 때문에 전체적인 토층 양상을 살피기가 어렵다. 즉, 축토 방향이 어느 곳에서 시작하여

---

43) 160년(아달라이사금 7) 4월, 496년(소지마립간 18) 5월에 알천(북천)이 범람하였음을 볼 수 있다.
姜奉遠, 2005, 「신라시대 경주 북천의 수리에 관한 역사 및 고고학적 고찰」『新羅文化』 25, 342~343쪽 〈표 1〉 참조.

44) 차순철, 2011, 「신라 왕경과 북천 범람에 따른 상관관계 검토」『新羅史學報』 23, 180쪽.

어느 방향으로 진행하였는지를 자세히 확인할 수가 없다. 다만, 경사축토를 통해 지대가 높은 곳에서 낮은 곳으로 성토가 이루어졌음을 파악케 한다.

황룡사는 연못 혹은 저습지를 매립하여 대지를 마련하였기 때문에 성토 전 말뚝지정이나 부엽공법, 혹은 암거시설 등의 연약지반 개량이 반드시 실시되었을 것으로 생각된다. 하지만 당시 발굴 과정에서 이에 대한 조사가 이루어지지 않아 자세한 공법 등은 현재 확인할 수 없다.

따라서 본고에서는 시굴 구덩이를 통해 토층상태가 양호한 서금당지 및 강당지, 서회랑지 등의 대지조성토를 중심으로 이의 축토기법과 축토 재료 등을 살펴보고자 한다.

(1) 서금당지 대지조성토

연약지반인 회색니토 위로 점질토 및 점토 등이 경사방향으로 축토되어 있다. 특히, 동면기단 외곽의 대지조성토에서는 강자갈이 혼입된 흑색부식토층이 북동–남서방향으로 경사지게 혼입되어 있음을 볼 수 있다(그

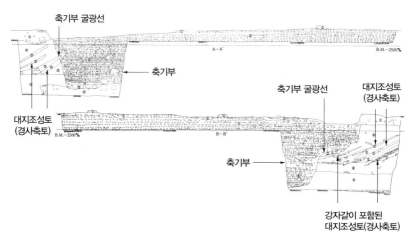

그림 13. 황룡사지 서금당지 경사축토 대지조성(신라)

림 13).[45] 토층도로 보아 서금당지 부분의 대지조성은 동쪽에서 서쪽 방향으로 진행되었음을 알 수 있다.

(2) 강당지 대지조성토

세부적인 토층은 표현되어 있지 않으나 강자갈이 포함된 역석층이 경사방향으로 확인되고 있다(그림 14).[46] 그리고 이 층위 주변으로 적갈색사질토가 폭넓게 분포하고 있는 것으로 보아 역석층이 별도 혼입되어 있음을 알 수 있다.

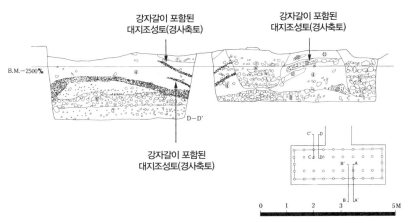

그림 14. 황룡사지 강당지 경사축토 대지조성(신라)

(3) 서회랑지 대지조성토

대지조성은 사질토와 점질토, 점토 등을 이용하여 경사축토로 이루어져 있다. 적갈색 점질토와 암갈색 사질토가 교차 성토된 것이 있는 반면,

---

45) 文化財管理局 文化財研究所, 1982, 『皇龍寺 發掘調査報告書(圖版編)』Ⅰ, 도면 32.
46) 文化財管理局 文化財研究所, 1982, 『皇龍寺 發掘調査報告書(圖版編)』Ⅰ, 도면 30.

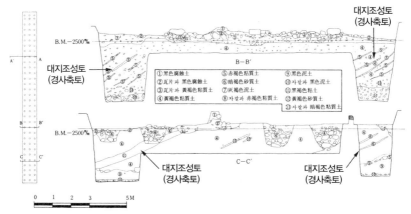

그림 15. 황룡사지 서회랑지 경사축토 대지조성(신라)

적갈색 점질토와 황갈색 점질토가 교차 성토된 것도 살필 수 있다. 그리고 대지조성 아랫면에서는 자갈이 포함된 적갈색 점질토가 수평으로 길게 축토되어 있음을 확인할 수 있다(그림 15).[47]

(4) 남쪽 담장 외곽지역 대지조성토[48]

이 지역에서는 대단위의 경사축토 대지조성과 암거 등이 검출되었다. 성토작업은 해발이 높은 동쪽에서 낮은 서쪽 방향으로 주로 진행하였다. 바닥면에는 역석을 깔고 그 위에 사질점토 및 마사토, 점토, 자갈점토 등을 이용하여 경사지게 축토하였다(그림 16~19).[49] 황룡사지 회랑 내부에서

47) 文化財管理局 文化財研究所, 1982, 『皇龍寺 發掘調査報告書(圖版編)』Ⅰ, 도면 36-2.
48) 경주시·신라문화유산연구원, 2018, 『皇龍寺 廣場과 都市』Ⅰ, 26~45쪽.
49) 경주시·신라문화유산연구원, 2018, 『皇龍寺 廣場과 都市』Ⅰ, 33쪽 도면 10 및 필자 사진.

그림 16. 트렌치 2 서벽 토층도. 사질점토, 니질점토, 점토, 자갈층 등이 경사지게 축토되어
     있다.

그림 17. 경사축토한 대지조성토에 자갈층이 포함되어 있다. 이러한 층위는 황룡사지
     경내에서도 관찰된다.

관찰된 것과 같은 자갈층이 부분적으로 확인되고 있다. 이러한 자갈층은
지면의 물을 배수하기 위한 시설로 파악되고 있다.

암거시설(그림 20)[50]은 지대가 낮은 W6 지점에서 검출되었다. 40cm 내
외의 할석을 이용하여 벽석을 조성한 다음 바닥면에 20cm 내외의 역석을

----

50) 경주시·신라문화유산연구원, 2018, 『皇龍寺 廣場과 都市』Ⅰ, 44쪽 도면 19.

그림 18. 대지조성토에 포함된 자갈　　　그림 19. 기와, 자갈 등이 혼입된 사질점토, 점토 등을
　　　　 층의 상면 모습　　　　　　　　　　　 이용하여 경사지게 축토하였다.

깔고 마지막으로 뚜껑돌을 덮어놓았다. 암거는 동서도로의 측구와 연결되면서 명거로 변화하고 있다. 암거의 상면으로는 황갈색 사질점토, 잔자갈이 포함된 갈색 사질점토, 점질이 강한 황갈색 점토 등을 동에서 서쪽방향으로 경사지게 축토하였다.

　이상으로 황룡사지의 대지조성을 개략적으로 살펴보았다. 시굴구덩이를 통한 부분적인 토층조사였기 때문에 전체적인 토층 양상은 파악할 수 없다. 다만, 연약지반인 흑색니토층 위로 점질토나 사질토 등을 이용하여 수평 및 경사축토로 대지조성이 이루어졌음을 확인할 수 있다. 특히, 전반적인 토층 양상으로는 볼 수 없겠지만 서금당지 및 강당지 등의 대지조성에서 자갈이 포함된 경사축토층이 검출되었다는 것은 황룡사지만의 독특한 토목기술로 이해할 수 있다.[51] 또한 서회랑지에서 관찰되는 점(질)토와

---

51) 이러한 토목기술은 최근 신라문화유산연구원에서 실시한 황룡사지 중문 남쪽부에서도 검출된 바 있다. 대지조성의 동일 공법으로 보아 이 부분까지 황룡사와 관련된 주변 사역으로 포함시킬 수 있을 것이라 생각된다.

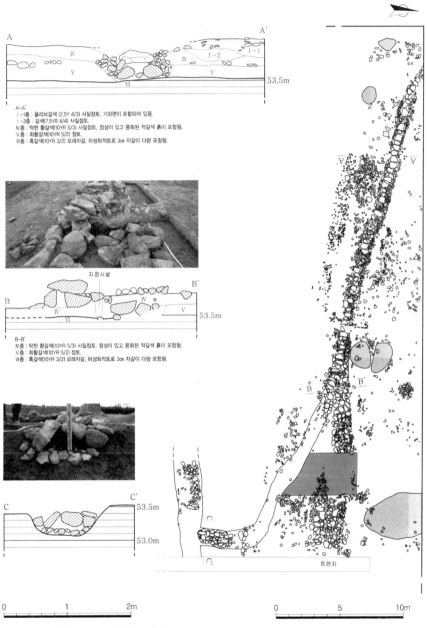

A-A'
I-1층 : 올리브갈색 (2.5Y 4/3) 사질점토, 기와편이 포함되어 있음.
I-2층 : 갈색(7.5YR 4/4) 사질점토.
IV층 : 탁한 황갈색(10YR 5/3) 사질점토, 점성이 있고 풍화된 적갈색 흙이 포함됨.
V층 : 회황갈색(10YR 5/2) 점토.
VI층 : 흑갈색(10YR 3/2) 모래자갈, 하성퇴적토로 3cm 자갈이 다량 포함됨.

B-B'
IV층 : 탁한 황갈색(10YR 5/3) 사질점토, 점성이 있고 풍화된 적갈색 흙이 포함됨.
V층 : 회황갈색(10YR 5/2) 점토.
VI층 : 흑갈색(10YR 3/2) 모래자갈, 하성퇴적토로 3cm 자갈이 다량 포함됨.

그림 20. W6 지점의 암거시설 평·단면도

사질토의 교차 축토는 마치 판축토성에서 확인되는 지내력을 갖추기 위한 토목기술 중의 하나로 판단해 볼 수 있다.

Ⅲ. 황룡사 필공의 의미와 창건가람의 존재

황룡사 대지조성의 축토시기를 파악하기 위해선 일차적으로 문헌검토가 필요하다. 그러나 『삼국사기』 및 『삼국유사』에는 주요 전각과 목탑 등 건축물의 조영에 관한 시기만 기술되어 있을 뿐 토목공사와 관련된 기록은 전혀 찾아볼 수 없다. 따라서 황룡사의 대지조성 축토 시기는 고고학적 발굴조사를 통해 수습된 유물을 통해 검토할 수밖에 없는 실정이다.

황룡사 창건 이전 해당 부지는 저습지로 알려져 있다. 이러한 곳에 황룡사와 같은 거찰을 조영하기 위해선 우선적으로 연약지반의 개량이 필요하였고, 그런 다음 성토와 같은 축토작업이 실시되었다.

따라서 대지조성의 축토 시기를 파악하기 위해선 이들 연약지반과 대지조성토에 혼입된 유물의 편년 작업이 무엇보다도 중요하다. 특히 연약지반과 대지조성토에 포함된 유물들의 경우 일종의 폐기물로 생각할 수도 있겠지만 황룡사의 창건 및 중건가람에 비해 층위상 선행한다는 점에서 그 중요성이 적지 않다.

그러므로 이들 층위에서 검출된 유물들은 대지조성의 축조시기를 파악하는데 결정적 도움을 준다. 아울러 해당 부지에 창건가람이나 중건가람이 구체적으로 어느 시기부터 조성이 이루어졌는지를 개략적이나마 밝혀준다는 점에서 그 중요성을 간과할 수 없다.

여기에서는 연약지반과 대지조성토에서 출토된 유물들을 기종별로 살펴보고, 이들의 제작시기에 대해서도 검토해 보도록 하겠다. 그럼으로써 궁극적으로는 황룡사 창건가람의 초축 시기가 언제였는지도 파악해 보고자 한다. 먼저 연약지반에서는 유개식고배 1점[52]과 대족 2점[53]이 수습되었고, 대지조성토에서는 유개식고배 1점[54]과 대족 3점[55]이 출토되

---

52) 文化財管理局 文化財研究所, 1984, 『皇龍寺 發掘調査報告書』I, 213쪽 삽도 5(그림 21).
동회랑지 아래의 흑색니토층에서 출토되었다. 배신의 저부 일부만 남아 있는 것으로 대족 상단부에 남아 있는 투공의 간격으로 보아 본래는 3개가 뚫려 있었던 것으로 추정되었다.

53) 文化財管理局 文化財研究所, 1984, 『皇龍寺 發掘調査報告書』I, 222쪽 삽도 54 및 223쪽 삽도 58.
서회랑지 아래 연약지반에서 검출된 대족(그림 22)은 대형 경질토기 동체부편과 함께 수습되었다. 대족은 회색경질토기로서 하단부만 남아 있다. 소형 투공이 있었던 흔적이 보이고, 하단은 점토대를 밖으로 길게 융기시켰다. 바닥 지름 6.5cm이다.
강당 동편 건물지 아래 연약지반에서 수습된 대족(그림 23)은 절두원추형으로 아래에 비하여 위가 급격히 좁아진 형태이며 중간 부분에 외면이 아주 날카롭게 각이진 돌대를 둘러 상하단을 구분하였다. 각각 2개씩의 방형 투공은 상하단이 교차되게 뚫려 있다. 대족의 하단은 반전시켜 위로 들려지게 하였다. 대족 높이 6.1cm, 바닥 지름 3cm이다.

54) 文化財管理局 文化財研究所, 1984, 『皇龍寺 發掘調査報告書』I, 213쪽 삽도 4(그림 24).
서측 남회랑지 아래에서 수습되었다. 대족은 거의 대부분 멸실되고, 배신도 일부 파손되었으나 구연이 안으로 심하게 기울어져 있고, 뚜껑받이 턱은 밖으로 길게 뻗어 있다. 짧게 남아 있는 대족의 상단부에서는 아주 작은 3개의 방형 투공 흔적을 볼 수 있다. 구경 10.5cm, 배신 높이 4.5cm이다.

55) 文化財管理局 文化財研究所, 1984, 『皇龍寺 發掘調査報告書』I, 223쪽 삽도 56(대족 1) 및 223쪽 삽도 59(대족 2), 224쪽 삽도 64(대족 3).
대족 1(그림 25)은 강당 동편 건물지 아래 대지조성토에서 수습되었다. 회색경질토기로 대족의 상단부 이상은 결실되었다. 외면은 각이 진 2줄의 돌대로 인해 상하단으로 구분되었다. 간격으로 보아 상하단에 2개씩의 방형 투공이 교차되게 뚫렸던 것으로 추정된다. 바닥 지름 5.5cm이다.
대족 2(그림 26)는 동측 남회랑지 1차 건물지 아래 대지조성토에서 출토되었다.

그림 21. 연약지반 출토 유개식고배

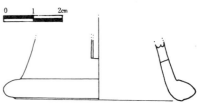

그림 22. 서회랑지 아래 연약지반 출토 대족

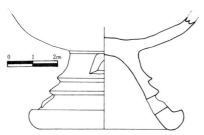

그림 23. 강당 동편 건물지 아래 연약지반
출토 대족

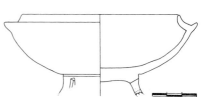

그림 24. 서측 남회랑지 대지조성토 출토
유개식고배

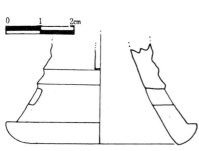

그림 25. 강당 동편 건물지 대지조성토 출토
대족 1

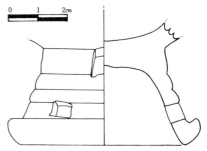

그림 26. 동측 남회랑지 1차건물지 아래
대지조성토 출토 대족 2

었다. [56)]

유개식고배는 배신부에서 입술이 심하게 안으로 기울면서 뚜껑받이 턱이 길게 뻗어 있다. 그리고 대족의 투공도 매우 작고 개수도 각 단에서 3개 혹은 2개로 줄고 있

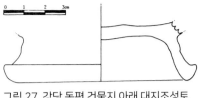

그림 27. 강당 동편 건물지 아래 대지조성토 출토 대족 3

다. 또한 대족 하단부의 경우도 上轉[57)]되어 위로 들려있음을 볼 수 있다. 이러한 여러 속성들은 대족에서도 마찬가지로 살펴지고 있다.

이러한 여러 특징들은 적석목곽분 최말기인 경주 보문리 부부총의 고배보다 후행할 뿐만 아니라 동궁과 월지 및 경주 남산 출토 고배로 이행해

회색경질토기로서 대족은 완전한 상태로 남아 있다. 외면은 둥근 돌대 2줄로 인해 상하단으로 구분되어 있으며, 각각 3개씩의 방형 투공이 교차되게 뚫려있다. 대족의 하단은 급격하게 위로 반전되었다. 대족 높이 3.1cm, 바닥 지름 6.4cm이다.

대족 3(그림 27)은 강당 동편 건물지 아래 대지조성토에서 수습되었다. 회색경질토기의 1단 대족으로 이의 하단은 반전되어 위로 들려졌다. 대족 높이 2cm, 바닥 지름 9.3cm이다.

56) 최병현은 연약지반 및 대지조성토에서 출토된 유물들의 하한을 569년 이전으로 파악하고 있다. 특히 연약지반에서 검출된 유물들의 경우는 553년을 하한으로 삼았다.
崔秉鉉, 1984, 「皇龍寺址出土 古新羅土器」 『尹武炳博士 回甲紀念論叢』, 239쪽.

57) 이러한 속성은 경주지역의 인왕 2호 수혈식석곽묘 및 월산 A80호 횡구식석곽묘와 B3호 수혈식석곽묘, 신원 1호 횡구식석곽묘 등에서도 살필 수 있다. 시기적으로는 6세기 후반 이후에 등장한 것으로 보고 있다.
宋相雨, 2009.12, 「慶州地域 古墳 出土 短脚高杯에 關한 硏究」, 경주대학교 대학원 문화재학과 석사학위논문, 48~49쪽.

가는 통일신라기의 과도기적인 속성을 내재한 것으로 파악되었다.[58]

　이처럼 유물의 형식학적 측면에서 황룡사지 연약지반 및 대지조성토에서 검출된 유개식고배는 고신라보다는 통일신라기의 특징에 좀 더 부합됨을 살필 수 있다. 이들 외에 무개식 고배, 장경호, 합 Ⅰ·Ⅱ, 臺附平皿, 뚜껑 등의 경우도 최병현은 그 편년을 6세기 중반 내지는 중기에서 극히 가까운 후반대로 추정하였다.[59]

　이러한 최병현의 유물 편년관은 사실 황룡사의 창건 기사와 직접적으로 연결되어 있다. 이에 대해 홍보식은 황룡사 창건가람의 존재를 의문시하면서 1차(창건) 가람의 완성시기를 584년으로 추정하였다. 그리고 황룡사 연약지반 및 대지조성에서 출토된 유물을 6세기 후반~7세기 전반으로 편년하였다.[60]

　하지만 이러한 홍보식의 유물 편년관 또한 그가 보는 황룡사의 1차(창건) 가람 관계 속에서 언뜻 이해하기 어려운 부분이 있다. 584년에 황룡사의 창건 가람이 완성되었다면 이의 대지조성은 시기적으로 이보다 훨씬 앞서야 된다. 즉, 연약지반 위에 건축공사를 실시할 경우 토목공사를 빼놓고 진행할 수 없기 때문이다. 홍보식의 논리대로 한다면 황룡사의 연약

---

58) 崔秉鉉, 1984, 「皇龍寺址出土 古新羅土器」 『尹武炳博士 回甲紀念論叢』, 241쪽.

59) 崔秉鉉, 1984, 「皇龍寺址出土 古新羅土器」 『尹武炳博士 回甲紀念論叢』, 248쪽.
　　이와 유사한 편년관은 송상우의 논고에서도 찾아볼 수 있다. 그는 연약지반(뻘층) 출토 단각고배의 생산 및 사용의 하한시기를 553년 이전, 대지조성층 출토 단각고배는 569년 이전으로 설정하였다.
　　宋相雨, 2009.12, 「慶州地域 古墳 出土 短脚高杯에 關한 硏究」, 경주대학교 대학원 문화재학과 석사학위논문, 41쪽.

60) 홍보식은 황룡사지 대지조성토 출토 유물을 제Ⅲ양식 F형식 및 제Ⅳ양식 I형식으로 설정하였다. 그리고 이의 편년은 전자의 경우 560~610년대, 후자는 640년으로 보았다(홍보식, 2001, 「6~7世紀代 新羅古墳 硏究」, 부산대학교 대학원 사학과 박사학위논문, 81쪽).

지반 및 대지조성토에서 검출된 유물들은 584년 이전으로 편년되는 것이 합리적이다. 왜냐하면 연약지반 및 대지조성토에서 검출된 유물들을 7세기 전반으로 편년한다면 창건가람 역시도 완공시기가 7세기 전반으로 늦춰져야 하기 때문이다.

필자는 신라토기에 대한 식견이 부족해 위 토기들에 관한 구체적인 편년관이 없다. 하지만 황룡사 및 이의 출토 유물을 연구하는 대부분의 연구자들이 적어도 584년을 황룡사 금당의 완공 시기로 신뢰하고 있다는 점에서 황룡사 연약지반 및 대지조성토[61] 출토 유물들의 편년은 결코 이 시기를 넘지 않을 것으로 생각된다.

이처럼 유물의 편년은 결과적으로 황룡사의 대지조성 시기를 밝혀준다는 점에서 그 중요성이 적지 않다. 그리고 현재까지의 신라토기(단각고배 등) 연구로 볼 때 황룡사의 대지조성은 대체로 6세기 후반 어느 시점까지 진행되었음을 알 수 있다. 이는 황룡사 창건가람과도 밀접한 관련이 있기 때문에 이에 대한 필자의 견해를 짧게나마 피력해 보고자 한다.

황룡사의 대지조성은 문헌으로 보아 553년(진흥왕 14) 무렵에 착수되었던 것으로 생각된다. 그리고 이 작업은 연약지반 및 대지조성토 출토 토기와 『삼국사기』 기록으로 보아 6세기 후반 즉, 566년 무렵(진흥왕 27)까지 실시되었던 것으로 생각된다. 즉, 위의 사서에 기록된 '…皇龍寺 畢功'이라는 기사를 통해 유추해 볼 수 있다.

지금까지 이 기사에 대해 발굴조사자를 비롯한 대부분의 연구자들은

---

61) 연약지반 출토 유물의 경우 층위가 최하층이기 때문에 출토 층위가 비교적 확연한 반면, 대지조성토 출토 유물은 그 층위를 확실히 알 수 없다는 점에서 해석상 여러 한계점이 있다. 예컨대 대지조성토 중 아래 층위에서 유물이 검출되었다면 이는 상대적으로 많은 양의 대지조성이 남아 있음을 의미할 뿐만 아니라 토목공사의 완공도 그만큼 늦어지게 된다. 이는 자연스럽게 건축물 조영과 같은 건축공사의 완공도 지체된다. 역으로 대지조성토의 상층에서 유물이 수습되었다면 이는 대지조성 과정과 건축물의 조영이 상대적으로 빨리 완료될 수 있음을 의미한다.

아무 의심 없이 황룡사 창건가람의 완성으로 이해하였다. 하지만 현재 드러난 황룡사의 사역(약 390,418㎡)[62]과 연약지반 및 대지조성토에서 검출된 유물은 이러한 기사 내용을 언뜻 신뢰하기 힘들게 하고 있다.[63] 특히 '畢功'의 어의에 대해선 그 어디에서도 확인할 수 없다. 즉, '功'이 건축물인지, 아니면 토목공사인지에 대한 고민이 지금까지 거의 이루어지지 않았다는 점은 반성할 부분이 아닌가 생각된다. 하지만 이러한 의문은 566년 이후 『삼국사기』의 기록을 통해 어느 정도 해결될 수 있으리라 판단된다.

위 사서에 따르면 569년(진흥왕 30) 황룡사 담장이 완공되었고, 574년 (진흥왕 35)에는 장육존상이 주조된다. 그리고 584년(진평왕 6)에 금당이 조성되고, 645년(선덕왕 14)에는 구층목탑이 완성된다. 일명 중건가람과 관련된 당탑의 조영과 불상의 조성 등이 분명하게 기록되어 있다.

하지만 동일 사서에서 566년 畢功과 관련된 당탑 축조나 불상 조성 등의 기록은 전혀 찾아볼 수 없다. 그런 점에서 553년 이후 566년까지의 행위는 전각이나 탑, 불상 등을 조성하는 창건가람의 축조가 아닌 사역 및 광장, 주변 도로 등의 대지조성 작업으로 이해할 수 있다.

이러한 필자의 견해는 『三國遺事』 皇龍寺九層塔條를 통해서도 뒷받침 될 수 있을 것이라 생각된다. 즉 이 기사에 따르면 황룡사는 진흥왕 계유년(553) 6월에 착공되었으며, 이후 선덕여왕 정관 19년(645)에 구층탑이 처음으로 완성되었음을 살필 수 있다.[64] 여기서 '塔初成'이란 어의 그대

---

62) 문화재청 홈페이지 참조.

63) 황룡사 창건가람과 관련된 금당과 탑, 강당 등의 형적은 발굴조사 과정에서 확인된 바 없다. 발굴보고서에 따르면 금당과 탑은 중건가람의 당탑과 관련해 멸실된 것으로 이해하고 있는데 이는 창건가람의 존재를 전제로 하고 기술한 것으로 판단된다.

64) 『三國遺事』 卷第三 興法第三 皇龍寺九層塔條
"眞興王癸酉創寺後 善德王代 貞觀十九年乙巳 塔初成".

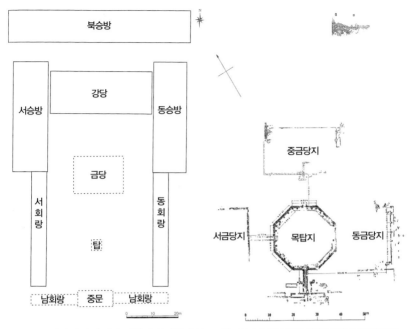

そ림 28. 백제 사비기 부여 정림사지 가람배치   그림 29. 고구려 평양 청암리사지 가람배치

로 황룡사 구층목탑 이전에 탑이 일체 건립되지 않았음을 가리킨다. 왜냐
하면 창건가람기에 탑이 존재하고 있었다면 '塔初成'이라는 표현 대신 '重
成'[65]이라는 용어를 사용하였음이 확실하기 때문이다.[66]

삼국시기 사원에서 금당과 탑은 필수불가결한 요소로 받아들여지고 있

---

65) 重成의 기록은 『三國遺事』 卷第三 興法第三 皇龍寺九層塔條에서 자세히 살필 수
있다.

66) 발굴조사를 담당한 김동현의 경우도 初成이라는 자구에 많은 의문을 가진 바 있다.
金東賢, 1991, 「慶州 皇龍寺址에 대한 遺構內容과 文獻資料와의 比較檢討」 『佛敎
美術』 10, 98쪽.

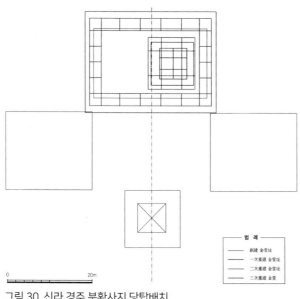

범 례
──── 創建 金堂址
──── 一次重建 金堂址
──── 二次重建 金堂址
──── 三次重建 金堂

0   20m

그림 30. 신라 경주 분황사지 당탑배치

다. 이는 최근까지 부여 및 익산지역에서 발굴조사된 백제사지[67]를 통해
서도 쉽게 확인할 수 있다. 즉 이들 가람배치에 따르면 금당과 중문 사이
에는 모두 목탑이나 석탑이 하나씩 자리하고 있다.[68] 이러한 당탑 중심의
가람은 고구려의 평양 정릉사지 및 상오리사지, 청암리사지(그림 29)[69]와

---

67) 부여 군수리사지를 비롯해 능산리사지, 왕흥사지, 금강사지, 정림사지(그림 28,
   국립부여문화재연구소, 2011, 『扶餘 定林寺址』, 83쪽 도면 22), 부소산사지 및 익
   산 미륵사지, 제석사지 등에서 목탑지 및 석탑을 확인할 수 있다.

68) 백제 사비기 동남리유적의 경우 탑이 없는 사지(朝鮮古蹟硏究會, 1940, 「扶餘に
   於ける百濟寺址の調査(槪報)」『昭和十三年度古蹟調査報告』, 朝鮮總督府, 圖版 第
   三七)로 알려져 있으나 이의 성격에 대해선 아직까지 모호한 상태이다.
   충남대학교박물관·부여군, 2013, 『扶餘 東南里遺蹟』, 242쪽.

69) 朝鮮古蹟硏究會, 1940, 「扶餘に於ける百濟寺址の調査(槪報)」『昭和十三年度古蹟

봉산 토성리사지 그리고 신라의 경주 분황사지(그림 30)[70] 등에서도 동일하게 찾아지고 있다.[71]

위의 사례들과 비교해 볼 때 만약 566년 황룡사에 창건가람이 존재하였다면 이곳에도 마땅히 탑이 건립되는 것이 합리적이다. 그렇다면 645년 중건가람에 축조된 구층목탑은 初成이 아닌 重成으로 표기됨이 당연할 것이다. 하지만 구층목탑 건립과 관련하여 중성이 아닌 초성으로 기록되었다는 점에서 현재의 중건가람 이전에 창건가람은 실재하지 않았을 가능성이 높다.

이러한 창건가람의 모호함은 강당지의 부재를 통해서도 검증되고 있다. 주지하듯 삼국시기 가람에서 강당은 중문이나 탑, 금당과 마찬가지로 가람의 중심축을 형성하고 있고, 이는 통일신라기의 사원에서도 큰 차이 없이 나타나고 있다.

그런데 황룡사지 창건가람에서는 이러한 강당지의 형적이 전혀 검출되지 않았다. 특히 중건가람 강당지의 토층도(그림 31)[72]를 보면 구층목탑이나 중금당지와 달리 이곳에는 軸基部가 시설되지 않았음을 살필 수 있다. 이는 결과적으로 앞의 유구들처럼 기단석이나 초석(적심석) 등이 축기부와 같은 後築과 관련하여 완전 멸실될 수 없음을 의미하는 것이다.[73] 따라서

調査報告』, 도판 제10.

70) 국립경주문화재연구소·경주시, 2015, 『芬皇寺 發掘調査報告書』Ⅱ(1), 103쪽 도면 7.

71) 이는 통일신라기 사원인 경주 사천왕사지, 감은사지, 고선사지, 망덕사지, 천관사지, 창림사지 및 울산 영축사지, 보령 성주사지 등에서도 찾아볼 수 있다.

72) 文化財管理局 文化財研究所, 1982, 『皇龍寺 發掘調査報告書(圖版編)』Ⅰ, 도면 30.

73) 창건가람의 강당지가 존재하였다면 중문지 처럼 중복된 적심석이나 기단석, 혹은 기단토층이 검출되는 것이 당연하다. 하지만 창건가람 강당지와 관련된 이러한

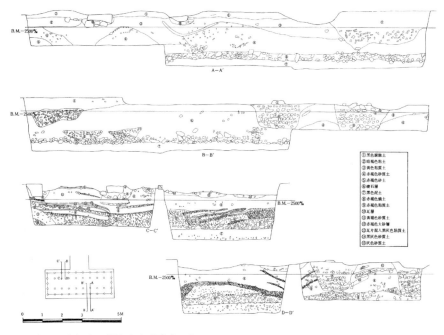

①黑色腐蝕土
②暗褐色積土
③黃色粘質土
④赤褐色砂土
⑤赤褐色砂土
⑥礫石層
⑦赤色泥土
⑧赤褐色粘質土
⑨赤褐色粘質土
⑩瓦層
⑪黑褐色砂層
⑫赤褐色大砂層
⑬滲入部分黑灰色粘質土
⑭黑灰色砂質土

그림 31. 신라 경주 황룡사지 강당지 토층도

창건가람에서 강당지가 검출되지 않았다는 사실은 탑과 함께 강당도 처음부터 축조되지 않았음을 의미한다.

  이처럼 황룡사 창건가람의 경우 중문을 제외한 목탑과 금당, 강당 등의 주요 건축물들이 발굴조사 과정에서 전혀 확인되지 않았다. 이런 상황에서 창건가람의 탑과 금당이 중건가람의 조성으로 말미암아 완전 멸실되었다는 조사 결과를 선뜻 받아들일 수 있을까? 나아가 皇龍寺 畢功의 '功'을 반드시 창건가람으로만 해석할 수 있는 것인지 의구심을 갖게 한다.

─────────────────────────────

  형적들은 조사 과정에서 전혀 확인되지 않았다.

현재까지의 발굴조사와 문헌 자료는 황룡사 중건가람 이전에 창건가람이 존재하지 않았음을 보여주고 있다. 또한 황룡사 필공의 '功'은 창건가람이 아닌 건축물 조영에 앞선 전반적인 대지조성이었음을 판단케 하고 있다. 전술하였듯이 황룡사가 창건되기 전 원지반층은 연못이었을 가능성이 매우 높다. 따라서 이러한 지형에 건축물을 조영하기 위해선 먼저 물을 빼내기 위한 배수시설과 연약지반 개량공법이 반드시 필요하였다. 그리고 2.5~4m의 대지조성 작업이 오랜 기간 이루어졌을 것으로 생각된다.

한편, 진흥왕은 법흥왕의 외손자로서 7세에 왕위에 올랐다. 왕이 어렸기 때문에 국정은 왕태후 김씨에 의해 섭정이 이루어졌다. 551년(진흥왕 12) 그의 나이 18세에 연호가 건원에서 개국으로 고쳐진 것으로 보아 진흥왕의 친정체제가 비로소 이 때 구축되었음을 알 수 있다. 그리고 이즈음 진흥왕은 대외적인 정복사업을 벌이는 데 550년 도살성과 금현성의 탈취는 향후 한강유역을 차지하는 촉발제가 되었다. 이후 그의 정복사업은 황초령비 마운령비가 건립되는 568년(진흥왕 29)까지 적극적으로 이루어졌다.[74]

위의 내용은 551년 이후 진흥왕의 대외정복사업이 진취적으로 이루어

---

74) 진흥왕의 정복사업을 정리하면 아래와 같다.
    551년(진흥왕 12) 거칠부 등으로 하여금 고구려를 공격하여 10개 군을 빼앗음.
    553년(진흥왕 14) 백제의 동북 변경을 빼앗아 신주를 설치하고, 아찬 김무력을 군주로 임명.
    554년(진흥왕 15) 대가야와 합세한 백제군을 관산성에서 대패시킴.
    555년(진흥왕 16) 비사벌에 완산주가 설치.
    556년(진흥왕 17) 동북방면으로 북상해 비열홀주를 설치하고 사찬 成宗을 군주로 임명.
    562년(진흥왕 23) 대가야 정복.
    568년(진흥왕 29) 함경남도 함흥군 및 이원군에 황초령비와 마운령비를 건립.

졌음을 보여준다. 그리고 553년에는 왕권의 표상으로 황룡사의 창건이 시작된다.[75] 이처럼 551년 이후 568년에 이르기까지 신라사회는 대내외적인 정복사업과 대토목사업의 장이 되었다. 하지만 이들 사업은 모두 동일 노동력을 기반으로 한다는 점에서 인력배분이 심각한 고민거리로 대두되었을 것으로 생각된다. 따라서 초기에는 황룡사의 대토목사업보다는 정복사업이 우선시 되었을 것으로 판단된다. 이는 자연스럽게 황룡사를 비롯한 주변지역의 대지조성이 13년이라는 장기간을 요하게 된 원인으로 작용하였을 것으로 판단된다.[76]

IV. 맺음말

이상에서와 같이 황룡사와 관련된 문헌기사 및 발굴자료 등을 살펴보았다. 그 결과 566년 황룡사 창건가람의 조영은 사실과 맞지 않는 것으로

---

75) 최선자, 2013, 「신라 황룡사의 창건과 진흥왕의 왕권 강화」 『한국고대사연구』 72, 144쪽.

76) 이는 한편으로 대지조성에 필요한 토양 공급지와 황룡사와의 거리도 밀접한 관련이 있었을 것이다. 예컨대 대지조성토를 황룡사로부터 반경 200m 지점에서 공급하는 것과 50m 지점에서 공급하는 것은 공사기간에 분명 영향을 미치는 중요한 요소로 파악할 수 있다.

황룡사 대지조성토를 구성하는 토양은 점토와 점질토가 가장 많고, 그 다음으로 사질토, 砂土 등의 순이다. 그리고 토양과 성질이 전혀 다른 자갈층도 포함되어 있음을 볼 수 있다. 여기서 점토 및 점질토, 사질토, 사토 등의 경우는 황룡사의 원지반인 泥土와 완전 이질적인 토양으로서 주변의 다른 구릉이나 산지로부터 공급되었을 가능성이 높다. 그리고 자갈의 경우는 3cm 내외를 비롯해 그 이상의 것들이 포함되어 있는데 이것들은 황룡사 북쪽의 북천에서 공급되었음을 판단할 수 있다. 향후 주변 지역에 대한 토양 분석을 통해 황룡사 대지조성토의 産地가 밝혀지기를 기대해 본다.

판단되었다. 이 같은 결론은 연약지반 및 대지조성토에서 수습된 6세기 후반대의 토기편과 구층목탑 관련 '塔初成', 그리고 탑 및 금당, 강당 등의 부재를 통해 확인할 수 있었다. 물론 이러한 필자의 견해는 지금까지 발간된 황룡사지 보고서나 여러 논저들과 비교해 볼 때 분명 많은 차이가 있다고 생각된다.

553년 황룡사의 착공은 건축공사가 아닌 토목공사의 시작이었다. 이는 황룡사의 원지반이 연약지반이라는 점과 2.5~4m 이상의 성토대지에 유구가 축조된 것을 통해서도 확인할 수 있다. 그런데 대지조성토 및 연약지반에서 수습된 토기편들이 6기 후반으로 편년되고, 삼국시기 사원의 중심축을 이루는 탑과 금당, 강당 모두가 검출되지 않았다는 사실 등은 과연 황룡사지에 창건가람이 존재하였을까 하는 근원적인 의구심을 갖게 한다. 특히 구층목탑의 조영과 관련된 '塔初成'기사는 목탑 이전에 선축된 탑이 존재하지 않았음을 판단케 하고 있다. 이 기사 역시도 고고학적으로 검출되지 않은 탑과 금당, 강당 등과 연계하여 볼 때 매우 설득력 있는 내용이라 판단된다.

황룡사는 담장 내부를 기준으로 면적이 약 82,000㎡로 추정되고 있다. 하지만 황룡사와 연계된 왕경과 주변 경관 등을 고려해 볼 때 황룡사의 사역은 이보다 훨씬 더 넓었을 것으로 생각된다. 이는 그 만큼 대지조성의 면적이 광대하였음을 의미한다. 따라서 황룡사 畢功의 '功'은 문헌 및 고고자료 등을 검토해 볼 때 창건가람보다는 건축물 조영에 앞선 대지조성 작업으로 파악해 볼 수 있다. 이는 결과적으로 창건가람의 존재를 부인하는 것이기에 이에 따른 유구(회랑식 건물지)의 해석이나 시기, 그리고 가람변천에 대해서도 재검토해 볼 필요성이 있다.

황룡사는 연약지반을 성토하여 대지를 조성하였기 때문에 본격적인 성토작업에 앞서 배수를 겸비한 연약지반 개량공법이 실시되었음이 확실하다. 이는 비슷한 입지에 창건된 부여 능사(능산리사지)를 통해서도 확연하게 살필 수 있다. 하지만 황룡사지 발굴조사에서 이러한 연약지반 개량공법은 거의 검출되지 않았다. 이는 시굴구덩이를 통한 토층조사에 국한되었기 때문이다. 황룡사가 신라를 대표하는 대가람이었고, 진흥왕의 친정을 상징하는 대역사였음을 볼 때 연약지반을 개량하기 위한 신라 최고의 토목기술이 발휘되었음은 재론할 여지가 없다. 그런 점에서 황룡사지의 대지조성과 연약지반 개량공법 등의 토목사업을 그 동안 주목하지 못하였던 것은 황룡사지 연구의 뼈아픈 현실이라 할 수 있다. 향후 주변지역 조사를 통한 황룡사 토목사업의 일부나마 검출되기를 기대해 본다.[77]

---

77) 이 글은 조원창, 2018, 「考古·文獻資料로 본 皇龍寺 畢功의 意味와 創建伽藍의 存在」 『白山學報』 110호의 내용을 수정·정리한 것이다.

02

百濟 泗沘期 木塔 築造技術의 對外傳播

Ⅰ. 머리말

백제는 한성기부터 중국 남북조와 적극적인 교섭을 맺어왔고, 이에 따라 다양한 건축물의 축조기술과 瓦塼[1]의 문양·제작기술 등이 도입되었다. 그리고 이 과정에서 목탑의 조탑기술 또한 자연스럽게 유입되었을 것으로 생각된다.[2]

백제는 한성기인 침류왕대(384년)에 불교가 유입되었고, 동시에 堂塔을 중심으로 한 가람도 축조되었을 것으로 추정된다. 그러나 현재 한성기[3]

---

1) 풍납토성에서 수습된 연화문 와당 중 판단첨형은 중국 북조와 밀접한 연관성이 있다(조원창, 2009, 「백제 판단첨형 연화문의 형식과 편년」『문화재』제42권 제3호, 국립문화재연구소).

2) 한성기의 목탑이 조사된 바 없어 그 계통은 확인할 수 없다.

3) 『三國史記』卷第二十四 百濟本記 第二 枕流王條.
   二年 春二月 創佛寺於漢山 度僧十人.

및 웅진기[4]의 백제사원은 추정과 문헌에만 존재할 뿐 발굴조사 과정에서 그 실체는 아직까지 확인된 바가 없다. 또한 부여 및 익산지역에 전해오는 백제사지는 모두 사비기의 것으로서 시기적으로는 6세기 중반~7세기 전반에 해당되고 있다.[5]

백제의 탑파는 부여에 남아 있는 고고학적 자료로 보아 초기에는 목탑이었음이 확실하다. 이는 사비천도 후 부여에 조영된 군수리사원(6세기 중반)과 능사(567년), 왕흥사(577년) 등의 사례를 통해 확인할 수 있다.[6] 아울러 석탑의 등장은 정림사의 창건 시기와 비교해 볼 때 7세기 전후로 파악된다.[7]

목탑은 석탑과 마찬가지로 기단부와 탑신부, 상륜부로 구성되었다. 이는 중국 남북조시기의 돈황석굴 및 운강석굴(그림 1),[8] 용문석굴 등에 남아 있는 탑파 조각을 통해 확인할 수 있다. 하지만 현재 백제 목탑이 한 기도 남아 있지 않아 목부재의 세부적인 결구 모습과 지붕 및 상륜부 등이 어떻

---

4) 大通寺는 527년 무렵 웅천주에 조성된 것으로 기록되어 있으나 이의 위치 및 실체는 아직까지 확인된 바 없다(조원창, 2014, 『수수께끼의 대통사를 찾아서』, 공주시·공주대학교백제문화연구소).

5) 물론 강진 월남사지에서 백제 사비기 와당이 출토되는 것으로 보아 지방에도 백제사원이 축조되었을 가능성은 얼마든지 있다. 하지만 이의 위치나 가람배치 등이 밝혀지지 않아 탑파의 재료나 유구 파악 등은 불확실한 실정이다. 월남사지 출토 와당에 대한 내용은 아래의 자료를 참조.
이수경, 2013.6, 「월남사지 조사 성과와 고대 기와」 『강진의 고대문화와 월남사지』, 한국고대학회·민족문화유산연구원.

6) 寺名에서 군수리사원은 지명, 능사는 사리감의 내용을 근거로 붙인 것이다. 왕흥사의 경우는 이곳에서 '王興寺'명 기와가 출토되어 밝혀지게 되었다.

7) 국립부여문화재연구소, 2011, 『扶餘 定林寺址』.
조원창, 2013, 「定林寺 創建時期의 檢討」 『백제사지 연구』, 서경문화사.

8) 云岡石窟文物保管所, 1994, 『中國石窟 云岡石窟 二』, 文物出版社, 사진 94.

게 축조되었는지는 파악하기 어렵다.[9)]

백제의 造塔技術은 삼국 중에서도 차지했던 비중이 제법 컸던 것으로 보인다. 이는 일본 최초의 사원인 飛鳥寺 목탑과 황룡사 구층목탑의 조영에 백제 장인이 참여한 사실로도 충분히 인지할 수 있다. 이들 목탑은 한 나라의 랜드마크에 해당된다는 점에서 백제인의 조탑기술이 얼마나 뛰어났는지를 상징적으로 보여준다.

그림 1. 중국 운강석굴 제11굴의 목탑 조각(북위)

하지만 현재 이들 목탑의 위용은 그 어느 곳에서도 찾아볼 수 없다. 이에 따라 백제 목탑이 과연 어떤 모습이었는지에 대해서도 확인하기 어렵다. 다만, 고고학적 발굴조사를 통해 그 형적[10)]만이 밝혀졌을 뿐이다.

따라서 본고에서는 백제의 조탑기술을 기단부와 軸基部 등에 한정하여 일본 비조사 목탑 및 황룡사 구층목탑과 상호 비교해 보고자 한다. 이를 통해 백제의 건축기술과 토목기술이 이들 나라에 어떻게 전파되었는지에 대해 검토해 보도록 하겠다.

----

9) 현재 공주 및 부여지역에 복원된 백제의 목조건축물은 기본적으로 중국이나 일본의 고대 건축물을 근간으로 하였다.

10) 축기부와 기단, 계단, 초석과 심초부 등 주로 하부구조에 해당되고 있다.

Ⅱ. 백제 사비기 목탑지의 자료 검토

여기에서는 발굴조사를 통해 확인된 유구만을 대상으로 삼았다. 그리고 출토지가 확실한 심초석 겸 공양석[11]에 대해서는 그 현황에 한해 개략적으로 기술하였다. 목탑지는 모두 백제 사비기의 것으로서 부여 및 익산 지역에 남아 있다. 발굴조사 중에 드러난 기단부와 축기부를 중심으로 설명하고자 한다.

1. 부여 군수리사지 목탑지[12]

목탑지(그림 2)[13]는 중문지와 금당지 사이에서 확인되었다. 기단의 한 변 길이는 14.14m이고, 하층기단만 남아 있다. 이는 남북면의 계단지와 기단 내부의 초석 부존재를 통해 확인할 수 있다.

기단에 사용된 전돌은 길이 18cm, 너비 36.5cm, 두께 4.5cm의 장방형 무문전으로 기단토를 'ᄂ'자 모양으로 굴토한 후 수직횡렬식으로 조성하였다. 기단 안쪽으로 1~1.1m 떨어진 지점에는 각 면 4개씩의 목주흔이 확인되고 있다.

---

11) 목탑에서 심초석과 공양석은 보통 하나의 석재로 제작된다. 여기서 전자는 심주를 받치는 기능적 측면에서 바라본 것이고, 후자는 사리를 공양하는 종교적 측면에서 살핀 것이다.

12) 국립부여문화재연구소, 2010, 『扶餘軍守里寺址Ⅰ −木塔址・金堂址 發掘調査報告書−』.

13) 국립부여문화재연구소, 2010, 『扶餘軍守里寺址Ⅰ −木塔址・金堂址 發掘調査報告書−』, 63쪽 도면 26.

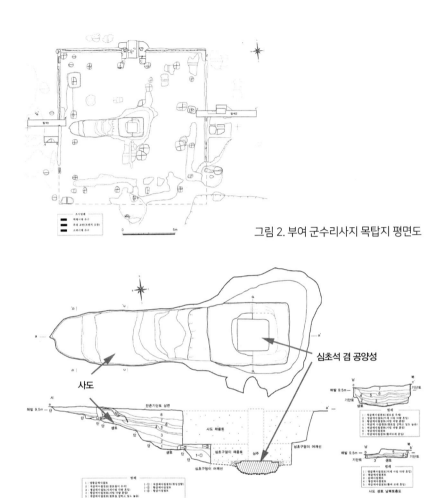

그림 2. 부여 군수리사지 목탑지 평면도

그림 3. 부여 군수리사지 목탑지 사도 및 심초석 겸 공양석 평·단면도

심초부(그림 3)[14]는 구지표면 아래 2.5m 지점에서 확인되었다. 장방형

---

14) 국립부여문화재연구소, 2010, 『扶餘軍守里寺址Ⅰ —木塔址·金堂址 發掘調査報告書—』, 76쪽 도면 33.

의 수혈 구덩이(남북 길이 1.88m, 동서 길이 2.44m, 깊이 1.8m)를 굴광하고, 그 한 가운데에 심초석 겸 공양석을 안치하였다. 석재의 크기는 한 변 94cm이고, 두께는 38~45cm이다. 석재 상면에는 깊이 5mm 정도의 홈 3개가 80cm 간격으로 조성되어 있다.

심초부 서쪽으로는 계단처럼 보이는 경사진 斜道가 시설되어 있다. 남북 길이 1.8m, 동서 너비 4.74m이고 15° 경사도로 7단이다. 사도의 내부는 적갈색 및 황갈색 사질점토로 성토되어 있다.

심초부에 대한 조사는 이미 일제강점기에 실시된 바 있어 토층상에서의 심주 흔적은 확인되지 않았다. 심초석 겸 공양석 주변으로 반원형의 목탄 흔적이 찾아지는데 이는 심주 보호를 위한 외곽의 나무 판재가 탄화된 것으로 추정된다.[15]

심초부에서는 석조여래좌상과 금동보살입상을 비롯해 금환, 소옥, 토기, 철기 등이 수습되었다. 그러나 사리를 봉안한 사리함 혹은 사리병 등은 검출되지 않았다.

2. 부여 능산리사지 목탑지[16]

목탑지(그림 4)[17]는 금당지 중심에서 남쪽으로 21m의 거리에 위치하고 있다. 기단은 이중기단이며, 하층기단의 동서 길이는 11.73m, 남북 길이는 11.79m이다. 상층기단의 한 변 길이는 10.3m이다.

---

15) 동일하진 않지만 일본 尼寺廢寺 목탑지의 심주와 외곽의 나무 판재를 연상시킨다. 佐川正敏, 2008, 「古代日本と百濟の木塔基壇の構築技術および舍利容器・莊嚴具 安置形式の比較檢討」『扶餘 王興寺址 出土 舍利器의 意味』, 國立扶餘文化財硏究所, 89쪽 도 14.

16) 國立扶餘博物館・扶餘郡, 2000, 『陵寺』.

17) 國立扶餘博物館・扶餘郡, 2000, 『陵寺 −圖面・圖版−』, 11쪽 도면 8.

그림 4. 부여 능산리사지 목탑지
평·단면도

그림 5. 부여 능산리사지 목탑지 심초석 겸
공양석과 심주, 사리감

하층기단은 길이 40~60cm, 너비 15~20cm, 높이 6~10cm의 치석된 장대석을 사용하였다. 장대석의 상부에 갑석을 얹을 수 있는 홈이 발견되지 않아 갑석은 처음부터 시설되지 않았음을 알 수 있다.[18] 상층기단은 현재 지대석만 남아 있는데 본래는 면석과 갑석까지를 갖춘 가구기단으로 추정된다.

상층기단과 하층기단 사이의 간격은 약 70cm이고, 하층기단 상면에서의 초석이나 적심석은 검출되지 않았다. 상층기단 지대석 상면 외연에서 11cm 떨어진 안쪽에는 면석을 올리기 위한 턱이 마련되어 있다. 하지만

---

18) 이는 층위상으로도 밝혀졌다. 즉, 하층기단 상면에는 목탑에서 흘러내린 와적층이 형성되어 있었다.

통일신라기의 지대석에서 흔히 살필 수 있는 모접이는 조성되지 않았다.

심초석 겸 공양석(그림 5)[19]은 평면 방형으로, 상층기단토 아래 1.14m 지점에서 확인되었다. 크기는 남북 길이 1.30m, 동서 너비 1.06m이다. 석재 상면에서는 지름 40~50cm 정도의 절단된 심주(느티나무)[20]와 뚜껑이 유실된 화강암제의 사리감이 발견되었다. 사리감의 뚜껑과 내부의 사리는 도굴된 것으로 파악되었다. 사리감의 명문으로 보아 능사의 목탑은 567년경에 조영되었음을 알 수 있다. 심초석 겸 공양석 위에서는 소조보살상을 비롯해 소조나한머리, 금동판불, 은제구슬, 유리구슬, 옥제품, 심엽형 고리(허리띠 장식), 동제팔찌 등 다양한 공양구가 수습되었다.

심초부가 지하에 시설된 것으로 보아 군수리사지와 같은 사도가 존재하였을 것으로 생각되나 발굴조사에서는 그 형적이 검출되지 않았다. 아울러 심주는 백제 멸망과 함께 인위적으로 절단되었음이 확인되었다. 한편, 심초석 겸 공양석의 아래에서는 굵은 모래층이 약 1m 두께로 검출되었는데 이는 능사의 입지와 관련하여 배수 기능을 담당하였던 것으로 판단된다.

3. 부여 왕흥사지 목탑지[21]

목탑지(그림 6)[22]는 금당지 남면기단에서 7m 떨어져 확인되었다. 기단

---

19) 국립부여박물관, 2010, 『백제 중흥을 꿈꾸다 능산리사지』, 145쪽.

20) 심주는 도끼로 절단된 상태였고, 이를 자를 때 생긴 나무 부스러기가 22cm의 두께로 쌓여 있었다.

21) 국립부여문화재연구소, 2009, 『王興寺址 木塔址 金堂址 發掘調査 報告書』Ⅲ.

22) 국립부여문화재연구소, 2009, 『王興寺址 木塔址 金堂址 發掘調査 報告書』Ⅲ, 33쪽 도면 5 중.

은 이중기단으로 하층
은 치석된 장대석으로
조성되었으며, 한 변
길이가 14m이다. 상
층기단은 30cm 크기
의 할석과 작은 석재
를 이용한 할석기단으
로 축조되었다.[23]

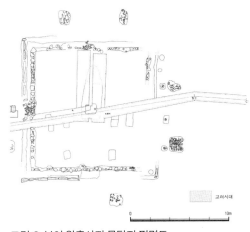

기단토 아래에는 대
지조성 후 되파기하
여 조성한 축기부(그림

그림 6. 부여 왕흥사지 목탑지 평면도

7)[24]가 시설되어 있다. 이는 한 변 길이 12m이고, 깊이는 잔존 기단토에
서 80cm이다. 축기부의 최하부는 황갈색 사질점토를 이용하여 40cm 두
께로 성토하였으며, 그 위로 적갈색 사질점토, 황갈색 사질점토 등을 5cm
내외로 교차 축토하였다.

그림 7. 부여 왕흥사지 목탑지 축기부 단면도

23) 이러한 기단 형식은 백제 장인들이 파견되어 축조한 일본 飛鳥寺 동·서 금당지
기단에서도 확인할 수 있다.

24) 국립부여문화재연구소, 2009, 『王興寺址 木塔址 金堂址 發掘調査 報告書』Ⅲ, 33
쪽 도면 5 중.

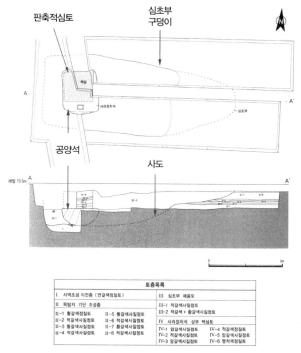

판축적심토　심초부
　　　　　　　구덩이

A　　　　　　　　　　　　　　　　　　　　　　　　　　　　- A'

공양석　　　　　　　사도

해발 10.5m A　　　　　　　　　　　　　　　　　　　　　　　A'

토층목록	
I　사역조성 이전층 (연갈색점질토)	III　심초부 채움토
II　목탑지 기단 조성층	III-1　적갈색사질점토
II-1　황갈색점질토　　II-5　황갈색사질점토	III-2　적갈색 + 황갈색사질점토
II-2　적갈색사질점토　　II-6　적갈색사질점토	IV　사리장치석 상부 적심토
II-3　황갈색사질점토　　II-7　황갈색사질점토	IV-1　암갈색사질점토　　IV-4　적갈색점질토
II-4　적갈색사질점토　　II-8　적갈색사질점토	IV-2　적갈색사질점토　　IV-5　암갈색사질점토
	IV-3　암갈색사질점토　　IV-6　명적색점질토

그림 8. 부여 왕흥사지 목탑지 심초부 평·단면도

　목탑지 기단토 내에는 공양석을 안치하기 위한 동서 장축의 수혈 구덩
이(심초부)가 조성되어 있고, 서쪽에 치우쳐 장방형의 공양석 1매가 자리
하고 있다. 공양석의 크기는 1.0×1.1m이며, 현재 남아 있는 기단토 아
래 0.5m 지점에서 확인되었다. 장방형의 수혈 구덩이 동쪽에는 斜道가
마련되어 있고, 공양석 아래에는 토석혼축의 적심시설이 구비되어 있다
(그림 8).[25]

25)　국립부여문화재연구소, 2009, 『王興寺址 木塔址 金堂址 發掘調査 報告書』III, 53
　　쪽 도면 10.

사도는 목탑지 동면 기단에서 1.78m 떨어져 심초부까지 계단상으로 조성되어 있다. 사도의 규모는 남북 길이 1.96m, 동서 너비 5.30m이다. 기단토를 완성한 후 되파기 하였으며, 경사도는 약 10°이다.

한편, 공양구가 안치된 후 장방형의 수혈 구덩이는 성토다짐 되었고, 이후 가로×세로가 각각 80cm인 방형 수혈이 다시 되파기 되었다. 이 구덩이 내부는 황색점토 및 사질토로 교차 판축되었고, 이 판축토 위로 심초석이 위치하였을 것으로 추정되었다(그림 9).[26]

공양석의 남쪽 중앙 끝단에는 사리기가 안치된 장방형의 사리공(16×12×16cm)이 조성되어 있다. 이 내부에는 금제사리병(높이 4.6cm)과 은제사리호(높이 6.8cm), 청동제사리합(높이 10.3cm) 등이 차례로 담겨 있었다. 사리공의 뚜껑돌(그림 10)[27]은 가로 25cm, 세로 19cm, 두께

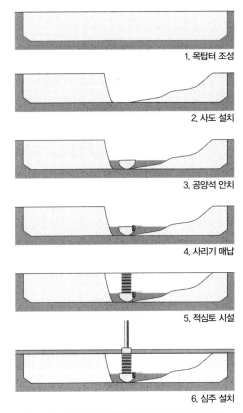

1. 목탑터 조성

2. 사도 설치

3. 공양석 안치

4. 사리기 매납

5. 적심토 시설

6. 심주 설치

그림 9. 부여 왕흥사지 목탑지 심초석과 공양석의 배치 모식도(안)

26) 국립부여문화재연구소 외, 2017, 『정유년에 창왕을 다시 만나다 百濟 王興寺』, 73쪽 왼쪽 그림.

27) 필자 사진.

그림 10. 부여 왕흥사지 목탑지 공양석 사리공 뚜껑돌

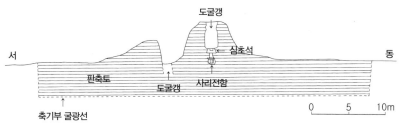

그림 12. 중국 업성 조팽성사지 목탑지의 사리전함과 심초석

그림 11. 중국 업성 동위~북제시기의 조팽성사지 목탑지 단면도

8cm로 단면은 사다리꼴 모양을 하고 있다. 뚜껑돌의 윗면은 전체적으로 붉은 칠이 되어 있고, 연화문을 비롯한 인동문, 화문 등이 장식되어 있다.

왕흥사지 목탑지와 같은 심초부는 중국 남북조시기인 동위~북제시기의 鄴城 趙彭城寺址(그림 11·12)[28]에서 찾아볼 수 있다. 이는 중국 남북조

---

28) 이에 대한 자료는 다음의 논저를 참조.

62 - 皇龍寺 | 황룡사

시기의 조탑기술이 백제 사비기에 유입되었음을 의미하는 것으로서 목탑지 공양석 주변에서 수습된 북제시기의 동전(상평오수전)을 통해서도 파악할 수 있다.

4. 부여 용정리사지 목탑지[29]

목탑지는 금당지 남쪽지역에서 확인되었다. 정밀 발굴조사가 진행되지 않아 기단 형식이나 구조, 심초석 겸 공양석 등은 정확히 알 수 없다. 다만, 축기부(그림 13)[30]가 조사되어 이의 현황을 살펴보고자 한다.

목탑지는 사역의 원 퇴적토(굵은 모래층)와 사원조영을 위해 조성된 성토

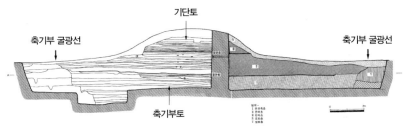

그림 13. 부여 용정리사지 목탑지 축기부 단면도

文物出版社, 2003, 「鄴城遺址東魏北齊佛寺塔基遺跡」『2002 中國重要考古發現』, 99쪽.

朱岩石, 2006, 「鄴城遺跡趙彭城東魏北齊佛寺跡の調査と發掘」『歷史と文化』第40號, 東北學院大學學術研究會.

佐川正敏, 2008, 「고대 일본과 백제의 목탑기단 구축기술 및 사리용기·장엄구 안치형식의 비교검토」『扶餘 王興寺址 出土 舍利器의 意味』, 90쪽 圖 17-1 재인용.

29) 扶餘文化財硏究所·扶餘郡, 1993, 『龍井里寺址』.

30) 扶餘文化財硏究所·扶餘郡, 1993, 『龍井里寺址』, 21쪽 삽도 4 중.

층을 3.5m 깊이까지 사다리꼴 형태로 되파기한 후 그 내부를 판축하여 완성하였다.

축기부의 하부는 1.6m 두께로 점토와 사질토를 교차하여 준판축하였으며, 상층부는 1.9m 두께로 점토와 사질토, 풍화 암반토를 혼합하여 판축하였다. 특히 판축토 내에 형성된 철분층은 축기부 판축토의 침강방지와 수분침투 억제를 위해 인위적으로 포함시켰다고 추정하였다.[31] 심초부는 판축토상에서 미확인되어 기단 상면에 놓인 것으로 판단되었다.[32]

목탑지 기단은 상면에서 초석이나 적심석 등이 검출되지 않는 것으로 보아 어느 정도 멸실이 이루어졌음을 알 수 있다. 목탑지 한 변 길이는 18.5m이며, 잔존 높이는 1.5m이다.

5. 부여 금강사지 목탑지[33]

지금까지의 백제사지 중 유일한 동향가람이다. 아울러 심초석 겸 공양석이 검출되지 않은 사찰로도 알려져 있다. 목탑지는 금당지 동면기단에서 8.48m 정도 떨어져 있다.

목탑지(그림 14)[34]는 기단토의 축토상황으로 보아 창건 이후 두 차례에 걸쳐 개축된 것으로 파악되었다. 창건기는 백제시기, 1차 개축은 통일신라시기, 2차 개축은 고려시기에 이루어진 것으로 판단되었다.

---

31) 扶餘文化財研究所·扶餘郡, 1993, 『龍井里寺址』, 62쪽.
32) 이처럼 심초부가 지상에 설치된 사례는 傳 구아리사지, 부소산사지, 미륵사지, 제석사지 등에서 살필 수 있고, 반대로 지하에 놓인 경우는 능산리사지, 군수리사지, 왕흥사지, 금강사지 등에서 찾아볼 수 있다.
33) 國立博物館, 1969, 『金剛寺』.
34) 國立博物館, 1969, 『金剛寺』, 圖面 5.

남아 있는 창건 판축토
로 보아 하층기단의 한 변
길이는 47척(14.24m)[35]으
로 계측되었다. 판축의 두
께는 잔존 상태가 양호한
북변 중앙의 경우 약 6척
으로 조사되었다.[36] 판축
기단토를 축토(0.05~0.06m
이내)하기에 앞서 동서남
북 사방에 생토면을 굴착
하여 축기부(그림 15)[37]를
조성하였다.

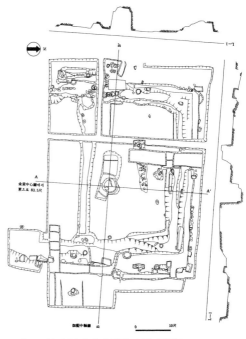

그림 14. 부여 금강사지 목탑지 평·단면도

판축기단토 바깥쪽으로
는 지대석 자리로 추정되
는 폭 2척 내외, 깊이 3~
4촌의 凹溝가 확인되었
다. 기단의 동북·서북 모서리에서는 금당지에서 출토된 것과 동일한 지
대석(우석)이 검출되었다. 창건 기단의 높이가 5척을 넘어 이중기단[38]으
로 파악되었다.

---

35) 국립부여문화재연구소, 2009, 『한·중·일 고대사지 비교연구(1) −목탑지편−』,
44쪽.

36) 이 수치는 구지표상에서 기단토 상면까지의 높이가 아니라 축기부 바닥에서 기단
토 상면까지의 높이를 가리킨다.

37) 國立博物館, 1969, 『金剛寺』, 圖面 13 중.

38) 보고서상에는 이층기단(國立博物館, 1969, 『金剛寺』, 32쪽)으로 명기되어 있으나
현 학계에서의 경우 이중기단으로 통칭하고 있어 이를 따르고자 한다. 아울러 상
층기단의 형식에 대한 보고서의 언급은 살필 수 없다.

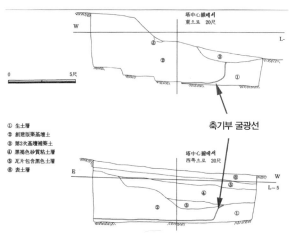

그림 15. 부여 금강사지 목탑지 축기부 단면도

　하층기단은 폭 60cm 내외의 요구 흔적과 지대석(우석)에 우주를 세우기
위한 치석 흔적으로 보아 가구기단으로 판단된다. 아울러 요구의 안쪽 끝
단에서 1.5m 안쪽으로 계단상의 평탄면이 조사되었는데, 이는 상층기단
의 지대석 자리로 추정되었다.
　조사 당시 탑지 내부에서 창건기의 초석이나 적심석(토) 등의 형적이 전
혀 검출되지 않은 것으로 보아 구지표면 및 기단토의 멸실이 극심하였음
을 알 수 있다. 또한 발굴조사 과정에서 새로운 기단 형식이나 석축렬 등
의 유구가 미확인되어 백제시기 이후 고려시기까지 부분적인 보수 작업이
이루어졌음을 추정케 하였다.
　심초부(그림 16)[39]는 탑 기단 평면의 대각선이 교차하는 중심점으로부터
동쪽으로 약 75cm 이동하여 조성되었다. 심초부는 장방형의 수혈 구덩이
로 남북 길이 2.1m, 동서 너비 4m, 깊이 0.66m이다.

---

39)　國立博物館, 1969, 『金剛寺』, Fig. 4.

사도는 심초부의 서쪽에 위치하며 남북 길이 2.1m, 동서 너비 2.41m로 조성되어 있다. 군수리사지 및 왕흥사지 목탑지의 사도와 달리 초입부가 급경사로 이루어져 있다.

구덩이의 바닥면은 구지표면에서 약 66cm의 깊이에 위치하고 있다. 이곳에는 원형 기둥(심주)을 세워 두기 위한 동그란 구멍(지름 1.2m)이 굴착되어

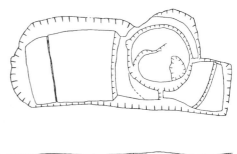

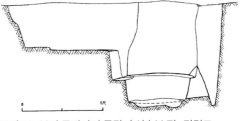

그림 16. 부여 금강사지 목탑지 심초부 평·단면도

있다. 여느 백제사지 목탑지에서 볼 수 있는 심초석 등은 조성되지 않았고, 화려한 공양구 또한 발견되지 않았다. 다만, 바닥에서 나뭇가지를 엮어서 만든 용기 하나가 부식된 채 발견되었다.

6. 부여 부소산사지 목탑지[40)]

금당지와 마찬가지로 풍화암반층을 주위보다 약간 높게 삭토·정지하여 기단 내부를 조성하였다. 기단석이 놓인 부분은 'U'자 모양으로 요구가 축조되어 있으며, 이의 너비는 40~50cm, 깊이는 50cm이다. 기단 남북에는 돌출형의 계단이 마련되어 있다.

---

40) 國立文化財研究所, 1996, 「扶蘇山城-廢寺址 發掘調查報告-(1980年)」『扶蘇山城』.

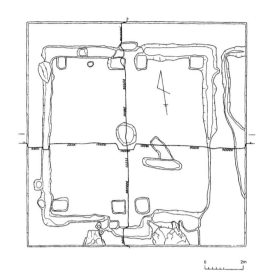

목탑지(그림 17)[41]의 평면은 방형으로 길이 약 7.95~8.05m이다. 탑지 중심부에는 심초석이 안치되었던 것으로 추정되는 구덩이가 조성되어 있다. 남북이 동서보다 약간 넓은 1m 내외의 타원형으로 바닥 직경은 80cm 내외이고, 바닥까지의 잔존 깊이는 30cm 정도이다.

그림 17. 부여 부소산사지 목탑지 평·단면도

심초석 및 凹溝 내의 기단석까지 모두 멸실된 것으로 보아 후대에 극심한 훼손이 이루어졌음을 짐작할 수 있다. 탑지 중심부의 레벨이 금당지 중심보다 약 40~50cm 정도 낮은 것으로 보아 자연 경사면에 금당과 목탑을 조영하였음을 알 수 있다.

7. 부여 傳 구아리사지 목탑지[42)

사지는 과거 부여경찰서 부지로 추정되고 있다. 일제강점기 말 藤澤一

---

41) 國立文化財研究所, 1996, 「扶蘇山城 -廢寺址 發掘調査報告-(1980年)」『扶蘇山城』, 25쪽 도면 4.

42) 이는 傳 天王寺址로 불리기도 한다. 심초석 겸 공양석에 대한 설명은 아래의 자료를 참조.
李殷昌, 1964, 「扶餘 舊衙里 寺址心礎石」『考古美術』第五卷 第六·七號, 538~540쪽.

그림 18. 부여 전 구아리사지 목탑지 심초석　　　그림 19. 부여 전 구아리사지 목탑지 심초석
　　　 겸 공양석　　　　　　　　　　　　　　　　겸 공양석의 사리공

夫에 의해 사지에 대한 발굴조사가 진행되었을 뿐, 이에 대한 보고서는 간행되지 않았다. 다만, 사지 조사를 통해 심초석 겸 공양석과 다양한 유물이 수습되었다.[43]

심초석 겸 공양석(그림 18·19)[44]은 현재 국립부여박물관 야외전시장에 자리하고 있다. 길이 1.08m, 너비 0.94m, 두께 0.5m의 화감암으로 제작되었다. 측면이 자연석에 가까운 반면, 상면은 치석되어 있다.

석재의 중앙에서 약간 치우쳐 방형의 사리공이 투공되어 있다. 이곳에는 뚜껑(四角板石蓋)[45]을 덮을 수 있는 한 단의 턱이 조성되어 있고, 외연의 한 변 길이는 17.5cm, 깊이는 3cm이다. 아울러 내부 공간은 한 변 길이

----

43) 이에 대해선 아래의 자료를 참조.
　　國立扶餘博物館, 1988, 『百濟寺址出土遺物』.
　　國立扶餘博物館, 1989, 『百濟의 瓦塼』.
44) 필자 사진.
45) 뚜껑은 한 변 길이 0.17m 내외, 두께 0.023m 내외의 정방형 화강암재로 알려져 있다(李炳鎬, 2007, 「扶餘 舊衙里 出土 塑造像과 그 遺蹟의 性格」 『百濟文化』 第36輯, 92쪽 사진 49).

12cm, 깊이 10cm로 치석되어 있다.

한편, 심초석 겸 공양석의 출토 위치에 대해선 확실하게 알려진 것이 없다. 따라서 이것이 기단토 아래에 있었는지, 아니면 상면에 놓였는지는 확인하기 어렵다. 다만, 방형의 사리공이 크기만 다를 뿐, 백제의 조탑기술과 밀접하게 관련된 비조사 목탑과 황룡사 구층목탑 등에서 검출되었다는 사실은 큰 의미가 있다.

8. 익산 미륵사지 중원 목탑지[46]

목탑지(그림 20)[47]는 중원 금당지 남쪽에서 확인되었다. 축기부는 하층 기단보다 약 1.5m 넓게 조성되었으며, 깊이는 대략 3.43m이다. 바닥면에서 1.5m까지는 20~25cm 크기의 할석을 수평으로 축석해 놓았고, 이의 상면으로도 마사토와 점토 등을 교대로 판축하였다.

하층기단의 한 변 길이는 18.56m이고, 상층기단은 16.83m이다. 기단 구조는 금당지 및 서탑과 마찬가지로 하층은 결구기단, 상층은 가구기단으로 이루어졌다. 상층기단의 면석은 횡판석으로 이루어졌고, 모서리에는 별석의 우주가 시설되었던 것으로 생각된다.

목탑지 상면에서 심초석 겸 공양석 및 이를 안치하기 위한 수혈 구덩이(심초부)의 흔적이 검출되지 않은 것으로 보아 기단토 상면의 많은 유실이 추정된다. 잔존 상황으로 보아 심초석은 기단토 상면에 위치하였을 것으로 판단된다.

---

46) 文化財管理局 文化財研究所, 1987, 『彌勒寺 遺蹟發掘調査報告書』Ⅰ.

47) 文化財管理局 文化財研究所, 1987, 『彌勒寺 遺蹟發掘調査報告書(圖版編)』Ⅰ, 圖面 7.

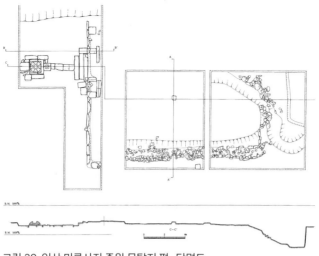

그림 20. 익산 미륵사지 중원 목탑지 평·단면도

9. 익산 제석사지 목탑지[48]

금당지 남면기단에서 17.26m 떨어져 목탑지(그림 21·22)[49]가 자리하고 있다. 한 변 길이 약 21m 정도의 축기부를 마련하고, 그 위에 이중기단을 조성하였다. 하층기단은 한 변 길이가 21.2m이고, 상층기단은 19m이다. 하층은 면석과 갑석으로 이루어진 결구기단, 상층은 가구기단으로 추정된다.

축기부와 연결된 기단토는 판축토로서 모두 3개 층위로 대분되고, 세부 층위는 2~4cm의 두께를 보이고 있다(그림 23).[50] 전체 높이 약

---

48) 국립부여문화재연구소, 2011,『帝釋寺址 발굴조사보고서』I.

49) 국립부여문화재연구소, 2011,『帝釋寺址 발굴조사보고서』I, 68쪽 도면 4(1차 평면도) 및 81쪽 도면 6(3차 평면도).

50) 국립부여문화재연구소, 2011,『帝釋寺址 발굴조사보고서』I, 도면 5-2.

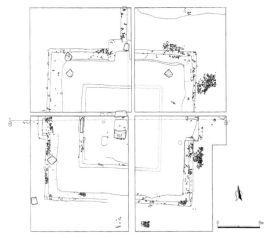

그림 21. 익산 제석사지 목탑지 1차 평면도

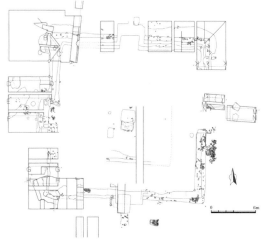

그림 22. 익산 제석사지 목탑지 3차 평면도

3.32m의 판축토 중 축기부토는 0.76m, 기단토는 2.56m로 계측되고 있다.

기단토 상면에는 두 매로 절단된 심초석 겸 공양석(그림 24)[51]이 자리하고 있다. 석재의 복원 규모는 남북 길이 1.82m, 동서 길이 1.75m, 두께 0.76m이다. 석재의 상면 중앙에 위치한 장방형의 사리공(그림 25)[52]은 남북 길이 60cm, 동서 길이 26cm, 깊이 16cm이나 傳 구아리사지 목탑지와 같은 사리공의 턱은 치석되지 않았다.

제석사지 목탑지는 심초석 겸 공양석이 지상에 시설됨으로 인해 7세기대의 변화된 백

---

51) 필자 사진.
52) 필자 사진.

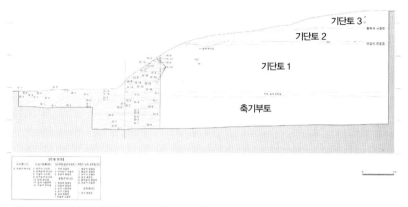

그림 23. 익산 제석사지 목탑지 축기부토 및 기단토 단면도

그림 24. 익산 제석사지 목탑지 심초석 겸
　　　　공양석

그림 25. 익산 제석사지 목탑지 심초석 겸
　　　　공양석의 사리공

제 목탑 구조를 보여주고 있다. 6세기대의 심초부는 대부분 지하에 시설
되어 심주 역시도 지하에 조성되었다. 이는 습기로 인한 심주 柱根의 부
식을 가속화시키는 한편, 심주의 재시공(혹은 교체)을 재촉케 하였다. 이에
반해 7세기대에는 심초석이 기단토상에 시설됨에 따라 심주 역시도 지상
에 축조되었다. 심주가 지하에서 지상으로 이동됨에 따라 목탑의 축조기

법도 자연스럽게 변화하였을 것으로 생각된다.

이상으로 백제 사비기 목탑지를 검토해 볼 때 대부분의 목탑은 대지를 성토한 후 이를 되파기하고 축기부를 조성하였음을 알 수 있다. 그리고 기단은 치석(장대석, 판석 등), 전 등을 사용하고 있으나 전자가 압도적으로 많이 사용되었음을 볼 수 있다. 아울러 단면 구조에 있어서도 단층 보다는 상하의 이중기단으로 축조되었음을 살필 수 있다. 특히, 상층의 가구기단은 중국 남북조시기의 건축문화와 밀접하게 관련되어 있음을 알 수 있다. 하지만 낙양 영령사 목탑(북위)이나 투루판지역의 고창고성 목탑(북위) 등과 같이 항토탑심체는 구비되지 않았음을 확인할 수 있다.

심주를 올리기 위한 심초석은 6세기대 목탑지의 사례처럼 대부분 기단토 아래에 시설되었으나 7세기 이후에는 제석사지나 미륵사지와 같이 기단토 상면에 놓여 있음을 살필 수 있다. 특히, 군수리사지나 왕흥사지, 금강사지 등과 같이 심초석 겸 공양석이 지하에 위치하는 경우는 斜道[53]가 마련되어 있음도 확인할 수 있다. 따라서 7세기 이후가 되면 심초석의 지상화로 말미암아 사도는 자연스럽게 생략되었음을 볼 수 있다.

사리를 안치하기 위한 사리공은 군수리사지나 능산리사지 등에서는 살필 수 없고, 왕흥사지의 경우는 한 쪽 측면에서 장방형으로 확인되었다. 이러한 고고학적 자료는 적어도 577년 무렵 이전에는 사리공이 없이 별도의 사리감에 사리를 안치하였음을 판단케 한다. 그리고 왕흥사 목탑이 조영될 즈음인 577년 무렵 이후에야 비로소 사리공이 출현하였음을 알 수 있다.

傳 구아리사지 및 제석사지 목탑지의 사리공은 심초석 겸 공양석 중앙

---

53) 이의 조성 목적에 대해서는 심초석 겸 공양석을 지하 또는 지상으로 운반하거나 심주 입주, 사리장엄구를 봉안하고 진단의식을 거행하는 공간 등으로 해석하고 있다(국립부여문화재연구소, 2010, 『扶餘軍守里寺址Ⅰ —木塔址・金堂址 發掘調査報告書—』, 153~154쪽).

에 방형으로 조성되어 있다. 특히, 전 구아리사지 목탑지의 경우는 뚜껑을 덮을 수 있는 한 단의 턱이 마련되어, 일본의 飛鳥寺 목탑지 및 신라의 황룡사 구층목탑지의 그것과 친연성을 보이고 있다. 이는 다른 한편으로 일본 및 신라의 심초공 축조기술이 계통상 백제와 밀접한 관련이 있음을 확인케 한다는 점에서 큰 의미가 있다. 이에 대해선 다음 장에서 상술해 보고자 한다.

이상의 내용을 중심으로 백제 사비기 목탑지의 현황을 정리하면 아래의 표 1과 같다.

표 1. 백제 사비기 목탑지 조사 현황

	축기부	심초석 겸 공양석		사도	기단		비고
		위치	사리공		구조	재료	
군수리사지	×	지하	× (사리감?)	○ (경사형)	이중	전	6세기 중반
능산리사지	○ (미조사)	지하	× (사리감)	미조사 (존재 가능)	이중	치석	567년
왕흥사지	○ (약 11m)	공양석-지하 심초석-지상	○ (장방형, 측면 배치)	○ (경사형)	이중	치석+ 할석	577년
금강사지	○ (약 14m)	×	×	○ (계단형)	이중	치석	6세기 말
부소산사지	×	지상. 형적 확인	미확인	×	?	치석 추정	7세기 초반
미륵사지	○ (약 21.56m)	지상 추정	?	×	이중	치석	7세기 초반
제석사지	○ (약 21m)	지상	○ (방형, 중앙 배치)	×	이중	치석	7세기 초반
용정리사지	○ (18.5m)	미조사	?	?	?	?	시굴. 정밀발굴 (×)
傳 구아리사지 (傳 천왕사지)	미조사	확인불가	○ (방형, 중앙 배치)	?	?	?	미조사

한편, 정림사지의 경우 일부 연구자들에 의해 오층석탑 이전에 목탑지가 존재한 것으로 추정되고 있다.[54] 이러한 견해는 기본적으로 오층석탑

---

54) 이는 김정기에 의해 처음으로 주장되었다(金正基, 1984, 「彌勒寺塔과 定林寺塔
   -建立時期의 先後에 관하여-」『考古美術』164호, 韓國美術史學會, 2~8쪽). 그
   는 앞의 논고에서 석초건축물의 축기부는 석재(토석혼축), 목초건축물의 기초부
   는 굴광판축으로 이해하였다. 그러나 백제 사비기 부여 왕흥사지 목탑지의 경우
   축기부가 판축토가 아닌 성토다짐토로 축토되었고(국립부여문화재연구소, 2009,
   『王興寺址 Ⅲ 木塔址 金堂址 發掘調査 報告書』, 50쪽), 고신라기 경주 황룡사지
   구층목탑지(文化財管理局 文化財研究所, 1984, 『皇龍寺 遺蹟發掘調査報告書(圖
   版編)』Ⅰ, 도면 29) 및 통일신라기 경주 사천왕사지 동·서 목탑지도 축기부가 토
   석혼축으로 확인되었다(국립경주문화재연구소, 2013, 『四天王寺 Ⅱ 回廊內廓 발
   굴조사보고서』, 87쪽 사진 69). 아울러 고려시기의 여주 원향사지 추정 목탑지
   의 경우도 축기부가 토석혼축으로 확인되었다(畿甸文化財研究院·韓國道路公社,
   2003, 『元香寺』, 45~50쪽).
   반면에 서천 비인오층석탑(고려)은 석탑임에도 불구하고, 이의 축기부는 판축토
   로 축토되었다(백제문화재연구원, 2010, 『瑞山 大竹里 貝塚 大田 智足洞 遺蹟 舒
   川 庇仁 5層石塔 遺蹟』, 201~203쪽). 이처럼 탑파의 축기부는 그것을 축조하는
   조탑공의 경험과 기술력, 당시의 시대적 상황에 따라 영향을 받았던 것으로 생각
   된다. 따라서 축기부의 재료에 있어 석탑은 토석혼축, 목탑은 판축토라는 도식적
   인 해석은 잘못된 것이라 할 수 있다.
   김정기의 견해는 이후 고고학 및 건축학, 미술사를 전공하는 여러 연구자들에게
   적지 않은 영향을 미쳤다.
   趙焄哲, 1997, 「定林寺址의 美術史的 考察」『文化史學』6·7호, 韓國文化史學會,
   187쪽.
   李炳鎬, 2005, 「扶餘 定林寺址 出土 塑造像의 製作技法과 奉安場所」『美術資料』
   제72·73호, 71쪽.
   탁경백, 2016, 「정림사지 창건시기 재고」『건축역사연구』제25권 4호 통권 107
   호, 61~62쪽.
   한편, 발굴조사에 직접 참여한 심정보와 조사를 참관하였던 최맹식은 목탑이 존
   재하지 않았던 것으로 보고 있다. 특히, 최맹식의 경우는 판축된 축기부를 석탑
   조성을 위한 것으로 이해하고 있다. 아울러 필자의 경우도 토층도와 정림사지 대

아래의 축기부 판축토에 의해 기인된 바 크다고 생각된다. 하지만 판축된 축기부의 최대 너비가 약 6.2m 정도로 협소하여 다른 백제 목탑지의 축기부와 확연한 차이를 보여주고 있다. 일본 및 신라에 조탑기술을 전파할 정도의 기술력을 보유하고 있었던 백제 장인이 과연 이처럼 좁게 목탑의 축기부를 조성할 이유가 있었는지 의문이 든다.

아울러 토층도(그림 26·27)[55])를 살피면 축기부토 또한 불안정하게 축토되어 있음을 볼 수 있다. 이는 동쪽의 토층 양상에서 분명하게 확인할 수 있는 데 서쪽에 비해 낮게 굴광·축토되었음을 살필 수 있다. 따라서 이 축기부는 목탑과 관련이 없는 현 오층석탑과 연관시켜 보는 것이 더 합리적이라 할 수 있다.

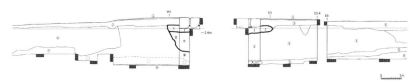

그림 26. 부여 정림사지 오층석탑 아래 축기부 단면도

지조성토 및 각 건물지 기단토에서 검출된 와당 등을 통해 정림사는 6세기 4/4분기 후반 경에 창건되었고, 굴광축기부 판축토는 목탑이 아닌 석탑과 관련된 것으로 기술한 바 있다.

崔孟植, 2008.10.18, 「발굴사례로 본 백제 건물지의 몇가지 특징」『2008년 한국건물지 고고학회 제2회 학술대회』, 63~65쪽.

趙源昌, 2010, 「百濟 定林寺址 石塔 下部 軸基部 版築土의 性格」『韓國古代史探究』 제5권.

趙源昌, 2013, 「定林寺 創建時期의 檢討」『백제사지 연구』, 서경문화사.

55) 忠南大學校博物館·忠淸南道廳, 1981, 『定林寺』, 圖面 19 및 20의 필자 재작도.

그림 27. 부여 정림사지 오층석탑과 축기부

Ⅲ. 백제 조탑기술의 일본·신라 전파

1. 일본

백제 위덕왕은 588년 은솔 수신, 덕솔 개문, 나솔 복부미신 등을 파견하여 조를 보냄과 동시에 불사리, 승 영조율사, 영위, 혜중, 혜숙, 도엄, 영개 등과 사공 태량말태, 문가길자, 노반박사 장덕 백말순, 와박사 마내문노, 양귀문, 릉귀문, 석마제미, 화공 백가 등을 보내주었다.[56]

---

56) 『日本書紀』 卷第21 崇峻天皇 元年 是歲條.

그림 28. 현 일본 飛鳥寺 전경   그림 29. 일본 飛鳥寺 가람 복원도

이들 장인들에 의해 비조지역에 일본 최초의 사찰인 飛鳥寺(그림 28·29)[57]
가 만들어졌다. 이 사찰은 豊浦寺와 더불어 당시 대화정권의 실권자였던
蘇我馬子의 氏寺였다. 이후 나라지역에는 檜隈寺 및 山田寺 등의 사찰이
조영되었다.

飛鳥寺 목탑의 축조는 593년부터 596년까지 약 3년에 걸쳐 진행되었
다. 즉, 593년(추고 1)에 사리를 심초의 중앙에 안치하고 심주를 세웠으며,
594년(추고 2)부터 595년(추고 3)까지 탑을 조영하였다. 그리고 596년(추고
4)에 노반을 완성하여 마침내 목탑을 창건하였다.

하지만 현재 경내에서 목탑과 관련된 형적은 그 어디에서도 찾아볼 수
없다. 1956년과 1957년 奈良縣敎育委員會, 奈良國立文化財研究所에 의
한 발굴조사 결과 심초석 겸 공양석만 지하에서 확인되었을 뿐, 탑신부 및
상륜부 등은 이미 폐기되어 살필 수 없었다. 따라서 여기에서는 발굴조사
내용을 중심으로 목탑지의 유구 현황을 알아보고자 한다.

목탑지(그림 30)[58]는 먼저 대지를 성토다짐한 후 11.05m 너비로 되파

---

57) 필자 사진.
58) 국립부여문화재연구소, 2009, 『한·중·일 고대사지 비교연구(1) -목탑지편-』,
    104쪽 도면 2.

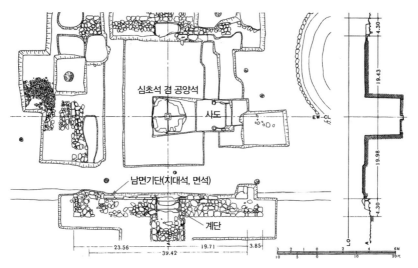

그림 30. 일본 飛鳥寺址 목탑지 평·단면도

기하여 축기부를 조성하였다. 그리고 그 내부를 판축한 후 다시 되파기하
여 심초부를 마련하고, 지하에 심초석 겸 공양석을 안치하였다. 심초석 겸
공양석에서 기단토면까지는 부여 군수리사지 및 왕홍사지 목탑지처럼 사
도를 설치하였다. 목탑지 기단 한 변의 길이는 약 12m이다.

심초석 겸 공양석은 평면 방형의 화강암제로서, 길이×너비×두께
가 각각 2.6m×2.42m×0.51m이다. 정 중앙부에는 동서 33cm, 남북
30cm, 깊이 21cm의 방형 사리공이 뚫려 있다(그림 31).[59] 이처럼 심초석
겸 공양석의 중앙부에 방형 구멍이 뚫려 있는 경우는 7세기 초반의 백제
제석사지 및 645년경의 경주 황룡사지 목탑지 등에서 확인할 수 있다.[60]

59) 奈良國立文化財研究所飛鳥資料館, 1996, 『飛鳥資料館 案內』.
60) 이 외에 부여 傳 구아리사지 심초석 겸 공양석의 중앙부에서도 방형 구멍을 살필
수 있다.

그림 31. 일본 飛鳥寺址 목탑지 심초석 겸 공양석의 조사 모습

　방형 사리공의 사방으로는 십자 모양의 구가 굴착되어 있는데 너비 3cm, 깊이 1.5cm이다. 이는 배수구로 추정되는 것으로서 이러한 형적은 황룡사지 목탑지에서도 일부 살펴지고 있다.

　심초석 겸 공양석의 상면에서는 심주의 흔적이 검출되지 않았다. 다만, 공양구로 보이는 찰갑, 숫돌 형태의 대리석, 사행철기, 금환 3개, 마령 1개, 금판, 환옥, 곡옥, 관옥, 유리소옥 등이 수습되었다(그림 32).[61] 여기서 주목되는 것이 금환 및 금동제품인데 당시 일본의 경우 사금을 채취할만

61)　奈良國立文化財硏究所飛鳥資料館, 1996, 『飛鳥資料館 案內』, 원색도판.

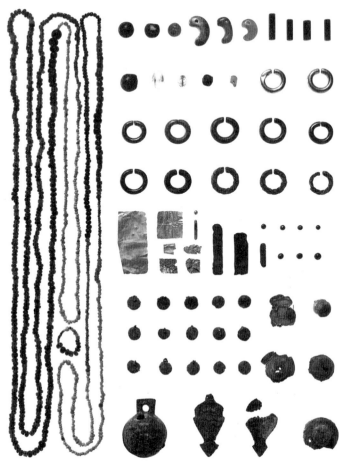

그림 32. 일본 飛鳥寺址 목탑지 심초석 겸 공양석의 공양구

한 기술이 전무하였기 때문에 이들 금 역시도 백제에서 수입하였을 가능
성이 매우 높다.[62]

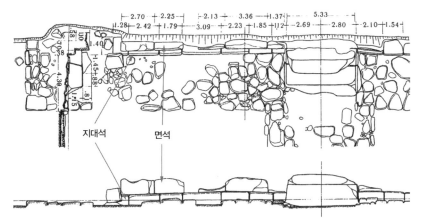

그림 33. 일본 飛鳥寺址 목탑지의 기단 평·입면도

목탑의 기단은 대부분 유실되었으나 남면에서 일부 확인할 수 있다. 정면이 치석된 장대석과 판석을 이용하여 지대석과 면석을 쌓아올렸다(그림 33).[63] 다만, 기단석 내부에서 초석이나 적심석 등이 검출되지 않는 것으로 보아 면석 위에는 갑석이 올려 졌을 것으로 판단된다.

이렇게 볼 때 목탑의 기단은 단층의 가구기단으로 파악된다. 다만, 지대석 상면에서 우주나 탱

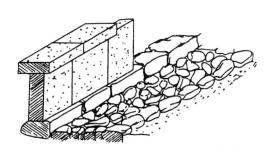

그림 34. 일본 飛鳥寺址 목탑지 및 중금당지 기단 복원도

각된다.

63) 국립부여문화재연구소, 2009, 『한·중·일 고대사지 비교연구(1) −목탑지편−』, 105쪽 도면 5.

주를 놓기 위한 흔적(홈)이 발견되지 않아 고식의 가구기단(그림 34)[64]임을 알 수 있다. 아울러 이러한 기단 형식은 중금당지에서도 동일하게 찾아지고 있으며, 이의 시원적 계통은 시기적으로 보아 부여 능산리사지 목탑지의 상층기단으로 추정해 볼 수 있다.

목탑지의 평면은 방형으로 당시 고구려에서 유행하였던 8각형과는 전혀 다른 형태를 취하고 있다. 따라서 백제 노반박사를 비롯한 장인의 파견과 이에 따른 비조사의 창건은 『일본서기』의 기록과 일치한다고 볼 수 있다.

기타 백제의 조탑기술은 山田寺[65] 및 檜隈寺,[66] 吉備池寺址(百濟大寺) 등에서도 확인되고 있다. 특히 길비지사지 목탑지는 기단토가 판축공법(그림 35)[67]으로 축토되어 있고, 심초석 겸 공양석(그림 36)[68]이 지상에 놓여 있어 익산 제석사지 목탑지와 친연성을 보이고 있다.[69]

---

64) フランソウ・ベルチエ, 昭和 49年, 「飛鳥寺問題の再吟味-その本尊を中心として」 『佛教藝術』 96號, 毎日新聞社, 63쪽.

65) 趙源昌, 2006, 「日本 山田寺址에 나타난 百濟의 建築文化」 『文化史學』 26호, 韓國文化史學會.

66) 趙源昌, 2007, 「飛鳥時代 倭 檜隈寺址에 나타난 百濟의 建築考古文化」 『韓國上古史學報』 58호, 韓國上古史學會.

67) 奈良文化財研究所, 2003, 『吉備池廢寺發掘調査報告 -百濟大寺跡の調査-』, 48쪽.

68) 이는 심초석 겸 공양석이 빠져나간 탈취공을 통해 확인할 수 있다.
朝日新聞社, 2002, 『奈良文化財研究所創立50周年記念 飛鳥・藤原京展』, 54쪽 상단 사진.
한편, 吉備池寺址 목탑지의 심초석은 지상식 중 일본에서 가장 오래된 것으로 파악되고 있다(佐川正敏, 2015, 「日本 佛塔의 展開와 構造的 特徵 -韓・中의 새로운 發見과 比較를 바탕으로-」 『百濟研究』 第62輯, 忠南大學校 百濟研究所, 114쪽).

69) 그러나 吉備池寺址 목탑지의 경우 별도의 축기부가 시설되지 않아 세부적 차이가 발견되기도 한다.

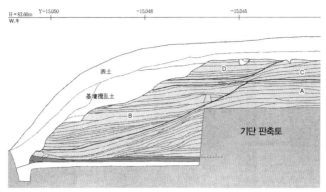

그림 35. 일본 吉備池寺址 목탑지 기단판축토(서변) 단면도

그림 36. 일본 吉備池寺址 목탑지의 심초석 겸 공양석이
놓였던 자리

2. 신라

선덕여왕은 자장의 건의로 황룡사 구층목탑의 조영을 결심하고, 당시
신라와 적대적 관계였던 백제 승 阿非知를 초청하여 김용춘과 더불어 조

탑 작업을 진행시켰다. 구층목탑은 643년(선덕왕 12)에 착수되어 645년(선덕왕 14)[70]에 완공되었으나 1238년(고종 25) 몽고전란 시 소실되어 현재 그 터만 남아 있다. 목탑지에는 지대석(기단석)을 비롯한 塔區(상·하단의 장대석렬), 계단, 초석,[71] 심초석 겸 공양석 등이 발굴조사 과정에서 확인되었다(그림 37).[72]

기단석은 남면과 서북면, 그리고 북면 일부에서 발견되었다. 지대석은 굴광된 凹溝 내에 정치되어 있으며, 지대석 아래에는 소형 할석들이 충전되어 있다. 지대석은 남면에서 5매,[73] 서북면에서 1매,[74] 북면 동쪽에서 3매[75]가 각각 조사되었다.

---

70) 「황룡사찰주본기」에는 646년(선덕왕 15)에 완공된 것으로 기록하고 있다.

71) 목탑지 초석의 평면 형태는 방형, 장방형, 원형, 부정형 등 다양하다. 또한 쇠시리의 유무도 확인되고 있다. 그러나 주좌면의 조출 흔적으로 보아 기둥의 단면은 원형으로 살펴진다.

72) 文化財管理局 文化財研究所, 1984, 『皇龍寺 遺蹟發掘調査報告書』I, 圖面 4.

73) 5매 중 2매는 계단지와 잇대어서 확인되었다. 나머지 3매에 대한 길이×높이×폭은 다음과 같다. 6척×0.7척×0.8척, 6.3척×0.7척×0.9척, 4.5척×0.8척×0.8척의 크기를 보이고 있다.

보고서에서 기단과 축기부와 관련된 尺의 치수(cm)는 정확하게 제시되지 않았다. 다만, 금당지의 설명에서 1.7척을 약 50cm로 표기하고 있음을 볼 수 있다(文化財管理局 文化財研究所, 1984, 『皇龍寺 遺蹟發掘調査報告書』I, 50쪽). 이렇게 볼 때 1척은 30cm가 넘지 않는 것으로 이해할 수 있다. 이는 기존에 나와 있는 여러 논고나 보고서와 비교해 볼 때 차이가 있음을 알 수 있다.

이러한 치수는 아마도 당시 일본에서 수입한 척자와 밀접한 관련성이 있을 것으로 생각된다(건축도시공간연구소 국가한옥센타, 2015, 『와본 김동현 구술집』, 94~95쪽).

74) 길이×높이×폭은 9.5척×1.2척×1.8척이다.

75) 심하게 파손된 상태로 원 위치를 지키고 있다. 길이 2~5척, 높이 1~1.2척, 폭 0.8~0.9척이다.

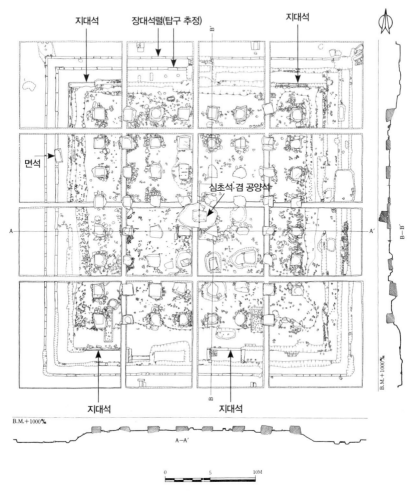

지대석   장대석렬(탑구 추정)   지대석

면석

심초석 겸 공양석

지대석   지대석

그림 37. 경주 황룡사지 구층목탑지 평·단면도

　지대석은 모두 장대석으로 이루어져 있으나 치석기법이 각기 다양하여 동 시기의 것으로는 파악할 수 없다. 먼저 남면 지대석은 하단 외연에 1단의 각형 모접이가 마련되어 있다. 그리고 서북면의 지대석에도 1단의 각형 모접이가 치석되어 있으나 상면에서 홈 2개가 확인되어 남면의 지대석

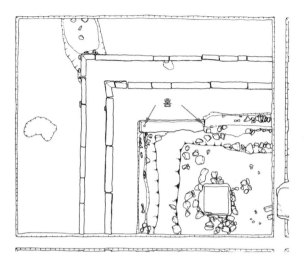

그림 38. 경주 황룡사지 구층목탑지 서북면 지대석 평면도

과 약간의 차이를 보여주고 있다. 마지막으로 북면의 지대석은 1단의 각형 모접이가 없이 장대석으로만 조성되어 가장 단순한 형태를 나타내고 있다.[76]

이 중 서북면 지대석은 보고서에도 명기되어 있듯이 후대에 보축된 것으로 파악되고 있다. 이는 치석의 정도뿐만 아니라 상면의 홈(그림 38)[77]을 통해서도 충분히 인지할 수 있다. 상면의 홈은 그 위치로 보아 우주와 탱주를 꽂아둔 자리로 파악되며, 이러한 치석기법의 지대석은 경주 사천왕사(679년)의 금당지(그림 39)[78] 및 목탑지에서도 검출된 바 있다.

76) 文化財管理局 文化財研究所, 1984, 『皇龍寺 遺蹟發掘調査報告書』I, 61쪽.

77) 文化財管理局 文化財研究所, 1984, 『皇龍寺 遺蹟發掘調査報告書』I, 圖面 4 중.

78) 국립경주문화재연구소, 2012, 『四天王寺 金堂址 발굴조사보고서』I, 166쪽 도면 42.

황룡사 구층목탑지에 남아
있는 지대석의 또 다른 특징
중의 하나는 바로 남면에서
볼 수 있는 하단 외연의 각형
모접이다(그림 40).[79] 그러나
이러한 특징을 북면의 지대석
에서는 확인할 수 없어 두 지
대석 간에 어느 정도의 시기
차가 있었음을 파악케 한다.

이러한 근거는 기단의 축
조 목적이 止土施設 외에 외
장적인 측면도 간과할 수 없
기 때문이다. 이는 어느 한
시기에 서로 다른 속성을 보
이는 지대석을 동일 유적에
함께 사용하기가 쉽지 않았
음을 의미한다. 이는 그 동안
다양한 기단 건축이 발굴된
백제의 경우도 예외가 아니
다.[80]

지대석에서 관찰되는 각
형의 모접이는 통일신라기의

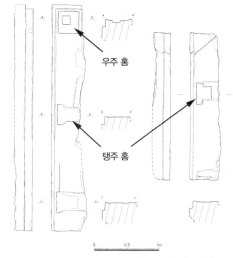

그림 39. 경주 사천왕사 금당지 지대석 평·단면도

그림 40. 경주 황룡사지 구층목탑지 남면 가구기단
지대석

---

79) 文化財管理局 文化財硏究所, 1984, 『皇龍寺 遺蹟發掘調査報告書』I, 54쪽 圖版
32-1.

80) 이는 부여 왕흥사지 강당지처럼 남면은 가구기단이고, 동·서면은 할석기단으로
축조된 것과는 다른 의미이다.

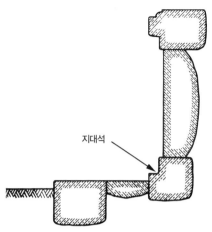

그림 41. 경주 감은사지 금당지 가구기단   그림 42. 경주 불국사 극락전 가구기단 지대석의
지대석의 각형 모접이   각형 모접이

가구기단에서 어렵지 않게 살필 수 있는 치석기법이다. 즉, 사천왕사지 당
탑지(679년경)를 비롯해 경주 감은사지(682년경) 금당지(그림 41)[81] · 강당지 ·
회랑지, 불국사(751~780년경) 대웅전 · 극락전(그림 42)[82] · 무설전 · 비로전,
대구 동화사 극락전(9세기 전반), 합천 영암사지 금당지(9세기 중반 이후), 군
위 인각사지(통일신라) 등에서 확인할 수 있다.[83]

그런데 이러한 지대석의 각형 모접이는 그 동안 백제의 가구기단에서
전혀 검출된 바 없기 때문에 이것이 과연 阿非知의 건축기술이었는지는
많은 의구심이 든다. 이는 한편으로 모접이가 있는 남면 지대석이 서북면

---

81) 國立慶州文化財研究所, 1997, 『感恩寺』, 92쪽 삽도 24 중.

82) 필자 사진.

83) 조원창, 2014, 「寺刹建築으로 본 架構基壇의 變遷 研究」 『백제 사원유적 탐색』, 서
     경문화사.

그림 43. 경주 황룡사지 목탑지 계단지 원형 구멍

그림 44. 경주 불국사 안양문 계단 아래의 법수석

의 지대석과 마찬가지로 어느 시점에 後補되었을 가능성이 높다는 점을 암시케 하고 있다.

이 같은 추론은 다음의 유구를 통해서도 확인할 수 있다. 황룡사지 목탑지에는 여러 방향으로 계단이 시설되어 있다. 즉, 남면에 3개소, 동, 서, 북면에 각각 1개소의 계단이 축조되어 있다.

그런데 특이한 속성으로 남면 및 동면, 서면의 계단지 지대석에 직경 0.7척, 깊이 0.36척의 원형 구멍(그림 43)[84]이 뚫려 있음을 확인할 수 있다. 이는 불국사 자하문과 안양문 아래의 계단에서 볼 수 있는 것처럼 법수석(그림 44)[85]을 꽂아 놓았던 자리로 파악된다. 이러한 계단에서의 원형 구멍은 사천왕사지 당탑지를 비롯해 감은사지 금당지, 황룡사지 경루지, 망덕사지, 숭복사지, 인각사지 등에서도 찾아볼 수 있다.[86]

계단의 원형 구멍은 백제 및 고구려의 계단(지)에서는 아직까지 확인된

---

84) 필자 사진.

85) 필자 사진.

86) 국립문화재연구소, 2012, 『한국 고대건축의 기단 −경북·경남·대구·울산편』.

바가 없다. 특히, 원형 구멍에 꽂았을 것으로 보이는 법수석의 경우도 전혀 검출된 적이 없다. 따라서 계단 하단에서 보이는 원형 구멍과 이와 관련된 법수석은 통일신라기라는 시기성과 경주 중심이라는 공간성을 내포한 신라만의 고유한 석조기술로 이해할 수 있다.

그림 45. 익산 미륵사지 중원 금당지의 상층 가구
기단과 하층 결구기단

이렇게 볼 때 현재 남아 있는 구층목탑지의 여러 지대석 중 북면의 지대석만이 창건기의 것으로 추정할 수 있다. 이는 阿非知가 활약하였던 7세기 전반의 백제 가구기단 지대석이 모두 모접이가 없는 단순 형태인 것으로도 파악해 볼 수 있다. 예컨대 제석사지 목탑지나 미륵사지 금당지(그림 45),[87] 그리고 639년에 창건된 미륵사지 서탑의 기단에서도 각형의 모접이는 확인할 수 없다.[88]

---

87) 필자 사진.

88) 그렇다고 하여 백제에 모접이 기술이 전혀 없었다는 것은 아니다. 이는 미륵사지 서탑의 층급받침를 비롯한 동문의 좌우 지도리 상부 석재, 4·5·6층 탑신석 등에서 확인할 수 있다(전라북도익산지구문화유적지관리사업소, 2001, 『미륵사지석탑』, 사진 97·108·169). 이러한 석탑의 모접이 기술은 삼국통일 후 백제 조탑공들에 의해 신라 건축 기단에 영향을 미쳤던 것으로 생각된다.

또한 584년 무렵에 창건된 황룡사 중금당[89]의 지대석에서도 이러한 각형의 모접이가 검출되지 않아 좋은 비교 자료가 될 듯싶다. 이는 적어도 6세기 중반 이후 7세기 전반에 이르기까지 백제뿐만 아니라 신라의 가구기단에서도 모접이가 장식된 지대석이 출현하지 않았음을 의미하는 것이다.

그렇다면 後補되었을 것으로 추정되는 서북면의 지대석과 계단의 법수석은 과연 어느 시기에 조성되었을까? 이는 『삼국사기』 및 『삼국유사』의 기록을 통해 그 시기를 대략 추정해 볼 수 있다. 즉, 718년(성덕왕 17) 낙뢰로 인해 구층목탑이 피해를 입었고, 이의 중수가 720년에 이루어졌다는 기사이다.[90] 주지하듯 720년은 이미 사천왕사 및 감은사가 완공된 시기였다. 두 사지의 지대석에는 각형 모접이가 시설되어 있으며, 계단에는 법

조원창, 2019, 「統一新羅期 石造物에 보이는 百濟 石塔의 治石과 結構技術」 『백제 건축, 치석과 결구를 보다』, 서경문화사.

89) 2매의 지대석이 서면기단에서 확인되었다. 다만, 면석과 갑석은 모두 멸실되어 살필 수가 없다. 이는 하층기단도 마찬가지이다. 따라서 중금당지 이중기단(상층 : 가구기단, 하층 : 장대석)에서의 모접이는 창건기에 조성되지 않았던 것으로 생각된다. 이에 따라 보고서의 금당지 기단 추정 복원도(文化財管理局 文化財研究所, 1984, 『皇龍寺 遺蹟發掘調査報告書』I, 54쪽 삽도 6) 역시 수정되어야 할 것으로 판단된다.

90) "震皇龍寺塔"(『三國史記』 新羅本紀 第八 聖德王 十七年 夏六月條).
"第三十三 聖德王代庚申歲重成"(『三國遺事』 塔像 第四 皇龍寺九層塔條).
황룡사 구층목탑은 5차에 걸쳐 중성이 이루어지고 있다. 이에 관한 내용은 강현, 2016.04, 「백제건축의 대신라 영향 관계 재고 ―목탑 구조기술을 중심으로 한 쟁점 검토 시론―」 『古代 三國 문화교류의 양상』, 한국고대학회·국립중앙박물관, 133~135쪽 참조.
한편, 권종남은 제1차 중성 시에 창건 당시의 목탑제도가 그대로 유지된 것으로 보았으나(2006, 『한국 고대 목탑의 구조와 의장 皇龍寺 九層塔』, 미술문화, 200~201쪽) 기단의 형식적 차이를 통해 그렇지 않았을 가능성이 높다.

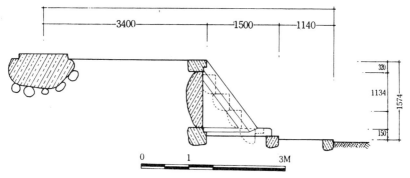

그림 46. 경주 황룡사지 구층목탑지 기단 추정 복원도

수석이 조성되어 있다. 특히 전자의 당탑지 지대석에는 우주와 탱주의 홈
이 조출되어 있다. 이러한 유적 사례는 결과적으로 720년 황룡사 구층목
탑의 중성 과정에서 새로운 치석기술로 단장된 지대석이 後築될 수 있음
을 보여주는 충분한 자료라 생각된다.

　황룡사 구층목탑의 기단 형식은 지대석만 남아 있지만 서면기단부에서
밀려난 면석(횡판석)으로 보아 가구기단(그림 46)[91]이었음을 알 수 있다. 다
만, 창건기의 지대석과 후보된 지대석의 형태가 서로 다른 것으로 보아
마지막 단계의 지대석은 모접이를 갖춘 것으로 판단된다.[92] 또한 대부

91)　文化財管理局 文化財研究所, 1984, 『皇龍寺 遺蹟發掘調査報告書』I, 62쪽 삽도
　　 15.
92)　이를 통해 이강근의 경우는 황룡사 기단 형식이 감은사에 영향을 미친 것으로 파
　　 악하고 있다(2009.3.20, 「7세기 신라 불교건축의 전통과 신조류」 『학술연구 심포
　　 지움 신라 감은사와 삼층석탑』, 국립문화재연구소·경주시, 96쪽). 하지만 이는
　　 황룡사 중건가람의 초창기 것이 아닌 720년 무렵에 後補된 것이기에 시기적으로
　　 감은사 창건 기단과 상호 비교할 수 없음을 알 수 있다.

분의 가구기단에서 지대석과 갑석의 치석기법이 동일한 것으로 보아[93) 중성된 갑석의 상단 외연에도 1단의 각형 모접이가 치석되었을 가능성이 높을 것으로 사료된다.

그림 47. 경주 황룡사지 구층목탑지 심초석 겸 공양석의 사리공과 주변 배수 홈(切水溝)

한편, 심초석 겸 공양석의 중앙부에는 한 변 길이 49cm, 깊이 34.5cm의 2단으로 치석된 방형 사리공(그림 47)이 조성되어 있다. 상단은 깊이와 너비가 각각 8.5cm인 턱받이를 마련하여 이곳에 한 변 길이 49cm, 두께 8.5cm의 뚜껑돌이 놓이도록 하였다. 1단의 턱받이 아래로는 깊이 26cm, 너비 29cm의 공간이 설치되어 사리장엄구를 봉안할 수 있게 하였다.

사리공의 외곽으로부터 11cm 떨어진 지점에는 너비 7cm, 깊이 2cm의 홈이 굴착되어 있다. 이는 사리공 내부로 물이 스며들지 않게 하기 위한 배수시설(절수구)[94)로 이해되었다. 이러한 굴착 홈은 지금까지 백제 장인들에 의해 조성된 일본 비조사 목탑지의 심초석 겸 공양석에서만 검출되었다. 따라서 비조사 목탑을 축조하였던 백제 조탑공의 치석기술이 황룡사 구층목탑에도 조금이나마 영향을 미쳤던 것으로 판단해 볼 수 있다.

---

93) 그러나 예외가 전혀 없는 것은 아니다. 예컨대 감은사지 금당지의 경우 갑석이 지대석과 달리 상하면이 호형 및 각형으로 정교하게 치석되어 있음을 볼 수 있다.

94) 이에 대해 보고서에는 周溝라 기술되어 있다(文化財管理局 文化財研究所, 1984, 『皇龍寺 遺蹟發掘調查報告書』I, 307쪽).

IV. 맺음말

이상에서와 같이 백제 목탑지를 중심으로 이와 친연성이 있는 일본의 비조사 목탑지 및 신라의 황룡사 구층목탑지에 대해 개략적으로 살펴보았다. 이들 목탑지는 용어에서 알 수 있듯이 상부구조는 모두 훼실되었고, 현재 그 터만 남아 있다.

백제의 목탑은 기본적으로 대지조성을 하고, 그 다음에 축기부를 조성하였다. 그리고 이를 매립한 후 심초부를 축조하였다. 심초부는 사도 및 심초석 겸 공양석으로 크게 구분되는 데 전자의 경우 군수리사지 및 왕흥사지, 금강사지 목탑지 등에서 확인되고 있다. 그리고 심초석 겸 공양석은 목탑의 기능적인 면과 종교적인 면을 내포한 것으로서 6세기 중·후반에는 지하에 시설되었고, 7세기 이후에는 지상에 조성되었다.

백제의 조탑기술은『일본서기』와『삼국유사』등의 기록으로 보아 588년 및 643년에 일본 및 신라에 전파되었다. 이는 탑파의 평면(방형)과 축기부, 그리고 심초부를 구성하는 심초석 겸 공양석 및 사도 등을 통해 확인할 수 있다.

비조사 목탑지는 평면 방형으로 심초석 겸 공양석이 지하에 조성되어 있고, 정 중앙에 방형의 사리공이 마련되어 있다. 그리고 배수를 위한 홈이 사리공을 중심으로 十자 형태로 음각되어 있다. 이는 백제 조탑공에 의해 만들어진 것으로 6세기 4/4분기 무렵 백제 조탑기술 중 하나였음을 짐작할 수 있다.

백제 아비지에 의해 창건된 황룡사 구층목탑은 문헌으로 보아 여러 번의 중성이 있었음을 알 수 있다. 그리고 그 때마다 새로운 부재가 後補되었음도 확인할 수 있다. 이는 기단 지대석 및 계단 등에서 확연히 살펴지는 데 지대석의 경우 크게 세 가지 형식으로 구분되고 있다. 이 중 아비지의 치석기술로 만들어진 지대석은 모접이와 우주 및 탱주의 홈이 없는 단순 형태의 장대석으로 판단되었다. 그리고 심초석 겸 공양석의 방형 사리 공 및 주변 배수 홈(周溝, 切水溝) 등을 통해서도 백제의 조탑기술을 확인할 수 있다.

백제 목탑지의 발굴조사는 앞으로도 계속적으로 진행될 것이다. 이에 따라 새로운 건축고고자료 또한 출현할 가능성이 적지 않다. 아울러 중국 및 일본, 신라 등의 목탑지 조사도 꾸준하게 실시될 것으로 생각된다. 향후 이들의 상호 비교를 통해 새로운 백제의 조탑기술과 또 다른 기술 교류가 밝혀지기를 기대해 본다.[95]

---

95) 이 글은 조원창, 2018, 「百濟 泗沘期 木塔 築造技術의 對外傳播」『先史와 古代』 55권의 내용을 수정·정리한 것이다.

03

皇龍寺 九層木塔 心礎石의 移運 有無 檢討

I. 머리말

황룡사지는 1976년부터 1983년까지 8차에 걸쳐 발굴조사가 진행되었다. 그 결과 담장과 회랑, 중문, 구층목탑, 삼금당, 강당, 종루, 경루 등이 확인되었다. 담장 내부를 기준으로 동서 너비가 288m, 남북 길이가 281m임을 볼 때 전체 면적은 약 80,928㎡(약 24,480평)로 추정된다.[1] 그런데 불, 법과 관련된 승방지[2]가 사역 내에서 검출되지 않았음을 볼 때

---

1) 文化財管理局 文化財研究所, 1984, 『皇龍寺 遺蹟發掘調査報告書』Ⅰ, 43쪽. 이에 반해 보고서 Ⅱ장에서는 담장 내부 면적을 약 82,000㎡(약 24,500평)로 산출하여 동일 보고서에서의 차이가 발견되고 있다(文化財管理局 文化財研究所, 1984, 『皇龍寺 遺蹟發掘調査報告書』Ⅰ, 23쪽). 아울러 이러한 수치는 사역 주변을 배제한 상태에서 당탑을 기준으로 한 회랑 내부만을 대상으로 하였음을 알 수 있다.

2) 고구려나 백제, 그리고 신라사지 등을 검토해 볼 때 승방은 회랑 내부에 존재하지 않았음을 알 수 있다. 이는 비구나 비구니들이 취침할 수 있는 조건, 즉 구들 등의

황룡사의 당초 사역은 위의 면적보다 훨씬 더 넓었을 것으로 생각된다.[3]

황룡사는 최근까지의 연구 성과를 바탕으로 할 때 여러 번의 가람 변천이 있었음을 알 수 있다.[4] 이에 따라 중문이나 삼금당의 경우 각 시기마다 층위나 축조기법, 규모 등을 달리하며 축조되었다. 아울러 구층목탑은 고려시기에 이르기까지 지진과 낙뢰 등으로 말미암아 여러 번의 중성이 이루어졌다.[5]

황룡사는 553년(진흥왕 14) 착공이 이루어지고, 566년(진흥왕 27)에 대지 조성이 완료된 것으로 보인다.[6] 그리고 담장(569년, 진흥왕 30) 조성과 장육

난방시설이 검출되지 않는 것으로도 확인할 수 있다. 부여지역에 위치하고 있는 백제 사비기 능산리사지의 경우 승방지는 강당 북쪽 외곽에서 조사되었다.
조원창, 2013, 「부여 능사의 승역 구조와 성격」 『고고학』 제12-3호.

3) 최근 황룡사 중문 남쪽지역에 대한 발굴조사에서 경사축토의 대지조성이 확인되었다. 황룡사지와 같은 축에 위치함을 볼 때 이와 관련된 사역 외곽으로 추정된다. 이런 전제가 사실로 받아들여진다면 황룡사의 사역은 앞에 기술된 것보다 훨씬 더 넓어야 할 것으로 생각된다.
경주시·신라문화유산연구원, 2018, 『皇龍寺 廣場과 都市』I.

4) 발굴보고서에는 창건가람, 중건가람, 종루·경루가 설치된 가람, 최종가람 등으로 구분되어 있고(文化財管理局 文化財研究所, 1984, 『皇龍寺 遺蹟發掘調査報告書』 I, 371~375쪽), 조유전의 경우는 창건가람, 금당이 중건된 가람, 목탑이 중건된 가람, 종루·경루가 신설된 가람, 최종가람 등으로 분류하고 있다(趙由典, 1987, 「新羅 皇龍寺伽藍에 關한 研究」, 동아대학교 대학원 사학과 박사학위논문). 그리고 김동현은 1차 가람, 2차 가람, 3차 가람, 4차 가람 등으로 가람배치를 살펴보았다(金東賢, 1991, 「慶州 皇龍寺址에 대한 遺構內容과 文獻資料와의 比較檢討」 『佛敎美術』10권, 131~132쪽).

5) 『삼국사기』 및 『삼국유사』, 『고려사』, 『고려사절요』 등을 통해 살필 수 있다.
김숙경, 2014, 「황룡사 중건가람배치 연구」 『건축역사연구』 제23권 4호 통권95호, 83쪽 참조.

6) 566년 기사에 대해 『삼국사기』에는 '皇龍寺畢功'이라 기록되어 있다. 여기서 '功'은 황룡사 보고서를 비롯한 기존 논고들의 경우 창건(1차)가람으로 이해하였다. 그러나 '畢功' 이전에 사원의 중심에 해당되는 당탑이나 강당 등의 기록이 전무하

그림 1. 경주 황룡사의 가람배치 복원(국립경주박물관)

존상의 주조(574년, 진흥왕 35), 금당(584년, 진평왕 6)이 축조된 후 645년(선덕여왕 14)에 구층목탑이 완공되었다. 그리고 754년(경덕왕 13)에는 종루와 경루가 추가되었고, 고려시기에 접어들어 최종가람이 완성되었다(그림 1).[7]

이처럼 황룡사는 553년 이후 1238년(고려 高宗 25년) 몽골침입에 따른 소실에 이르기까지 신라사회의 정신적 지주가 되었다. 특히, 225척[8]에 달하는 구층목탑은 북위 영령사 목탑에 다음가는 동양 최대의 건축물이었

다는 점에서 '功'을 가람으로 이해하기에는 다소 부자연스럽다. 한편, 일명 중건가람의 경우는 569년 담장이 시설되고, 574년 장육존상이 주조되며, 584년 금당이 조영된다. 그리고 645년에는 황룡사 구층목탑의 축조가 완료된다. 따라서 '功'이 창건가람이 되기 위해서는 중건가람과 마찬가지로 당탑 등의 축조 기사가 쓰이는 것이 당연하다.

7) 필자 사진.

8) 약 80m로 추정하고 있다(文化財管理局 文化財硏究所, 1984, 『皇龍寺 遺蹟發掘調查報告書』Ⅰ, 28쪽).

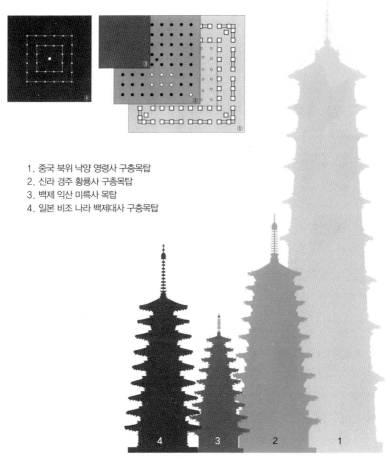

1. 중국 북위 낙양 영령사 구층목탑
2. 신라 경주 황룡사 구층목탑
3. 백제 익산 미륵사 목탑
4. 일본 비조 나라 백제대사 구층목탑

그림 2. 북위 영령사 구층목탑과 신라 황룡사 구층목탑, 백제 미륵사 목탑, 비조시기 백제대사 구층목탑의 크기 비교(안)

다.[9] 아울러 『삼국유사』나 『삼국사기』 등의 고기에 황룡사 구층목탑의 축

---

9) 이는 일본이 자랑하는 비조시기 백제대사(吉備池寺址) 구층목탑에 비해 더 큰 규모임을 알 수 있다. 중국 북위의 낙양 영령사 구층목탑과 백제 사비기의 익산 미륵사지 목탑, 신라의 황룡사 구층목탑, 그리고 일본 나라 백제대사(吉備池寺院)의

조 과정과 重成 등의 기사가 다른 건축물들에 비해 압도적으로 많이 기술되었다는 점에서 이의 역사성과 종교성, 장엄성 등을 파악해 볼 수 있다.

황룡사 구층목탑은 당의 유학승이었던 자장의 건의로 백제 조탑공인 阿非知가 643년 建塔을 시작하여 645년 완공하였다. 이 과정에서 공사 감독관인 伊干 용춘과 소장 200인 또한 참여하고 있었음을 살필 수 있다. 하지만 구층목탑은 1238년 소실된 이후 하부 구조인 기단석과 심초석, 사천주 초석, 내(외)진주 초석 만 남아 있어 구체적인 내부 모습이나 의장 등은 전혀 살필 수가 없다.

8차에 걸친 황룡사지의 발굴조사는 문헌사 및 건축학, 고고미술사학을 전공하는 여러 연구자들에게 다양한 정보를 제공하고 있다. 특히 황룡사 구층목탑은 복원을 전제로 국내외 많은 건축학자들의 참여를 이끌어냈다. 그 결과 목탑의 가구 구조 및 결구기법, 주망, 높이 등에 대한 연구가 심도 있게 진행되었다.[10]

구층목탑 비교는 아래의 책자를 참조(그림 2).
朝日新聞社, 2002, 『飛鳥 · 藤原京展』, 55쪽 재작도.

10) 이에 대한 연구 성과는 아래의 논고를 참조.
김동현, 1982, 「皇龍寺 9층木塔의 5개 復原案에 대한 비교」 『季刊美術』 22, 중앙일보사.
김정수, 1982, 「皇龍寺九層木塔의 內部形態推定에 관한 硏究」 『대한건축학회지』 26권 1호.
김경표, 2000, 「고대 건축기술의 연구수준과 사지 복원의 가능성 : 황룡사와 미륵사의 목탑을 중심으로」 『건축역사연구』 9권 1호, 한국건축역사학회.
권종남, 2006, 『皇龍寺 九層塔』, 미술문화.
배병선, 2012, 「황룡사 9층목탑 복원 연구」 『황룡사 복원연구포럼』, 국립문화재연구소.
황세옥, 2013, 「황룡사구층목탑 가구 및 결구기법에 관한 추론적 고찰」 『문화재』 46권 1호, 국립문화재연구소.
강현, 2016, 「백제건축의 대신라 영향 관계 재고 ―목탑 구조기술을 중심으로 한 쟁점 검토 시론―」 『古代 三國 문화교류의 양상』, 한국고대학회 · 국립중앙박물관.

그림 3. 경주 황룡사지 구층목탑지 심초석 하부　　　그림 4. 경주 황룡사지 구층목탑지 심초석
　　　적심석 출토 금동투조판불　　　　　　　　　　하부 적심석 출토 청동완

　　특히, 심초석[11] 아래 적심석에서 검출된 유물 중 금동투조판불(그림
3)[12]과 청동완(그림 4)[13]이 통일신라기로 편년되면서[14] 현재의 심초석이

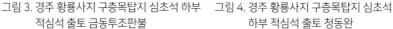

11)　이는 목탑을 구성하는 초석 중 중심에 놓인 것을 말한다. 그러나 목탑을 비롯한
　　탑파의 축조 목적이 부처님의 사리를 봉안하기 위해 축조되었다는 점에서 공양석
　　의 성격도 배제할 수 없다. 그러므로 심초석 겸 공양석이라는 표현이 적절한 것으
　　로 판단된다.
　　조원창, 2012, 『기와건물지의 조사와 해석』, 서경문화사, 111쪽.
　　다만, 보고서에서 심초석이라는 용어를 사용하였기 때문에 본고에서도 이의 혼선
　　을 피하기 위해 심초석이라는 표현을 따르고자 한다.

12)　文化財管理局 文化財研究所, 1984, 『皇龍寺 遺蹟發掘調査報告書』Ⅰ, 315쪽.
　　여래상과 점열문, 연화문 등으로 이루어진 금동제의 투조판불이다. 전체 높이
　　6.9cm, 최대 폭 7.5cm이다.
　　필자 사진.

13)　두 점 중 한 점은 높이 5.3cm, 직경 13.4cm이고, 다른 한 점은 높이 5.2cm, 직
　　경 12.8cm로 계측되고 있다.
　　국립문화재연구소·경주시, 2010, 『황룡사연구총서 7 황룡사 중심곽 출토유물』,
　　50쪽 도28.

14)　국립문화재연구소·경주시, 2010, 『황룡사연구총서 7 황룡사 중심곽 출토유물』,

阿非知와 무관한 통일신라 이후의 것으로 보는 견해도 제기되었다.[15] 이는 황룡사 구층목탑이 통일신라기에 신축에 가까울 정도로 완전 새롭게 축조되었음을 의미하는 것이기 때문에 건축고고학적으로 적지 않은 논란이 야기될 수 있다.

이에 본고에서는 현재의 심초석의 과연 새로운 것인지 아니면 백제 사비기 조탑공이었던 阿非知가 조성한 본래의 심초석이었는지를 검토해 보는 데 목적이 있다. 이를 위해 심초석 주변의 기단토를 중심으로 논고를 진행하고자 한다. 왜냐하면 심초석이 만약 이동되었다면 이러한 행위가 기단토에서 마땅히 검출되어야 하기 때문이다. 아울러 심초석의 이동과 관련하여 기존에 발굴조사 되었던 부여지역의 백제사지 및 고대 일본의 심초부 사도 등에 대해서도 함께 살펴보도록 하겠다.

Ⅱ. 황룡사 구층목탑의 심초석과 주변 출토유물

황룡사 구층목탑의 심초석(그림 5·6)[16]은 화강석재로 목탑지 정 중앙에

38쪽 및 50쪽.

배병선, 2012, 「황룡사 9층목탑 복원 연구」『황룡사 복원연구포럼』, 103쪽.

김숙경, 2014, 「황룡사 중건가람배치 연구」『건축역사연구』제23권 4호 통권95호, 87쪽.

그런데 위의 논고에서 금동투조판불과 청동완이 어떠한 속성과 제작기법으로 통일신라시기의 것인지는 언급되지 않았다.

15) 배병선, 2012, 「황룡사 9층목탑 복원 연구」『황룡사 복원연구포럼』, 국립문화재연구소, 103쪽. "… 이로 미루어 심초석은 백제 아비지가 조성한 시기의 것이 아니라 통일신라 이후에 새로 조성된 것임을 알 수 있다 …"라고 기술하고 있다.

16) 文化財管理局 文化財研究所, 1982, 『皇龍寺 遺蹟發掘調査報告書(圖版編)』Ⅰ, 도

그림 5. 경주 황룡사지 구층목탑지 심초석과 주변의 사천주 초석. 심초석 상면의 방형
대석은 1238년 이후 조성됨.

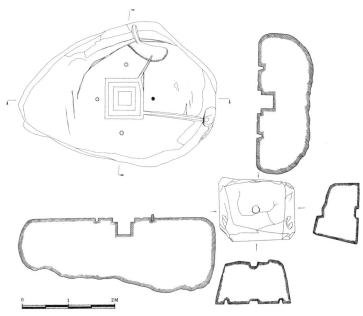

그림 6. 경주 황룡사지 구층목탑지 심초석 평·단면도

위치하고 있으며, 동서 최대 길이 435cm, 남북 최대 길이 300cm, 두께 104~128cm이다. 심초석의 평면 형태는 부정형의 장타원형이고, 이의 중앙에는 사리를 봉안하기 위한 한 변 49cm, 전체 높이 34.5cm의 2단 사리공이 투공되어 있다. 그리고 사리공의 주변에서는 직경 90cm의 심주 흔적이 확인되었다. 이러한 심주의 존재로 말미암아 현재 심초석 위에서 살펴지는 방형 대석은 목탑이 소실된 1238년 이후 사리장치를 보호할 목적으로 새롭게 조성되었음을 판단할 수 있다.[17]

구층목탑지에서는 발굴조사 당시 62개의 초석이 발견되었는데 본래는 64개이며, 이들은 사천주 초석, 제1 내진 초석, 제2 내진 초석, 그리고 외진주 초석 등으로 분류되고 있다.[18] 그리고 목탑지의 중앙부에서는 목탑의 심주를 지탱하는 별도의 심초석이 정치된 상태로 확인되었다.

심초석 아래에는 상하 2단의 적심석(그림 7)[19]이 심초석의 평면 형태와 유사하게 축석되어 있다. 이로 보아 적심석은 심초석의 바로 直下에만 조성되었음을 알 수 있다. 적심석은 크기가 40~80cm 정도의 냇돌과 자연 할석을 이용하여 성글게 만들어졌다. 적심석과 적심석 사이는 크기가 작은 자갈돌과 부식토만 충전되었을 뿐, 다른 시설물은 전혀 검출되지 않았다. 적심석은 별도의 적심공이 없이 축기부를 구성하는 적갈색점토와 냇

면 40-2.
국립문화재연구소·경주시, 2010, 『황룡사연구총서 7 황룡사 중심곽 출토유물』, 205쪽 도10.

17) 이상 심초석에 관한 내용은 文化財管理局 文化財研究所, 1984, 『皇龍寺 遺蹟發掘調査報告書』Ⅰ, 304~309쪽 참조.

18) 金東賢, 1991, 「慶州 皇龍寺址에 대한 遺構內容과 文獻資料와의 比較檢討」『佛教美術』10권, 108쪽.

19) 국립문화재연구소·경주시, 2010, 『황룡사연구총서 7 황룡사 중심곽 출토유물』, 208쪽 도17.

그림 7. 경주 황룡사지 구층목탑지 심초석 하부 적심석 노출 상태

돌 위에 축조되었다.[20]

　구층목탑지 심초석 주변 출토 유물은 이의 출토 위치에 따라 크게 3개 층위로 구분할 수 있다. 첫 번째는 심초석의 높이에 해당되는 이의 상면 기단토로부터 128cm 깊이의 기단토에서 출토된 유물이고, 두 번째는 심초석 하부에 놓인 적심석에서 출토된 유물, 즉 128~168cm 지점에서 수습된 유물들이다. 그리고 마지막으로 세 번째는 적심석 아래 즉, 목탑지의

---

20)　이는 기단토를 조성하고, 심초석이 시설될 자리를 되파기한 후 심초석을 놓은 것과는 전혀 다른 축조기법이다. 즉 황룡사 구층목탑의 심초석은 먼저 목탑의 축기부를 조성한 후 그 상면에 적심석을 축석하고, 그 위에 심초석을 올려놓았다. 심초석을 놓은 다음에 기단토를 축토하였으며, 그 상면에 사천주 초석 및 내·외진주 초석 등을 배치하였다.

축기부(되파기한 지하 축토) 상면에서 출토된 유물들이다.

먼저 기단토에서 출토된 유물들을 살피면 이곳에서는 생활용구와 장식구, 장신구류 등이 수습되었다. 즉, 생활용구류의 경우 청동그릇 3개체분과 청동도자 1점, 철도자 파품 2점 등이 출토되었고, 장식구류로는 동물형금동장식구 1점, 기타 금동 및 청동제 장식구편 다수가 수습되었다. 그리고 장신구류로는 금동태환이식 1쌍, 수정곡옥 1점, 유리곡옥 9점, 수정다면옥 3점, 유리구슬 1,494점이 검출되었다. 그리고 특수한 용도의 백자소호(그림 8·9)[21] 1점 등이 출토되었다. 특히, 금동태환이식(그림 10)[22]의

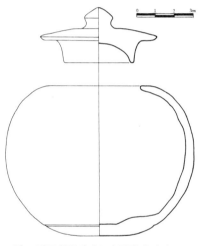
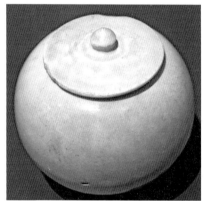

그림 8. 경주 황룡사지 구층목탑지 기단토 출토 백자 소호

그림 9. 경주 황룡사지 구층목탑지 기단토 출토 백자 소호

21) 文化財管理局 文化財硏究所, 1984, 『皇龍寺 遺蹟發掘調査報告書』Ⅰ, 326쪽 삽도 59 및 필자 사진.
    唐의 백자로 추정되었으며, 몸체 높이 7.8cm, 입 지름 4.5cm, 뚜껑 높이 2.85cm, 지름 6.2cm이다.
22) 필자 사진.

경우는 심초석 주변에서 은제의 작은 고리와 함께 한 쌍이 수습되었다.

심초석 하부 적심석에서 출토된 유물 중 생활용구류는 청동유개합 1점을 비롯해 청동그릇 9점(이상 그림 11·12),[23] 청동그릇뚜껑 2점, 은도자(그림 13)[24] 1점, 철도자파편 21점, 철가위 4점, 철부 1점, 철겸 2점, 청동침통 1점 등이 있다. 그리고 장식구류로는 청동거울(그림 14)[25] 3점, 은제고리 27점, 청동고리 8점, 청동방울 2점 및 파품 2점, 금동반구형장식구 2점, 금동투조판불 1점, 단추형 동장식 3점, 금동원형장식구 1점, 금동광배형구 1점, 금동

그림 10. 경주 황룡사지 구층목탑지 기단토 출토 금동태환이식

그림 11. 경주 황룡사지 구층목탑지 심초석 하부 적심석 출토 청동유개합

23) 필자 사진.

24) 국립문화재연구소·경주시, 2010, 『황룡사연구총서 7 황룡사 중심곽 출토유물』, 40쪽 도8.

25) 文化財管理局 文化財研究所, 1984, 『皇龍寺 遺蹟發掘調査報告書』Ⅰ, 316쪽 삽도 31. 청동사신경은 중국 隋代의 동경으로 추정되었고, 지름 16.8cm이다.

그림 12. 경주 황룡사지 구층목탑지 심초석 하부 적심석 출토 청동그릇

그림 13. 경주 황룡사지 구층목탑지 심초석 하부 적심석 출토 은도자

그림 14. 경주 황룡사지 구층목탑지 심초석
하부 적심석 출토 청동사신경

그림 15. 경주 황룡사지 구층목탑지 심초석 하부 적심석 출토 청동과대

화형장식구 1점 등이 수습되었다.

또한 장신구류로는 청동과대(그림 15)[26] 2벌분, 청동팔찌 1점, 금구슬 1점, 금동구슬 3점, 마노구슬 1점, 유리구슬 1,927점, 마노곡옥 1점, 경옥제곡옥 7점, 유리곡옥 63점, 유리다면옥 2점, 수정다면옥 8점, 마노다면옥 2점, 유리관옥 1점, 벽옥제관옥 1점 등이 출토되었다. 이 외에 적심석에서는

그림 16. 경주 황룡사지 구층목탑지 심초석 하부
적심석 출토 연봉오리형 금동장식

26) 필자 사진.

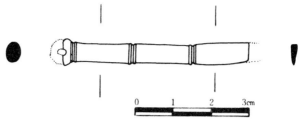

그림 17. 경주 황룡사지 구층목탑지 축기부 상면 출토 금동도자

용도를 알 수 없는 연봉오리형 금동장식(그림 16)[27]과 은제판구 1점, 방추차 1점, 금실, 유리파편, 운모편, 철편, 청동편, 탄화미 등이 함께 수습되었다.

마지막으로 적심석 아래 축기부 상면에서 검출된 유물로는 청동그릇 1점, 청동그릇 뚜껑 1점, 금동도자(그림 17)[28] 1점 등의 생활용구와 은제고리 2점, 청동고리 2점, 청동방울 1점, 동물형장식구 1점 등의 장식구류 등을 들 수 있다. 그리고 용도를 알 수 없는 금속제품 약간이 수습되었다.

이렇게 볼 때 심초석 주변에서 출토된 유물 중 가장 많은 양이 출토된 곳은 바로 적심석임을 알 수 있다. 이는 당시 선덕여왕을 비롯한 귀족들의 공양구로서 심초석의 이운 이전에 실시된 예불의식과 밀접하게 관련되었음을 판단해 볼 수 있다.

---

27) 국립문화재연구소·경주시, 2010, 『황룡사연구총서 7 황룡사 중심곽 출토유물』, 39쪽 도4.

28) 文化財管理局 文化財研究所, 1984, 『皇龍寺 遺蹟發掘調査報告書』I, 312쪽 삽도 20.

III. 황룡사 구층목탑 기단토층의 분석

보고서에 따르면 구층목탑지의 토층 조사는 심초석을 중심으로 모두 4개 지점에서 실시되었다. 이중 A와 B의 토층시굴구는 남북방향으로 시설되었고, C와 D의 토층시굴구는 동서방향으로 설치되었다. 여기에서는 심초석과 기단토, 그리고 축기부를 동시에 살필 수 있는 A토층시굴구를 중심으로 토층 현황을 검토해 보도록 하겠다.

토층조사에 따르면 초석[29] 상면으로부터 2.6척까지는 가장 마지막 단계의 흑색 부식토와 황갈색 점토가 축토되어 있다. 그리고 이들 하부에는 자갈층과 적갈색 점토가 섞인 토석층이 기단토를 형성하고 있다. 이처럼 상·하층의 기단토가 서로 상이하게 나타나는 것은 구층목탑의 상층 기단토가 고려시기의 중성 과정에서 새롭게 축토되었음을 의미하는 것으로 이해할 수 있다.

기단토를 구성하는 자갈층의 경우 비교적 수평에 가깝게 분포되어 있으며, 자갈층과 자갈층 사이의 적갈색 점토는 등간격으로 충전되어 있다. A토층시굴구에서 자갈층은 모두 20여 개 층으로 나타났으며, 이의 깊이는 약 9.7척으로 계측되었다.

발굴조사 당시 심초석은 2단 사리공이 있는 상면만 지표면에 노출되었을 뿐, 거의 대부분이 기단토에 매몰되어 있었다. 따라서 일부의 논자대로 통일신라기 이후에 아비지가 조성한 심초석을 제거하고 새로운 것을 운반하기 위해선 먼저 기존의 심초석을 기단 외곽으로 이동시키고, 새로운 것을 옮겨놓아야 하는 대규모의 토목사업을 수반할 수밖에 없다.

---

29) 초석의 경우 적심공 내부에 시설되어 있는데, 이의 하부에 적심석이 없는 것도 확인된다. 적심석이 없는 것이 후축된 것으로 파악되었으며, 시기적으로는 고려시대로 추정해 볼 수 있다.

현재 구층목탑의 심초석은 길이가 최소 300cm 이상이고, 무게는 30톤 정도로 추정되고 있다. 통일신라기 및 고려시기에 요즈음과 같은 대형 크레인이 존재하고 있지 않음을 볼 때 이의 운반에는 다수의 인력과 축력 등이 동원되었을 것으로 판단된다. 그리고 기단 밖에서 목탑 중앙으로 심초석을 용이하게 운반하기 위해서는 적갈색 점토 및 냇돌로 구축된 기단토를 한쪽 방향으로 굴착하는 작업이 우선적으로 필요하였을 것이다. 왜냐하면 30톤 정도의 심초석을 기단 외곽에서 목탑 중앙으로 운반하기 위해선 심초석의 최소 너비 이상의 통행로가 마련되어야 하기 때문이다.

그런데 심초석 주변의 A-A'토층도(그림 18)[30]를 살펴보면 이를 운반하기 위한 굴토 행위가 전혀 확인되지 않고 있다. 즉, 목탑지 상면의 기단토에서 심초석을 굴토하기 위한 행위, 그리고 이를 운반하기 위한 작업 과정 등이 목탑지의 평·단면도에서 전혀 검출되지 않고 있다. 토층도를 통해

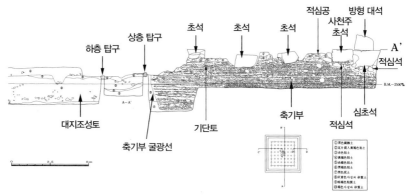

그림 18. 경주 황룡사지 구층목탑지 A-A'의 기단토 및 축기부 토층도. 기단토 상면에 주초석, 사천주 초석, 심초석 등이 비슷한 높이로 조성되어 있음을 볼 수 있다.

30) 文化財管理局 文化財硏究所, 1982, 『皇龍寺 遺蹟發掘調査報告書(圖版編)』Ⅰ, 도면 29 A-A' 토층도.

이에 대한 과정을 좀 더 자세히 확인해 보고자 한다.

발굴보고서를 검토해 보면 현재 구층목탑지의 심초석 주변에는 사천주 초석 및 내·외진주 초석 등이 비슷한 레벨상에 조성되어 있다. 그런데 이들 초석들의 경우 위치나 기능에 관련 없이 모두 적심공 내부에 축조되어 있음을 볼 수 있다. 적심공은 적심석을 시설하기 위한 일종의 구덩이로서 기단토를 굴토하고 조성되어 있다.

이처럼 기단토에서 이루어지는 모든 굴토 행위는 평·단면의 토층에 어김없이 나타나고 있다. 그러기 때문에 통일신라기 이후 현재의 목탑 심초석을 운반하였다면 심초석 주변의 기단토에서 굴토된 형적이 나타나는 것이 합리적이다.

기단토는 심초석 상면에서 아래 부분까지 대략 10여 개[31] 층 이상으로 적갈색점토와 자갈이 교차 축토되어 있다. 여기서 점토는 토양 성질상 굴토 작업이 이루어질 경우 이의 굴광선이 비교적 명확하게 구별된다는 특성을 가지고 있다. 따라서 통일신라기 이후에 별도의 심초석을 옮기기 위해선 토층에서 이러한 굴광선이 확인되는 것이 당연하다. 하지만 발굴 당시의 토층도를 보면 이러한 후대의 굴착 행위가 심초석 주변에서 전혀 검출되지 않고 있다.

그렇다면 기존의 심초석을 제거하거나 새로운 심초석을 목탑 중앙으로 운반하기 위해선 실제 어떠한 토목행위가 이루어졌을까? 그리고 그러한 행위가 발굴조사에서는 어떠한 형적으로 나타날까? 이에 대한 해답은 사실 현재 관점에서 분명히 이야기하기 어렵다. 다만 기존의 발굴조사 과정

---

31) 이는 심초석 아래의 적심석 상면에서 현재 남아 있는 기단토 상면까지를 계산한 것이다. 현재 남아 있는 기단토 상면을 보면 여타의 기단토와 층위면에서 많은 차이를 발견할 수 있다. 즉, 적심석과 비슷한 높이의 기단토를 보면 자갈과 적갈색점토가 일정한 간격으로 축토, 축석되었음을 볼 수 있다. 그런데 최상면 기단토인 황갈색 점토를 보면 이곳에 포함된 소형 석재가 나란하게 축석되어 있지 않음을 볼 수 있다.

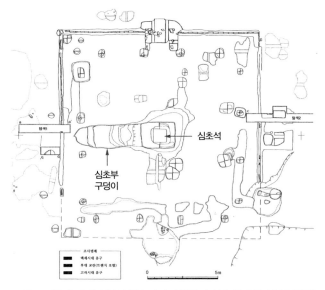

심초석

심초부
구덩이

그림 19. 백제 사비기 부여 군수리사지 목탑지 심초석과 심초부 구덩이

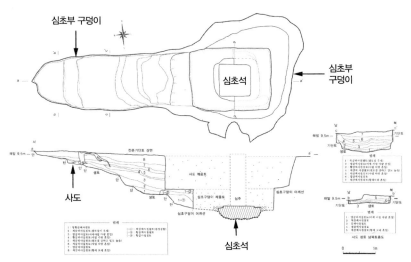

심초부 구덩이

심초부
구덩이

심초석

사도

심초석

그림 20. 백제 사비기 부여 군수리사지 목탑지 심초석과 심초부 구덩이, 사도

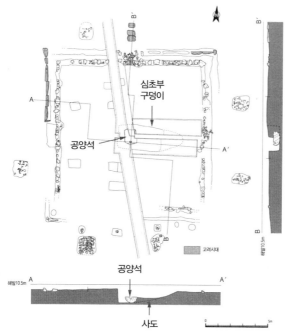

그림 21. 백제 사비기 부여 왕흥사지 목탑지 공양석과 심초부
구덩이, 사도

에서 드러난 유적 사례를 통해 이러한 의문점이 어느 정도 해소될 수 있으
리라 생각된다.

목탑 내부에서 심초석의 설치나 심주의 입주 등은 초석이나 적심석 조
성 등과 비교해 대공사에 해당되기 때문에 목탑지의 평·단면에서 그 형
적이 반드시 나타나게끔 되어 있다. 즉 백제 군수리사지(그림 19·20)[32]나
왕흥사지 목탑지(그림 21·22)[33] 등과 같이 기단토 아래(지하)에 심초석이나

---

32) 국립부여문화재연구소, 2010, 『扶餘軍守里寺址 －木塔址·金堂址 發掘調査報告
書－』Ⅰ, 63쪽 도면 26 및 76쪽 도면 33.

33) 국립부여문화재연구소, 2009, 『王興寺址 木塔址 金堂址 發掘調査 報告書』Ⅲ, 48

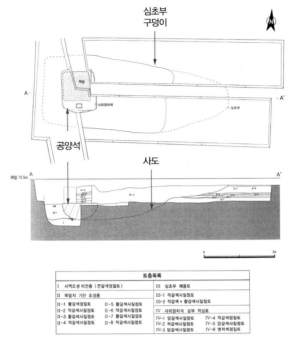

그림 22. 백제 사비기 부여 왕흥사지 목탑지 공양석과 심초부
구덩이, 사도

공양석을 안치할 경우 이미 조성된 기단토를 되파기 하지 않을 수 없다. 이는 일본의 飛鳥寺址(그림 23)[34] 및 山田寺址(그림 24)[35] 목탑지 등에서도 동일하게 살필 수 있다. 이럴 경우 기단토 상면에선 심초부와 관련된 구 덩이(穴) 뿐만 아니라 斜道의 굴토 흔적이 뚜렷하게 나타난다. 그리고 이

쪽 도면 8 및 53쪽 도면 10.

34) 국립부여문화재연구소, 2009, 『한·중·일 고대사지 비교연구(1) −목탑지편−』, 104쪽 도면 2.

35) 국립부여문화재연구소, 2009, 『한·중·일 고대사지 비교연구(1) −목탑지편−』, 145쪽 도면 2.

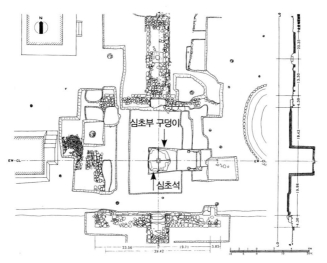

그림 23. 일본 飛鳥寺址 목탑지 심초석과 심초부 구덩이

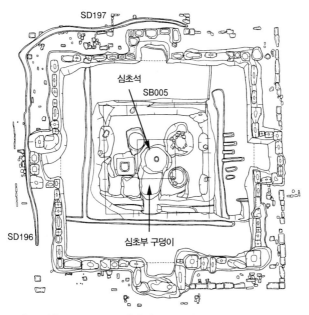

그림 24. 일본 山田寺址 목탑지 심초석과 심초부 구덩이

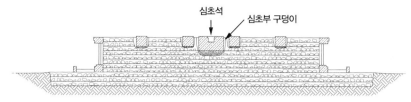

그림 25. 경주 사천왕사지 서탑지 심초석과 심초부 구덩이 단면도

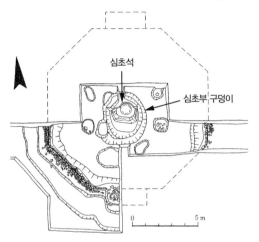

그림 26. 일본 樫原廢寺址 목탑지 심초석과 심초부
　　　　구덩이

는 토층 단면도를 통해
서도 확연하게 살펴지고
있다.

아울러 심초석이 지하
가 아닌 반지하에 놓이
는 경우도 이를 안치하
기 위해선 심초부에 구
덩이(穴)를 조성하게 되
는 데 이 역시도 기단토
상면이나 토층 단면도에
서 그 굴광선이 분명하
게 확인되고 있다. 예컨

대 경주 사천왕사지 목탑지(그림 25)[36]나 일본 樫原廢寺址(그림 26),[37] 繩生
廢寺址(그림 27)[38] 등의 목탑지 평·단면도를 보면 심초석을 안치하기 위

---

36) 국립경주문화재연구소, 2013, 『四天王寺 Ⅱ 回廊內廓 발굴조사보고서』, 94쪽 도
　　　면 11.

37) 국립부여문화재연구소, 2009, 『한·중·일 고대사지 비교연구(1) −목탑지편−』,
　　　171쪽 도면 2.

38) 국립부여문화재연구소, 2009, 『한·중·일 고대사지 비교연구(1) −목탑지편−』,
　　　209쪽 도면 2.

한 굴토 흔적이 도면에서 뚜렷하게 찾아지고 있다. 또한 백제대사(吉備池寺址) (그림 28)[39]나 平隆寺址(그림 29)[40] 목탑지 등과 같이 심초석이 후대에 유실되었을 경우에도 기단토 상면에서 이의 탈취 구덩이(공)를 토층상으로 분명하게 확인할 수 있다.

이상의 여러 사례들은 목탑 내부에 심초석을 안치하거나 혹은 이를 다른 장소로 이동하였을 경우 이의 행위가 목탑지 내부에 구덩이(穴)의 형태로 분명하게 남아 있음을 보여주고 있다. 이는 앞에서 살펴본 바와 같이 심초석이 기단토 아래인 지하에 시설되거나 아니면 기단토 상면에 반지하의 형태로 매설되는 것과 직접적

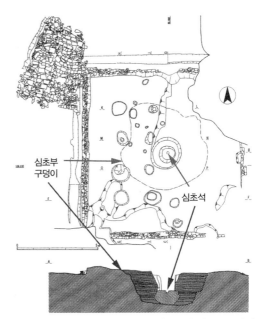

그림 27. 일본 繩生廢寺址 목탑지 심초석과 심초부 구덩이

그림 28. 일본 吉備池寺址 목탑지 심초석 탈취 구덩이

39) 朝日新聞社, 2002, 『飛鳥·藤原京展』, 54쪽.

40) 국립부여문화재연구소, 2009, 『한·중·일 고대사지 비교연구(1) -목탑지편-』, 111쪽 도면 3.

인 관련이 있다.

이렇게 볼 때 황룡사 구층목탑의 심초석 역시도 기존의 것을 제거하고, 통일신라기 이후 새로운 심초석을 운반하였다면 기단토 상면이나 토층단면도에서 이의 형적이 확인되는 것이 합리적이다. 왜냐하면 구층목탑 심초석의 경우 다른 목탑지의 그것과 비교할 수 없을 정도로 무게가 30톤이

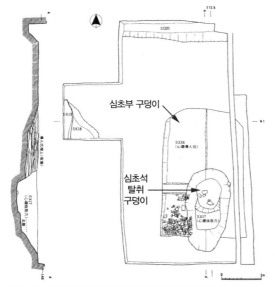

그림 29. 일본 나라현 平隆寺址 목탑지 심초석 탈취 구덩이
와 심초부 구덩이

나 계량되기 때문이다. 하지만 평면도(그림 30)[41]를 보면 심초석을 운반하였거나 심초석을 안치하기 위한 구덩이(혈)의 흔적(굴광선)은 전혀 찾아지지 않고 있다. 반면, 기단석[42]이나 일명 탑구로 불리는 장대석이 빠져 나간 자리는 확실하게 도면에서 찾아볼 수 있다.

이러한 평면도에서의 토층 양상은 토층단면도 B-B', C-C' 및 D-D'(그림 31)[43] 등에서도 동일하게 나타나고 있다. 즉, 목탑지 내부에 설치한 4

---

41) 文化財管理局 文化財研究所, 1982, 『皇龍寺 遺蹟發掘調査報告書(圖版編)』I, 도면 4.
42) 목탑 기단으로 조성된 가구기단 중 지대석을 의미한다.
43) 文化財管理局 文化財研究所, 1982, 『皇龍寺 遺蹟發掘調査報告書(圖版編)』I, 도면 29.

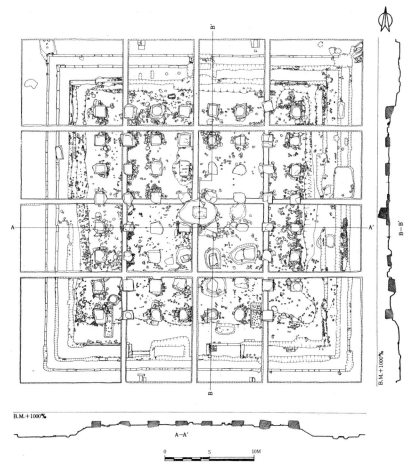

그림 30. 경주 황룡사지 구층목탑지 평·단면도

개의 토층 트렌치에서는 심초석을 이동하거나 안치하기 위한 굴토 행위
를 단면상에서 전혀 확인할 수가 없다. 이는 보고서에 기술된 바대로 신
라 선덕여왕 때 백제 아비지에 의해 심초석이 조성된 이후 황룡사 구층목
탑이 몽고 전란기에 폐기될 때까지 그 위치가 단 한 번도 이동하거나 변화

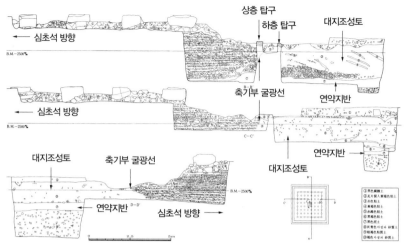

그림 31. 경주 황룡사지 구층목탑지 B-B', C-C', D-D'의 기단토 및 축기부 토층도

되지 않았음을 증명하는 것이라 할 수 있다.[44]

따라서 구층목탑 심초석 아래 적심석에서 검출된 금동투조판불 및 청동완에 대한 일부의 편년 작업은 재검토되어야 할 것으로 생각된다. 특히 두 유물 모두 시기를 알 수 있는 연호나 기년 등이 전무한 상태에서 유물 상호간의 상대비교만으로 편년 작업을 실시한 것이기 때문에 충분한 오류가 발생할 수 있다고 사료된다. 그러므로 이에 따른 고고미술사적인 후속 작업이 신속하게 진행되어야 할 것으로 판단된다.

한편, 논자에 따라 구층목탑의 기단 및 기단토를 모두 제거한 상태에서 심초석을 옮겼을 가능성도 제기될 수 있다. 물론 이러한 경우 기단토층에서 심초석을 옮기기 위한 사도나 굴토의 흔적이 전혀 확인되지 않을 수 있다. 만약 이러한 작업이 실행되었다면 이는 확실히 새로운 구층목탑의 신

---

44) 文化財管理局 文化財研究所, 1984, 『皇龍寺 遺蹟發掘調査報告書』 I, 329쪽.

축으로 볼 수 있다.

그런데 문제는 이 같은 대역사를 진행하면서 단 두 점의 공양구만을 새롭게 매납하였다는 사실이다. 즉, 심초석의 적심석 및 기단토에서는 구슬을 제외하고도 수 백여 점에 이르는 고신라기의 공양구가 수습되었다.[45] 이는 심초석을 놓는 과정에서 그리고 기단토를 축토하는 과정에서 공양구가 매납되었음을 의미한다. 특히 황룡사 구층목탑이 신라사회에 미치는 영향력이 작지 않았음을 판단할 때 통일신라기로 편년되는 공양구의 극소함이 심히 의심스럽지 않을 수 없다.

따라서 통일신라기 이후 심초석이 이운되었다면 이와 동시에 축토되는 기단토 또한 통일신라기 이후로 편년되고, 이곳에 매납된 유물 또한 통일신라기 이후로 편년되는 것이 자연스러운데 어떤 이유에서 고신라기의 유물 일색으로 매납하였는지 쉽게 이해할 수 없다. 이는 달리 말하면 아비지가 축조한 심초석을 제거하는 과정에서 적심석과 기단토에 매납된 공양구를 신축 목탑의 적심석과 기단토에 재사용하였음을 의미한다.

이런 필자의 의문은 축기부 및 기단토에서 검출되는 토층을 통해서도 확인할 수 있다. 즉 구층목탑지의 축기부는 자갈돌과 흙을 교차하여 다짐하였고, 이는 기단토에서도 동일하게 관찰되고 있다. 이는 축기부의 토목공사가 기단토와 연계하여 동일 공정하에 연속적으로 작업되었음을 의미한다.

이처럼 축기부토와 기단토를 연속적으로 작업한 사례는 백제 및 일본의 목탑지에서 어렵지 않게 살필 수 있다. 즉, 부여 용정리사지(그림 32)[46]를 비롯한 금강사지, 익산 제석사지 목탑지(그림 33),[47] 그리고 일본

---

45) 이는 황룡사 보고서뿐만 아니라 국립경주박물관 전시관의 유물 표지판에서도 확인할 수 있다.

46) 扶餘文化財硏究所·扶餘郡, 1993, 『龍井里寺址』, 21쪽 삽도 4 상.

47) 국립부여문화재연구소, 2011, 『帝釋寺址 발굴조사보고서』 I , 73쪽 도면 5-1 중.

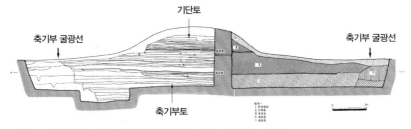

그림 32. 백제 사비기 부여 용정리사지 목탑지 축기부토와 기단토

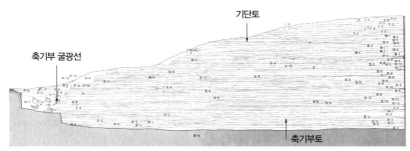

그림 33. 백제 사비기 익산 제석사지 목탑지 축기부토와 기단토

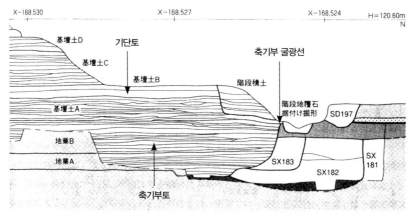

그림 34. 일본 山田寺址 목탑지 축기부토와 기단토

의 법륭사 약초가람지 및 산전사지(그림 34),[48] 대사폐사지 등에서 찾아볼 수 있다.

따라서 층위상에서 볼 때 구층목탑지 초기의 기단토를 완전 정지하고 새롭게 이를 축토하였다고 하는 것은 쉽게 이해할 수 없다. 이는 결과적으로 구층목탑의 축기부와 기단토가 동일 작업에서 연속적인 공정을 통해 축토·축석되었음을 알게 한다. 그런 점에서 새로운 심초석의 이운과 이에 따른 공양구의 매납은 토층도를 통해 논리적이거나 합리적이지 못함을 확인할 수 있다.[49]

IV. 맺음말

이상에서와 같이 황룡사 구층목탑의 심초석에 대해 살펴보았다. 구층목탑은 백제 조탑공이었던 아비지에 의해 645년 완공되었다. 이의 축조에 앞서 대지조성토를 되파기한 축기부가 마련되고, 그 위로 자갈과 함께 기단토가 축토되었다. 그리고 축기부와 기단토 사이에는 심초석이 놓여 있다.

황룡사는 신라의 국찰이었던 만큼 심초석의 이동 시에도 장엄한 이운 의식이 있었던 것으로 보인다. 이는 축기부 상면과 심초석 아래의 적심석, 그리고 심초석 주변의 기단토에서 수습된 다양한 유물 등을 통해 파악할 수 있다. 이들은 백제 사비기 부여 능산리사지 및 왕흥사지 목탑지 심초

---

48) 국립부여문화재연구소, 2009, 『한·중·일 고대사지 비교연구(1) −목탑지편−』, 145쪽 도면 4.

49) 만약 기단토가 새롭게 축토되었다면 현재 구층목탑지의 상층부에서 관찰되는 고려시기 토층처럼 축기부 상면에서 확연한 차이가 발견되어야 한다. 그러나 현재의 토층도에서는 축기부토와 기단토가 단절되지 않고 연속하여 나타나고 있다.

부에서 확인된 유물처럼 부처를 향한 장엄구 혹은 공양구로 추정해 볼 수 있다.

이들 유물은 현재 목탑이 완공된 시기인 645년 이전 것으로 이해되고 있다. 그런데 일부 연구자들은 심초석 아래 적심석에서 검출된 금동투조 판불과 청동완을 기존의 견해와 달리 통일신라기로 편년하고 있다. 그리고 이를 바탕으로 현재 구층목탑지의 심초석이 초창기의 것이 아닌 통일신라기 이후 어느 시점에 새롭게 이동된 것으로 파악하고 있다. 이는 결과적으로 심초석이 아비지와는 전혀 관련이 없는 유구로 해석될 수도 있다는 난제에 빠질 수 있다.

하지만 30톤 가량의 새로운 심초석을 기단 밖에서 목탑 중심부로 옮기기 위해선 이의 형적이 고고학적으로 반드시 확인되어야만 한다. 즉, 현재와 같은 크레인이 없다면 일차적으로 기존의 기단토를 되파고, 심초석이 목탑 중심부로 이동할 수 있는 길이 마련되어야 한다. 하지만 발굴조사 당시 구층목탑지의 평면도 및 토층 단면도에서는 이러한 형적이 전혀 검출되지 않았다. 또한 새롭게 심초석을 옮겨놓았다면 이운의식에 따른 통일신라기의 장엄구(혹은 공양구)가 기단토나 적심석 등에서 다량 수습되는 것이 당연하나 이러한 유물 역시도 거의 확인되지 않았다. 오히려 고신라기의 유물이 거의 대다수를 차지하고 있어 국찰 황룡사의 심초석에 맞는 공양의식을 찾아볼 수가 없다.

이러한 구층목탑지의 토층양상과 통일신라기 공양구(장엄구)의 희귀성은 현 심초석이 백제 조탑공이었던 아비지에 의해 완성된 초창기의 것임을 확신케 한다. 따라서 문제 발단의 원인이 된 금동투조판불과 청동완에 대한 편년 역시도 통일신라기가 아닌 645년 이전의 고신라기 유물로 파악하는 것이 합리적이라 생각된다.

04

皇龍寺 九層木塔 柱頭와
小累의 試論的 復原

Ⅰ. 머리말

신라 황룡사지는 백제 미륵사지와 더불어 우리나라를 대표하는 삼국
시대 사지이다. 회랑 내·외부에 대한 발굴조사가 진행되어 가람배치 및
구층목탑의 重成, 대지조성토의 축토공법 등이 부분적으로 확인된 바 있
다.[1]

황룡사는 1탑 3금당식으로 584년 무렵에 1차 창건된 것으로 보인다.[2]
중금당 전면에 구층목탑이 자리하고 있고, 후면으로는 대형의 강당이 위
치하고 있다. 그리고 통일신라시대에 이르러서는 목탑의 남동, 남서지역

---

1)　文化財管理局 文化財研究所, 1984, 『皇龍寺 遺蹟發掘調査報告書』Ⅰ.
　　경주시·신라문화유산연구원, 2018, 『皇龍寺 廣場과 都市』Ⅰ.

2)　이는 기존의 설과 전혀 다르다. 이에 대해선 본 책자의 「考古·文獻資料로 본 皇龍
　　寺 畢功의 意味와 創建伽藍의 存在」 참조.

에 경루 및 종루로 추정되는 소형의 전각건물이 조성되었다. 그러나 미륵사지에서 검출된 목(석)탑과 금당 사이의 석등(좌)은 황룡사지에서 검출되지 않았다. 이로 보와 삼국시대의 황룡사에는 석등이 시설되지 않았음을 확인할 수 있다.[3]

황룡사지에서 발굴된 여러 건축물 중 단연 핵심을 이루는 유구는 바로 구층목탑이다. 이는 백제의 조탑공이었던 아비지에 의해 643년부터 645년까지 약 3년에 걸쳐 225척의 높이로 축조되었다. 그러나 몽고 침략으로 목탑이 소실되면서 현재 하부구조[4]만 남아 있는 실정이다.

황룡사 구층목탑의 지상 목구조는 완전 멸실되었기 때문에 이들 부재의 종류 및 속성 등에 대해선 전혀 알려진 것이 없다. 즉, 하앙의 유무를 비롯한 처마나 지붕·천정의 형식, 차양 설치 유무, 목재의 형태 및 제원 등과 관련하여 문헌이나 고고유물, 혹은 이를 참조할만한 도면 등은 현재 전무한 실정이다.[5]

따라서 본고에서는 구층목탑을 구성한 여러 목 부재 중 공포의 일부인 주두 및 소루에 한정하여 논고를 진행해 보고자 한다. 이는 구층목탑의 시공자가 백제인이면서 이의 설계에 백제의 건축 요소가 반영되었을 것이라는 전제를 기저에 둔 것이다. 즉, 아비지는 643년에 신라로 건너가 황룡사 구층목탑을 축조하였다. 그가 자발적 의사가 아닌 신라의 요청에 의해 파견되었기 때문에 아비지의 조탑기술은 백제뿐만 아니라 동북아지역에서도 최고였음을 유추해 볼 수 있다. 그리고 640년대에 최고의 조탑공으로 공인받은 것으로 보아 그의 대략적인 활동기는 620~630년대였음을 추정해 볼 수 있다.

---

3) 이로 보아 신라에서의 석등 출현은 통일신라시대로 파악해 볼 수 있다.

4) 심초석 겸 공양석을 중심으로 초석, 기단석, 계단, 일명 탑구 등이 잔존해 있다.

5) 이에 반해 백제의 경우는 부여 금성산 와적기단 건물지 출토 청동제소탑(그림 1)과 규암 외리유적 출토 산수문전(그림 2) 등이 있다. 이상 필자 사진.

그림 1. 부여 금성산 와적기단 건물지 출토   그림 2. 부여 규암 외리유적 출토 산수문전의
       청동제소탑   팔작지붕과 치미

이상의 전제에 무리가 없다면 아비지의 구층목탑 설계는 그가 활약하였던 백제 사비기의 그것들과 동일하다고 볼 수 있다. 그런 점에서 주목해 볼 수 있는 것이 바로 익산 제석사 폐기장 출토 포벽체편이다. 이는 2003~2004년도에 원광대학교 마한·백제문화연구소의 시굴조사 과정에서 수습되었다. 여기에서는 소조상을 비롯해 기와와 전돌, 벽체편, 흙두깨흙, 흙벽돌편 등 다양한 건축 부재가 함께 수습되었다.[6] 따라서 이들 유물들은 중국 육조시대 陸杲 등이 지은 『觀世音應驗記』의 제석사 화재 사실을 밝혀주는 적극적인 고고자료로 이해되고 있다. 그리고 정관 13년의 화재 기록은 폐기장 출토 유물들의 제작 시기가 적어도 639년을 넘지 않음을 확인케 하고 있다.

이러한 『관세음응험기』의 기사는 이곳에서 수습된 포벽체편 등이 황룡사 구층목탑을 축조한 아비지의 활동기와 거의 일치하고 있음을 알 수 있다. 이는 한편으로 아비지를 매개로 한 황룡사 구층목탑의 목 부재와 7세기 전반의 백제 목 부재가 크게 다르지 않을 것이라는 믿음을 주기도

한다.[7]

하지만 황룡사 구층목탑의 주두와 소로를 복원하기 위한 작업은 제석사 폐기장 출토 소루간벽편만으로는 부족함을 느끼기에 충분하다. 이에 중국과 고구려, 일본의 사례에 대해서도 함께 살펴보고자 한다. 특히 중국의 경우는 한대 석궐[8]이나 애묘,[9] 화상전,[10] 명기 그리고 중국 남북조시대 및 수당대의 석굴사원과 건축물 등을 통해 다양한 주두와 소루의 형태를 살필 수 있다.[11] 그리고 일본의 경우도 飛鳥時代에 해당되는 법륭사[12]나 옥충주자[13] 등의 공예품을 통해 7세기대의 주두와 소루의 형적을 확인할 수 있다. 이러한 각국의 사례 비교는 황룡사 구층목탑의 주두와 소루를 복원함에 있어 객관성을 담보한다는 차원에서 꼭 필요한 작업이라 생각된다.

---

7) 이러한 목 부재의 친연성은 익산 제석사 폐기장 출토 포벽체편과 경주 동궁과 월지 출토 첨차편의 비교를 통해서도 확인할 수 있다. 이에 대해선 후술하고자 한다.

8) 重慶市文化局 외, 1992, 『四川漢代石闕』.

9) 范小平, 2006, 『四川崖墓藝術』, 四川出版集團·巴蜀書社.

10) 信立祥 著·김용성 譯, 2007, 『한대 화상석의 세계』, 학연문화사.

11) 중국 남북조시대의 주두와 소로와 관련된 내용은 아래의 자료를 참조.
    溫玉成 외, 1991, 『中國石窟 龍門石窟』 1, 文物出版社.
    云岡石窟文物保管所, 1991, 『中國石窟 云岡石窟』 1, 文物出版社.
    云岡石窟文物保管所, 1994, 『中國石窟 云岡石窟』 2, 文物出版社.
    天水麥積山石窟藝術研究所, 1998, 『中國石窟 天水麥積山』, 文物出版社.
    國立昌原文化財研究所, 2003, 『中國의 石窟 雲岡·龍門·天龍山石窟』.
    南京市博物館, 2004, 『六朝風采』.
    劉敦楨 著·鄭沃根 외 共譯, 2004, 『중국고대건축사』, 도서출판 세진사.

12) 鈴木嘉吉, 1971, 『日本の美術 65 上代の寺院建築』.
    大西修也, 1990, 『法隆寺』, 小學館.

13) 奈良國立文化財研究所飛鳥資料館, 1996, 『飛鳥資料館 案內』.
    法隆寺, 1999, 『玉虫廚子』.

Ⅱ. 익산 제석사 폐기장 출토 포벽체편의
자료 검토

탑파를 비롯한 목조건축물은 기본적으로 기단, 초석(적심시설), 기둥, 공
포, 처마, 기와지붕 등으로 이루어져 있다. 그리고 공포와 처마, 지붕 등에
는 보, 도리, 장혀, 첨차, 소로, 대공, 보아지, 서까래, 부연, 연함 등의 다양
한 목부재가 사용되고 있다. 그러나 현재 삼국시대의 목조건축물이 한 동
도 남아 있지 않아 이를 전체적으로 실견하기란 실로 불가능한 실정이다.
다만, 부식되지 않은 평기와와 막새, 부연와, 연목와 및 벽체편 등만이 발
굴조사를 통해 살필 수 있을 뿐이다.

이에 본고에서는 발굴 유물 중 익산 제석사 폐기장 출토 벽체편만을 대
상으로 하여 7세기 전반의 백제 사비기 주두와 소로를 복원해 보고자 한
다. 그러나 수습된 벽체 대부분이 파편으로 검출되어 정확히 어느 부분에
서 박락되었는지는 밝히기가 쉽지 않다. 아울러 백제시대 공포 부재에 대
한 연구 또한 그 동안 전무하였다는 점에서 건축고고학적으로 많은 아쉬
움이 남아 있다.

우선 본고를 진행하기 앞서 주두와 소로의 세부 용어에 관해 살펴보고
자 한다. 이들 부재는 기둥
과 보 사이에 놓이는 목부
재로서 지붕의 하중을 분
산시키는 역할을 하고 있
다. 설치되는 위치와 크기
만 서로 다를 뿐 생김새는
큰 차이가 없다. 즉, 굽받
침이 있는 주두를 살필 때
몸체에 해당되는 부분은

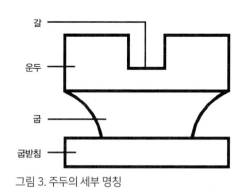

그림 3. 주두의 세부 명칭

운두라 하고, 운두 아래의 曲切 혹은 斜切되는 부분을 굽이라 한다. 그리고 굽 아래의 넓은 받침대를 굽받침이라 부르고 있다. 주두의 경우 도리 방향으로는 첨차, 보 방향으로는 살미가 설치되기 때문에 상단에 방형의 홈이 파여 있는데 이를 '갈'이라고 한다(그림 3).[14]

1. 포벽체(小累間壁)편 1(그림 4)[15]

上方下圓의 의 형태를 취하고 있으며, 잔존 형태로 보아 소로와 소로 사이의 포벽편으로 파악된다. 소로의 운두가 닿았던 부분은 直切되었고, 굽이 닿았던 부분은 호형으로 曲切되었다. 하단 측면의 단축은 상면과 예각을 이루고 있고, 장축방향은 완만한 곡선을 이루고 있다. 바닥면의 단면 형태가 半원형을 띠는 것으로 보아 첨차의 栱眼[16]에 놓였던 부분으로 판단된다. 그리고 상단부는 대첨차의 바닥면 단부에 접해 평평하게 처리되었다.[17] 포벽체편으로 보아 소로는 운두에 비해 굽이 높았음을 알 수 있

---

14) 김왕직, 2012, 『알기쉬운 한국건축 용어사전』, 116쪽. 이에 반해 김버들의 경우는 주두의 전체를 운두로 보고, 김왕직이 말하는 운두는 '몸'으로 해석하고 있다(金버들, 2001, 「高句麗 古墳壁畵에 나타난 建築要素에 關한 硏究 −日本古代寺刹과 比較하여」, 동국대학교 대학원 건축공학과 석사학위논문, 89쪽 그림 Ⅱ−54). 본고에서는 김왕직의 설을 취신하고자 한다.

15) 〈그림 4〉는 圓光大學校博物館·益山市, 2006, 『益山王宮里傳瓦窯址(帝釋寺廢棄場) 試掘調査報告書』, 202쪽 도면 134를 재작도 한 것이다. 도면 작도에 많은 노력을 기울인 한얼문화유산연구원 장재윤 선생님께 심심한 감사를 드린다.

16) 공안은 첨차의 눈이란 의미로서 대부분 표현되어 있다. 이는 반원형이나 반타원형 등 하부를 곡면으로 깎아놓았다.
김버들·조정식, 2001, 「高句麗 古墳壁畵의 建築要素에 관한 硏究」 『大韓建築學會 論文集 計劃系』 17권 12호, 110쪽.

17) 이는 한편으로 장혀가 놓였을 때도 같은 형태로 나타날 수 있다.

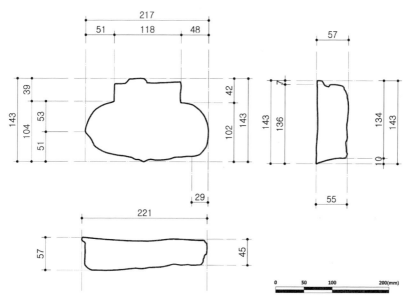

그림 4. 익산 제석사 폐기장 출토 포벽체(소로간벽)편 1

다. 공안에 놓였던 포벽체의 양쪽 하단 측면부가 곡면으로 돌아가는 것으로 보아 굽받침은 제작되지 않은 것으로 보인다.

태토는 잘게 썬 짚이 혼입된 적황색점토로써 두께는 5.2cm 내외이다. 표면에 미세사립이 포함된 점토를 0.9~1.2cm 두께로 덧바른 후 백회칠[18]을 하였다. 백회 위로는 1.2cm 두께의 흑색선을 벽의 형태에 따라 그려놓았으나 극히 일부분만 남아 있다. 포벽체편은 폭 22.1cm, 높이 14.5cm, 두께 5.5cm 이다.

---

18) 이러한 벽면에서의 백회칠은 백제 웅진기 공주지역의 대통사에서도 살필 수 있다.

2. 포벽체편 2·3(그림 5·6)[19]

위의 포벽체편 1과 유사한 형태로 보아 소로와 접했던 부분으로 추정된다. 우측면으로 보아 소로의 운두는 직절되었고, 굽은 곡절형으로 처리되었다. 하단부가 파손되어 첨차 상면의 공안 형태는 살필 수 없다. 위의 포벽편과 비교해 운두 부분이 굽에 비해 상대적으로 높게 제작되었다. 포벽체편 2는 굽의 곡절 형태로 보아 굽받침이 제작되지 않았음을 알 수 있다. 태토는 짚이 많이 혼입된 점토를 사용하였고, 표면에는 백회칠이 일부 남아 있다. 포벽체편 2는 폭 12.1cm, 높이 7.2cm, 두께 2.5~3.4cm 이고 3은 폭 9.6cm, 높이 8.6cm, 두께 4.5cm이다.

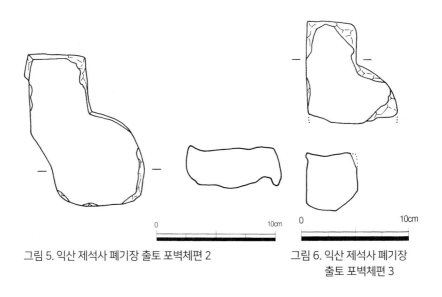

그림 5. 익산 제석사 폐기장 출토 포벽체편 2

그림 6. 익산 제석사 폐기장 출토 포벽체편 3

---

19) 圓光大學校博物館·益山市, 2006, 『益山王宮里傳瓦窯址(帝釋寺廢棄場) 試掘調査報告書』, 205쪽 도면 137 및 204쪽 도면 136-③.

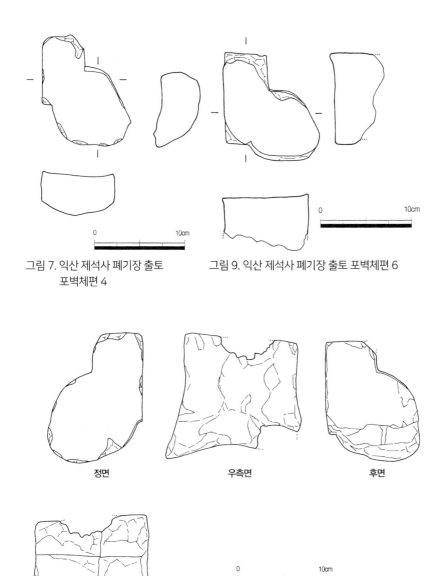

그림 7. 익산 제석사 폐기장 출토
포벽체편 4

그림 9. 익산 제석사 폐기장 출토 포벽체편 6

정면

우측면

후면

좌측면

그림 8. 익산 제석사 폐기장 출토 포벽체편 5

3. 기타 포벽체편(그림 7 · 8 · 9)[20]

'ㄴ'자 형태로 상단과 하단, 측면이 파손되어 있다. 소로와 접했던 부분인지, 아니면 첨차와 관련된 것인지 확실히 알 수 없다. 이 외에도 평면 원형에 가까운 벽체편 및 여러 파편 등이 수습되었다. 포벽체편 4와 5에서는 백회칠이 관찰되지 않는다.

제원은 포벽체편 4가 폭 11.2cm, 높이 8.7cm, 두께 4.3cm이고, 5는 폭 12.4cm, 높이 10.7cm, 두께 12.1cm이다. 그리고 6은 폭 10.3cm, 높이 9.7cm, 두께 5.5cm이다.

이상으로 제석사 폐기장에서 수습된 포벽체편을 대략적으로 살펴보았다. 그런데 직접 실견하지 못하고, 전시실 및 사진 등으로 살펴보아 관찰의 오류 또한 적지 않을 것이라 생각된다. 따라서 본고에서는 위의 포벽체편 중 잔존 상태가 양호한 1번을 중심으로 제석사 공포 부재의 주두와 소로의 형상에 대해 복원해 보았다. 이러한 작업은 643년 아비지가 조성한 황룡사 구층목탑의 주두 및 소로와도 친연성이 있기에 의미있는 일이라 생각된다. 이에 대해선 제 Ⅳ장에서 상술해 보고자 한다.

Ⅲ. 4~7세기 고대 동북아지역 건축물의 주두와 소로

여기에서는 중국 남북조시기 및 수·初唐, 고구려, 일본 비조시대의 주두와 소로에 대한 자료를 살펴보고자 한다. 이를 위해 중국의 석굴사원 및 고분벽화, 석문미 등의 고고자료를 확인해 보도록 하겠다. 그리고 고구

---

20) 圓光大學校博物館·益山市, 2006, 『益山王宮里傳瓦窯址(帝釋寺廢棄場) 試掘調査報告書』, 206쪽 도면 138.

려의 고분벽화와 일본 비조시대 법륭사의 중문, 금당, 오층목탑, 회랑 등에 대해서도 알아보고자 한다. 그럼으로써 7세기 전반 신라 황룡사 구층목탑의 주두와 소로의 계통 및 이의 복원에 대한 이론적 기초를 마련해 보도록 하겠다.

주두와 소로는 여러 기능 중에서도 특히 공포를 구성하는 주요 요소로 이해되고 있다. 그런데 현재 우리 학계에서는 공포의 형식 분류에 대해 다양한 의견을 표출하고 있다. 여기에서는 여러 연구자들 중 공포의 형태를 선구적으로 분류 시도한 김동현의 견해를 따르고자 한다. 그는 고구려 고분벽화에 묘사되어 있는 공포를 柱頭式, 二斗式, 三斗式, 重複三斗式, 無斗翼栱式 등 모두 다섯 가지로 분류하고 있다.[21] 이 중 주두식은 기둥

---

21) 金東賢, 1987, 「高句麗 壁畫古墳의 栱包性格」『三佛 金元龍 敎授 停年退任紀念論叢』Ⅱ, 一志社, 369~380쪽.
이외의 연구자와 공포의 형식 분류는 아래와 같다.
金度慶, 2000, 「韓國 古代 木造建築의 形成過程에 關한 硏究」『동악미술사학』창간호, 113쪽. 그는 공포 유형을 민도리계, 柱頭形, 柱頭+短長舌形, 短長舌重疊形, 雀替形, 一斗二升式, 一斗三升式, 出目初期形 등으로 세분하고 있다.
金버들, 2001, 「고구려 고분벽화에 나타난 건축요소에 관한 연구」, 동국대학교 대학원 석사학위논문, 111~112쪽. 그는 공포를 쌓는 식(기둥 상부)과 끼우는 식(기둥머리)으로 대분하고, 전자는 다시 非包作系 → 민도리계, 頭栱系(層段型, 柱頭式) 및 包作系 → 單栱式(一斗二升式, 一斗三升式), 重栱式(單一柱頭式, 二重柱頭式) 등으로 세분하고 있다. 그리고 후자는 非包作系(雀替式), 包作系로 구분하였다.
박재평, 2002, 「한국 고대건축 구성요소의 특징에 관한 연구」, 청주대학교 박사학위논문, 82~87쪽. 그는 공포를 柱頭式, 層段式, 雀替式, 二斗式, 三斗式, 二重三斗式 등으로 구분하였다.
金鎭亨, 2010, 「고구려와 고대 중국의 유물에 나타난 건축요소 비교 연구 -3~6세기 고분과 석굴을 대상으로-」, 성균관대학교 석사학위논문, 91쪽. 그는 여기서 공포 유형을 주두식, 일두이승식, 일두삼승식, 일두삼승식 중복형, 역계단식 등으로 세분하였다.

위에만 주두를 설치한 것이고, 이두식은 첨차 하나에 소로 두 개, 삼두식은 첨차 하나에 소로 세 개가 놓인 것을 말한다. 그리고 중복삼두식은 삼두식이 위아래에 겹쳐 있는 구조를 뜻한다. 마지막으로 무두익공식은 첨차나 소로 등이 없이 주두+단장혀, 혹은 대소의 단장혀가 층단식으로 시설된 공포를 표현하고 있다.

한편, 본고에서 다루는 일련의 도면과 사진은 전체 유적 중 일부에 국한된 것이기 때문에 해당 유적을 대표한다고 할 수 없다. 이는 아마도 중국이나 고구려의 유적 현황을 현 시점에서 기 발간된 자료에 의존하는 것이 가장 큰 원인이라 생각된다. 따라서 여기에서는 자료 소개의 측면에서 다루어보고자 한다.

1. 중국

1) 남북조시대

(1) 석굴사원

남북조시대의 석굴사원 중 주두와 소로의 형태를 살필 수 있는 대표적 유적으로는 감숙성 돈황 막고굴과 천수 맥적산석굴 및 산서성 대동 운강석굴과 태원시 천룡산석굴 등을 들 수 있다.

돈황 막고굴의 경우는 북위시대에 굴착된 제251굴에서 주두와 소로를 볼 수 있다(그림 10).[22] 이 둘은 모두 굽받침이 없고, 굽은 곡절형을 이루고 있다. 주두의 경우 운두가 굽에 비해 높게 제작되었고, 첨차는 교두형 혹은 호형으로 관찰된다. 공포 유형은 주두식이다.

---

22) 蕭默, 1996, 『敦煌建築研究』, 文物出版社, 223쪽 圖159.

그림 10. 돈황 막고굴 제251굴   그림 11. 맥적산석굴 제30굴 입구

맥적산석굴은 서위시대(535~556년)에 조성된 제30굴 입구(그림 11)[23] 와 북주시대(557~581년)의 제4굴(그림 12),[24] 제28굴(그림 13),[25] 제5굴(그림 14)[26] 등에서 주두와 소로 등을 살필 수 있다. 이들 부재는 앞에서 살핀 돈황석굴과 마찬가지로 굽받침이 없다. 운두와 굽의 형태는 직절과 곡절로 이루어졌다. 공포 유형은 대부분 주두식을 따르고 있다.

운강석굴은 중기(471~494)에 굴착된 것으로 알려진 제2굴 중심탑주(그림 15)[27] 및 제9굴 전실 서벽 제3옥 불감(그림 16),[28] 제11굴 서벽 제3옥 남측

23) 天水麥積山石窟藝術研究所, 1998, 『中國石窟 天水麥積山』, 文物出版社, 사진 145.

24) 天水麥積山石窟藝術研究所, 1998, 『中國石窟 天水麥積山』, 文物出版社, 208쪽 도 14.

25) 天水麥積山石窟藝術研究所, 1998, 『中國石窟 天水麥積山』, 文物出版社, 202쪽.

26) 劉敦楨 著/鄭沃根 외 共譯, 2004, 『중국고대건축사』, 185쪽 그림 72-3 중.

27) 云岡石窟文物保管所, 1991, 『中國石窟 云岡石窟』 1, 文物出版社, 사진 11.

28) 云岡石窟文物保管所, 1994, 『中國石窟 云岡石窟』 2, 文物出版社, 사진 17. 한편 제

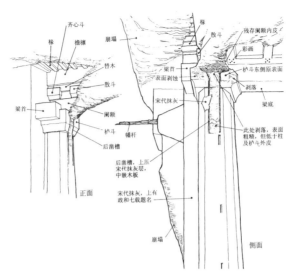

그림 12. 맥적산석굴 제4굴

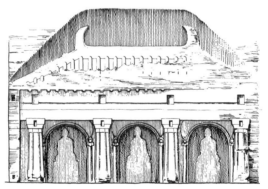

그림 13. 맥적산석굴 제28굴

9굴에서는 주두 및 소로의 굽받침 단면이 角져 있음을 볼 수 있다(그림 17, 劉敦楨 著 鄭沃根 외 共譯, 2004,『중국고대건축사』, 184쪽 그림 72-2 중). 이는 고려시대 부석사 무량수전(그림 18, 필자 사진) 및 강릉 객사문의 주두·소로 등에서도 살필 수 있다.

그림 14. 맥적산석굴 제5굴

그림 15. 운강석굴 제2굴 중심탑주

그림 16. 운강석굴 제9굴 전실 서벽 제3옥 불감

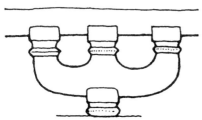

그림 17. 운강석굴 제9굴 공포

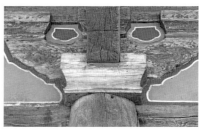

그림 18. 영주 부석사 무량수전 공포

그림 19. 운강석굴 제11굴 서벽 제3옥 남측　　그림 20. 운강석굴 제12굴 전실 서벽
　　　　 불감　　　　　　　　　　　　　　　　 제3옥 불감

불감(그림 19),[29] 제12굴 전실 서벽 제3옥 불감(그림 20)[30] 등에서 주두와
소로의 형태를 자세히 살필 수 있다.

운강석굴에 보이는 공포 형식은 대부분 三斗式을 따르고 있고, 소로와
주두의 바닥면에는 굽받침이 달려 있다.[31] 주두와 소로의 굽은 곡절형을
띠고 있고, 운두는 직절되었다. 운두와 굽의 높이차가 일정하지 않은 반
면, 운두의 폭과 굽받침의 폭은 대부분 일치하고 있다. 첨차는 마구리부가
호형으로 처리되었고, 소로와 소로 사이에서는 반타원형의 栱眼을 살필
수 있다.

마지막으로 천룡산석굴은 동위시대(530~550년)에 처음 개착된 것으로

---

29) 云岡石窟文物保管所, 1994,『中國石窟 云岡石窟』2, 文物出版社, 사진 84.

30) 云岡石窟文物保管所, 1994,『中國石窟 云岡石窟』2, 文物出版社, 사진 102.

31) 이는 주두와 소로의 형태가 양호한 것을 대상으로 하였기 때문에 전체 운강석굴
　　건축물 중 굽받침이 없는 주두와 소로도 얼마든지 살필 수 있다. 이는 맥적산석굴
　　및 천룡산석굴의 경우도 마찬가지임을 밝혀둔다.

그림 21. 천룡산석굴 제1굴 외부 窟廊 상층(隋)　그림 22. 천룡산석굴 제16굴 외부(北齊)

제1굴(隋, 그림 21)[32]과 7(唐)·8굴(隋), 16굴(北齊, 그림 22)[33] 등에서 양호한 상태의 주두와 소로를 살필 수 있다.

공포 형식은 삼두식을 따르고 있다. 주두와 소로는 굽이 곡절형이고, 굽받침은 제작되지 않았다. 첨차와 첨차 사이에는 인자형의 화반 하나가 놓여 있다. 화반 상부에는 주두와 마찬가지로 굽받침이 없는 곡절형의 소로가 설치되어 있다. 여느 첨차와 달리 단부와 마구리부, 하부를 교두형으로 깎아놓았다.

(2) 石門楣(그림 23)[34]

솟을합장으로 보이는 인자형 부재의 상부에 큰 소로가 하나 올려 있고, 양 변에는 곡절형의 굽이 달린 주두와 소로가 조각되어 있다. 전체적인 형태로 보아 공포는 三斗式임을 알 수 있다. 굽의 높이에 비해 운두가 상

---

32) 國立昌原文化財硏究所, 2003, 『中國의 石窟 雲岡·龍門·天龍山石窟』, 249쪽 사진 5.

33) 國立昌原文化財硏究所, 2003, 『中國의 石窟 雲岡·龍門·天龍山石窟』, 284쪽 사진 60.

34) 南京市博物館, 2004, 『六朝風采』, 225쪽.

대적으로 높게 제작되었다. 굽받침은 없고, 운두의 측면은 직절되어 있다. 첨차는 마구리부가 호형으로 처리되었고, 공안은 반타원형으로 확인된다. 현재 남경시 박물관에 소장되어 있다.

그림 23. 남경시 박물관 소장 석문미

2) 당대

(1) 천수 맥적산석굴 제5굴(그림 24)[35]

기둥 위에 굽받침이 없는 곡절형의 주두가 놓여 있고, 첨차에는 3개의 소로가 올려 있다. 공포 형식은 三斗式을 취하고 있다. 소로는 곡절형으로 굽받침이 없다. 주두와 소로의 양 측면은 직절

그림 24. 천수 맥적산석굴 제5굴

되었고, 첨차의 마구리부는 호형 혹은 교두형으로 살펴지고 있다. 굽에 비해 운두의 높이를 높게 제작하였다.

----

35) 天水麥積山石窟藝術硏究所, 1998, 『中國石窟 天水麥積山』, 文物出版社, 사진 277.

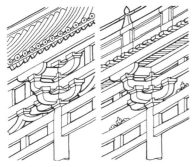

그림 25. 돈황 막고굴 제321굴

그림 26. 서안 의덕태자묘

(2) 돈황 막고굴 제321굴(그림 25)[36]

공포 형식은 삼두식이다. 주두와 소로는 굽이 곡절형이고, 굽받침은 없다. 운두의 측면은 직절되었고, 첨차의 마구리는 교두형으로 처리되었다. 첨차 상면에는 공안이 표현되어 있다. 벽화 제작 시기는 初唐으로 추정되었다.

(3) 서안 의덕태자묘(그림 26)[37]

공포 형식은 삼두식이고, 주두와 소로에는 굽받침이 없는 곡절형 굽이 달려 있다. 첨차의 마구리부는 호형이고, 상면에서는 공안을 볼 수 있다. 의덕태자(682~701)의 생몰 시기로 보아 벽화의 제작 시기는 初唐으로 판단된다.

한편, 남북조시대 및 수·당대에 관찰되는 주두와 소로는 한대의 石闕

36) 蕭默, 1996, 『敦煌建築硏究』, 文物出版社, 225쪽 도 163.
37) 필자 사진.

그림 27. 사천성 蘆山樊敏闕

그림 28. 사천성 渠縣趙家村貳無銘闕

그림 29. 사천성 忠縣丁房闕

그림 30. 사천성 忠縣丁房闕

(그림 27~30)[38]이나 崖墓(그림 31),[39] 명기(그림 32)[40] 등에도 앞서 등장하고 있어 개략적이나마 소개해 보고자 한다. 이는 현재 시점에서 가장 선행

---

38) 重慶市文化局 외, 1992, 『四川漢代石闕』, 117쪽 사진 130, 146쪽 사진 223, 155
   쪽 사진 251, 156쪽 사진 252.

39) 劉敦楨 著/鄭沃根 외 共譯, 2004, 『중국고대건축사』, 138쪽 그림 52-3.

40) 劉敦楨 著/鄭沃根 외 共譯, 2004, 『중국고대건축사』, 135쪽 그림 52-1-5.

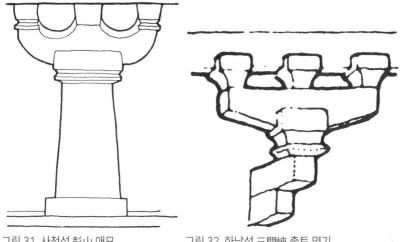

그림 31. 사천성 彭山 애묘   그림 32. 하남성 三門峽 출토 명기

시기로 소급해 볼 수 있는 주두와 소로라는 측면에서 신라뿐만 아니라 고구려나 백제의 목 부재 계통을 이해하는데 반드시 필요한 작업이라 판단된다.

한대 석궐 및 애묘, 명기 등에 조각된 공포는 대체로 이두식 및 삼두식이 주류를 이루고 있다. 그리고 첨차는 마구리부의 처리 방법에 따라 사절형, 교두형, 파형, 호형 등으로 나누어 볼 수 있다.[41] 주두와 소로에는 굽받침이 상대적으로 많지 않아 이의 유행이 남북조시대에 이르러 가능하였음을 확인할 수 있다.

한대 공포는 한편으로 하나의 건축물에 다양한 기법으로 제작되었음을 살필 수 있다. 예컨대 하남성 三門峽 출토 명기를 보면 주두에 굽받침이 제작된 것과 달리 소로에서는 이를 확인할 수 없다. 이러한 유사 사례는 사천성 忠縣丁房闕에서도 볼 수 있는데 한쪽에 굽받침이 없는 주두와 소

---

41) 이는 필자가 주관적으로 분류한 것임을 밝혀둔다.

로가 조각된 반면, 다른 한쪽에는 굽받침이 있는 주두와 소로가 확인되고 있다. 이러한 상이한 제작기법은 첨차 형태에서도 여실히 나타나고 있다. 이로 보아 한대의 공포 부재는 하나의 정형성에 바탕을 두지 않고 다양하게 제작되었음을 살필 수 있다. 그러나 남북조시대를 거치면서 공포 부재의 정형성을 따르게 되고, 이것이 고구려 및 백제에도 영향을 미쳤던 것으로 생각된다. 따라서 백제 건축문화의 영향을 받은 신라 및 일본의 경우도 공포의 다양성 보다는 정형성 측면에서 접근하는 것이 타당할 것이라 판단된다.[42]

2. 한국

1) 고구려

삼국시대에 해당되는 목조건축물은 현재 우리나라에 남아있지 않다. 다만, 고구려 고분벽화에 묘사된 인물풍속화를 통해 이의 편린을 살필 수 있을 뿐이다. 여기에서는 벽화의 잔존 상태가 양호한 것을 중심으로 공포의 주요 요소에 해당되는 주두 및 소로의 형태에 대해 살펴보고자 한다.[43]

---

42) 이는 하나의 공포 나아가 하나의 건축물에 정형적인 제작기법이 적용되었음을 의미한다.

43) 고구려 벽화고분에 대한 시기적 편년과 내용은 아래의 자료를 참조.
박준호, 2006, 「동명왕릉일대의 고구려벽화무덤들에 그려진 산수화에 대하여」 『남북공동 고구려 벽화고분 보존 실태 조사 보고서 제1권 조사보고』, 282쪽.
송순탁, 2006, 「고구려벽화무덤의 현황과 몇가지 학술적 문제에 대하여」 『남북공동 고구려 벽화고분 보존 실태 조사 보고서 제1권 조사보고』, 267쪽.
전호태, 2013, 「고구려의 건축과 주거문화」 『白山學報』 제97호.

(1) 안악3호분[44]

공포는 대부분 주두식과 이두식의 형식을 취하고 있다. 부엌과 푸줏간, 현실 북쪽 등은 주두식이고, 전실과 현실 등에서는 이두식을 살필 수 있다. 주두와 소로는 굽받침이 없고, 굽은 곡절형이다. 운두에 비해 굽을 높게 제작하였다. 첨차는 단부가 직절되었고, 마구리부는 호형으로 처리되었다. 첨차 상면에서 栱眼을 확인할 수 있다. 357년에 조성된 벽화고분이다.

그림 33. 전실 입구의 주두와 소로   그림 34. 동측실 동벽   그림 35. 현실 남쪽
                                             부엌의 주두   기둥의 주두와 소로

---

44) 이와 관련된 자료는 아래의 자료를 참조.
남북역사학자협의회·국립문화재연구소, 2006, 『남북공동 고구려 벽화고분 보존 실태 조사 보고서 제2권 도판』, 15쪽(전실 입구, 그림 33), 28쪽 도판 25(묘주 부인상) 및 43쪽 도판 39(푸줏간), 44쪽 도판 40(동측실 동벽 부엌, 그림 34), 51쪽 도판 52(현실 남쪽 기둥, 그림 35), 58쪽 도판 64 및 59쪽 도판 66(현실 북쪽 기둥의 주두, 그림 36·37).

그림 36. 현실 북쪽 기둥의 주두   그림 37. 현실 북쪽 기둥의 주두

(2) 감신총

공포는 중복삼두식으로 이루어졌다. 주두와 소로는 굽받침이 있고, 굽은 곡절형이다.[45] 운두의 측면은 직절되었다. 굽받침의 폭과 운두의 폭은 거의 일치하고 있다. 첨차는 단부가 직절되었고, 마

그림 38. 전실 서벽과 천정의 주두와 소로

구리부는 사절형으로 이루어졌다. 상면의 소로와 소로 사이에서는 栱眼을 살필 수 있다. 5세기 초의 벽화고분이다.

---

45) 국립중앙박물관, 2007, 『Goguryeo Tomb Murals』, 36쪽(전실 서벽과 천정, 그림 38) 및 28쪽(전실 동벽, 그림 39), 40쪽(전실 서벽, 그림 40).

그림 39. 전실 동벽의 주두와 소로   그림 40. 전실 서벽의 주두와 소로

(3) 덕흥리고분[46]

공포 형식은 주두식이다. 주두는 굽받침이 있고, 굽은 곡절형으로 제작되었다. 운두는 직절되었고, 운두의 폭과 굽받침의 폭은 거의 일치하고 있다. 408년의 벽화고분이다.

46) 남북역사학자협의회·국립문화재연구소, 2006, 『남북공동 고구려 벽화고분 보존 실태 조사 보고서 제2권 도판』, 83쪽 도판 15(전실 남벽 동쪽 상단, 그림 41), 89쪽 도판 24(전실 서벽 남쪽 상단, 그림 42), 85쪽 도판 19(전실 남벽 서쪽 모서리, 그림 43), 92쪽 도판 29(전실 북벽 동쪽 상단, 그림 44).

그림 41. 전실 남벽 동쪽 상단의 주두

그림 42. 전실 서벽 남쪽 상단의 주두

그림 43. 전실 남벽 서쪽 모서리의 주두

그림 44. 전실 북벽 동쪽 상단의 주두

(4) 각저총(그림 45)[47]

공포는 삼두식으로 조성되었다. 소로는 굽받침이 살펴지나 여타 고분

---

47) 최무장·임연철, 1990, 『高句麗 壁畵古墳』, 23쪽.

의 출토품과 달리 운두에서 굽
으로 이어지는 곡선이 곡절되지
않고 볼록한 형태를 취하고 있
다. 운두는 직절되어 있다. 첨자
의 마구리부는 사절형이고, 상
면에서 공안을 확인할 수 있다.
운두에 비해 굽의 높이를 낮게
제작하였다. 5세기 초의 벽화고
분이다.

그림 45. 각저총의 소로

(5) 용강대묘[48]

공포는 중복삼두식으로 이루어졌다. 운두는 직절되었고, 굽은 곡절형
으로 묘사되었다. 굽 높이에 비해 운두가 높게 제작되었고, 소로의 굽받침
은 달려 있지 않다. 첨차는 단부가 직절형이고, 마구리부는 사절형이다.

그림 46. 전실 동벽의 소로

그림 47. 후실 윗부분의 소로

---

48) 국립중앙박물관, 2007, 『Goguryeo Tomb Murals』, 118쪽(전실 동벽, 그림 46),
122쪽(후실 윗부분, 그림 47).

첨차 상면에서 공안을 확인할 수 있다. 5세기 전반의 벽화고분이다.

(6) 천왕지신총[49]

공포는 주두식으로 조성되었다. 'ᐱ'모양의 인자형 화반 위에 굽받침이 있는 소로가 묘사되어 있다. 운두는 나팔형으로 사절되었고,[50] 굽은 8각형으로 깎은 것처럼 보인다. 운두에 비해 굽의 높이를 높게 제작하였다. 5세기 중엽의 고분이다.

그림 48. 후실 동쪽 천정의 소로

그림 49. 후실 북쪽 천정의 소로

(7) 수산리고분[51]

공포는 삼두식으로 조성되었다. 현실 남벽과 서벽에는 굽받침이 없는

---

49) 국립중앙박물관, 2007, 『Goguryeo Tomb Murals』, 138쪽(후실 동쪽 천정, 그림 48), 140쪽(후실 북쪽 천정, 그림 49).

50) 이처럼 운두가 사선형으로 벌어진 사례는 법륭사 소장 옥충주자에서도 볼 수 있다.

51) 남북역사학자협의회·국립문화재연구소, 2006, 『남북공동 고구려 벽화고분 보존 실태 조사 보고서 제2권 도판』, 125쪽 도판 19(현실 남벽 서쪽과 서벽, 그림 50), 122쪽 도판 13(현실 남벽 동쪽 상단, 그림 51), 131쪽 도판 28(현실 북벽 서쪽 상단, 그림 52), 147쪽 도판 48(현실 천정 북쪽과 동쪽, 그림 53).

그림 50. 현실 남벽 서쪽과 서벽의 주두와 소로　　　그림 51. 현실 남벽 동쪽 상단
　　　　　　　　　　　　　　　　　　　　　　　의 주두

그림 52. 현실 북벽 서쪽 상단의 주두와 소로　　그림 53. 현실 천정 북쪽과 동쪽의 주두와 소로

주두나 소로가 배치된 반면, 현실 천정의 북쪽과 동쪽에 그려진 주두에는
굽받침이 표현되어 있다. 첨차의 단부는 직절되었고, 마구리부는 호형으
로 처리되었다. 첨차 상면에서는 공안을 확인할 수 있다. 5세기 후반의 벽
화고분이다.

(8) 쌍영총52)

공포는 중복삼
두식으로 이루어졌
다. 주두에 굽받침
이 달려 있는 것과
달리 중앙의 소로
에는 굽받침이 없
다. 좌우 소로의 경
우 운두의 폭 만큼
굽받침이 달려 있
다. 주두와 소로 모
두 운두가 직절되
었고, 굽은 곡절형
을 이루고 있다. 굽
은 굽에 비해 운두

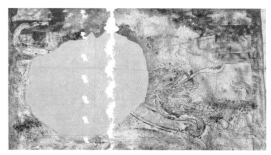

그림 54. 전실 동벽의 주두와 소로

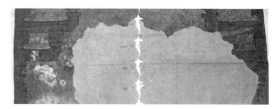

그림 55. 전실 서벽의 주두와 소로

를 높게 제작하였다. 굽받침은 운두의 폭과 거의 일치하고 있다. 첨차는
단부가 직절된 반면, 마구리부는 약간 오목하게 곡절되어 있다. 첨차 상면
에서의 공안은 살필 수 없다. 5세기 후반의 벽화고분이다.

이상의 고구려 고분벽화 자료들을 살펴볼 때 공포 유형은 주두식과 삼
두식, 중복삼두식, 이두식 등이 유행하였음을 볼 수 있다. 이 중 357년에
조영된 안악 3호분에서는 이두식과 주두식이 주로 사용되었다. 이로 보아
목조건축물의 초창기에는 주두식과 이두식이 공포의 주된 형식이었음을
짐작할 수 있다. 그러나 4세기 말~5세기대의 고분벽화를 보면 삼두식이

52) 국립중앙박물관, 2007, 『Goguryeo Tomb Murals』, 96쪽(전실 동벽, 그림 54),
   98쪽(전실 서벽, 그림 55), 106쪽(후실 북벽, 그림 56).

그림 56. 후실 북벽의 주두와 소로

주류를 이루고 있다. 이는 기능적으로 장혀를 지탱함에 있어 소로 2개보다는 3개가 좀 더 효율성이 있었기 때문인 것으로 파악된다.

삼두식 중 4세기 말~5세기 초의 감신총, 5세기 중엽의 용강대묘, 5세기 말의 쌍영총 등에서는 중복삼두식의 공포 형식이 찾아지고 있다. 이러한 삼두식에서 중복삼두식으로의 변화는 기둥 상면의 포벽을 좀 더 높게 축조함으로써 건물의 장엄이나 건물 자체의 위계를 표현하였던 것으로 판단된다.

4세기 중엽 이후 5세기 무렵에 그려진 대부분의 고구려 고분벽화에서는 굽받침이 있는 주두와 소로를 볼 수 있다. 그러나 안악 3호분과 수산리 고분, 용강대묘 등에서는 이러한 굽받침을 살필 수 없다. 이로 보아 주두와 소로에 달려있는 굽받침의 경우 건물의 위계나 시기적 특성 등을 반영하는 건축 요소로는 파악되지 않는다. 또한 각저총의 소로는 굽의 형태가 오목한 곡절형이 아닌 볼록형으로 처리하고 있어 고구려의 다양한 치목기술을 확인케 한다.

주두와 소로의 운두는 직절된 것이 대부분이나 천왕지신총과 같이 사절형도 일부 살필 수 있다. 그리고 굽은 거의 대부분 곡절형으로 처리되었고, 굽받침은 운두의 폭과 거의 일치하고 있다. 소로를 받치고 있는 첨차는 단부가 직절형이고, 마구리부는 교두형 및 사절형, 호형이 주류를 이루고 있다. 아울러 첨차 상면에서의 공안은 형태만 다를 뿐 거의 대부분 확인되고 있다.

이처럼 고구려의 주두와 소로, 첨차의 형태는 중국 남북조시대의 건축부재와 큰 차이를 보이지 않는다. 이는 고구려의 건축문화가 중국 남북조와 밀접하게 관련되어 있음을 보여주는 역사의 흔적이라 할 수 있다.

2. 일본

1) 飛鳥時代

⑴ 법륭사

법륭사에서 飛鳥時代에 조영된 건축물로는 서원가람의 금당과 오층목탑, 중문, 회랑 등을 들 수 있다.[53] 그런데 이들 건축물들은 기존 논고에서 고구려 고벽벽화와의 비교를 통해 고구려와 밀접한 관련성이 있음이 언급되었다.[54] 하지만 고구려의 가람배치가 1탑 3금당인 반면, 법륭사가

---

53) 大西修也, 1990, 『法隆寺』, 小學館, 54~55쪽.

54) 김도경, 2004, 「日本 法隆寺 건축의 고구려적 성격」 『한국건축역사학회 추계학술 발표대회 논문집』, 건축역사학회, 121~125쪽. 그는 이 논고에서 배흘림 원주, 굽받침이 있는 주두, 운형 살미와 소로, 인자형 화반과 기둥형 화반, 卍자형 난간, 인자형 대공 등을 통해 법륭사 건축이 고구려 건축과 밀접한 관련성이 있음을 제

1탑 1금당식인 점, 목탑의 평면이 8각형이 아닌 4각형인 점, 백제와 달리 고구려에서 치석된 이중기단[55]이 아직까지 검출된 바 없다는 점, 그리고 하앙의 존재와 기단토 하부의 축기부 등에서 법륭사 건축은 고구려 보다 오히려 백제의 영향이 더 지대하였음을 살필 수 있다. 이는 한편으로 제석사 폐기장에서 수습된 굽받침이 있을 것으로 추정된 소로간벽편 등을 통해서도 설명될 수 있을 것이라 생각된다.

법륭사 금당의 경우 주두가 굽받침이 있는 곡절형인 반면, 첨차 위에 설치된 소로는 굽받침이 없다. 이러한 형태상의 차이는 오층목탑(그림 57) 및 회랑(그림 58),[56] 중문에 서도 찾아볼 수 있다.[57] 그리고 살미와 이 위에 놓인 소로의 경우 구름 형태(그림 59)[58]로 치목되어 첨차 위의 소로와 형태상의 차이를 보인다. 주두의 굽받침 폭은 운두의 폭과 거의 일치하고 있다.

그림 57. 법륭사 오층목탑의 곡절형 소로

시하였다.

55) 하하기단은 江戸時代 元祿年間에 수리되었다고 한다(김도경, 2004, 「日本 法隆寺 건축의 고구려적 성격」『한국건축역사학회 추계학술발표대회 논문집』, 건축역사학회, 117쪽). 하지만 우주와 탱주, 면석 등은 치석 및 결구기법에서 고식의 특징을 보여주고 있다. 원형을 바탕으로 新造보다는 보수에 가깝다고 생각된다.

56) 오층목탑 및 회랑의 사진은 장재윤 선생님 제공.

57) 이러한 주두와 소로의 굽받침 차이는 이미 중국 한대에서 살필 수 있다.

58) 鈴木嘉吉, 1971, 『日本の美術 65 上代の寺院建築』, 제43도.

그림 58. 법륭사 회랑의 주두와 소로　　　　　그림 59. 법륭사 금당의 주두와 운형 살미 및 소로

(2) 옥충주자(그림 60)[59]

소로는 굽받침이 있는 곡절형을 이루고 있다. 굽에 비해 운두가 높게 제작되었다. 운두는 위를 향하여 나팔형으로 사절되어 있다. 이러한 형태의 운두는 고구려의 천왕지신총 벽화에서도 살필 수 있으며, 법륭사 금당 및 오층목탑, 회랑 등의 직절형 운두와 차이를 보인다. 굽받침의 폭은 운두의 하단 폭과 거의 일치하고 있다.

이상에서와 같이 중국 남북조시대 이후 수·당대 및 고구려, 일본 飛鳥時代의 주두와 소로를 살펴보았다. 그 결과 굽 단면은 대부분 곡절형이었고, 굽받침은 유무의 것 모두 존재하였다. 다만, 굽받침이 있는 주두나 소로의 경우 이의 폭이 운두의 폭과 거의 일치하고 있음을 살필 수 있다. 아울러 운두와 굽의 높이 差도 유적과 시기마다 큰 차이 없이 나타나 시기적 특성이 없음을 알 수 있다. 첨차는 사절형보다 호형이나 교두형이 주류를

---

59) 奈良國立文化財硏究所飛鳥資料館, 1996, 『飛鳥資料館 案內』, 70쪽.

162 - 皇龍寺 | 황룡사

그림 60. 법륭사 소장 옥충주자의 소로

이루고 있음을 확인할 수 있다.

Ⅳ. 황룡사 구층목탑 주두와 소로의 복원

주두와 소로, 첨차 등은 전술하였듯이 공포[60]를 구성하는 주요 부재에

---

60) 공포의 구성 요소에 대한 논고는 김버들·조정식, 2001, 「高句麗 古墳壁畵의 建

해당된다. 물론 공포의 범주에는 이들 외에도 살미가 포함되지만 관련 자료를 중국 및 고구려 등의 조각이나 벽화 등에서 자세히 살피기 어렵다는 점에서 본고에서는 다루지 않도록 하겠다.

최근까지의 발굴조사를 통해 우리나라에서 7세기 전반에 해당되는 주두와 소로 등이 확인된 바는 없다. 하지만 중국 남북조시대 유적과 고구려 고분벽화, 백제 및 일본, 통일신라시대의 첨차나 주두, 소로 등을 검토해 본다면 황룡사 구층목탑의 주두와 소로에 대한 복원도 미흡하나마 어느 정도 가능하리라 생각된다.

먼저 제석사 폐기장에서 수습된 포벽체편(小累間壁片)에 대해 살펴보고자 한다. 이 유물은 포벽의 형태로 보아 공포 형식이 삼두식이나 중복삼두식[61]이었던 것으로 파악된다. 다만 잔존 상태가 단편적이어서 포벽체편이 정확하게 어느 부분인지, 그리고 삼두식의 공포 형식에서 소로의 위치가 확실하게 어느 곳에 놓였는지도 살피기가 어렵다.

포벽체편을 통해 짐작할 수 있는 소로의 형태는 운두가 직절되었고,[62] 굽은 오목하게 곡절되었다. 그리고 운두에 비해 굽의 높이가 상대적으로 높게 제작되었음을 살필 수 있다. 물론 공포에 사용된 소로가 위에 놓이는 장혀를 받치고 있음을 전제할 때 갈의 일정 높이가 생략되었음도 고려할 수 있겠지만 이를 감안하더라도 운두에 비해 굽의 높이가 높았음은 부인하기 어려울 듯싶다. 이는 기존의 중국 남북조시대나 일본 법룡사 금당

築要素에 관한 研究」『大韓建築學會論文集 計劃系』 17권12호(통권158호), 109쪽 참조.

61) 이는 小累間壁편의 상면이 평평하게 잘린 것으로 이해할 수 있다. 만약 위에 장혀가 놓인 다면 삼두식으로 판단할 수 있지만 또 다른 대첨차가 올려진다면 이는 중복삼두식으로 파악하여야만 한다.

62) 법룡사 소장 옥충주자 및 고구려의 천왕지신총 소로는 운두가 사절되었음을 볼 수 있다.

등을 통해서도 충분히 살펴볼 수 있다.

폐기장에서 수습된 포벽체편 1은 화재로 소실된 제석사의 물질자료로 그 하한은 639년이다. 그리고 아비지가 황룡사 구층목탑을 조영하던 시기가 643년이었음을 감안할 때 황룡사 구층목탑의 주두와 소로는 제석사 폐기장에서 검출된 포벽체편과 어느 정도 관련성이 있을 것으로 생각된다.

제석사는 미륵사와 더불어 무왕의 익산 천도설과 관련하여 자주 회자되는 유적이다. 또한 이곳에서 발굴된 악귀상이나 소조상, 벽체편 등은 백제 사비기 왕도인 부여지역에서도 찾아보기 힘든 유물이라 할 수 있다. 이러한 역사적 사실과 고고학적 유물로 견주어 볼 때 제석사의 축조 주체는 백제의 뛰어난 조사공과 조불공, 조탑공이었을 가능성이 매우 높다. 그리고 아비지 역시도 신라의 요청에 의해 파견된 인물이었기 때문에 백제를 대표한 조탑공이었음이 확실하다.

아비지의 존재로 보아 황룡사 구층목탑에 발현된 조탑기술은 아마도 백제 사비기 7세기 전반의 造塔法式과 불가분의 관계에 있었다고 생각된다. 따라서 포벽체편 1에서 관찰되는 여러 제작 속성들은 결과적으로 황룡사 구층목탑에 그대로 구현되었을 가능성이 적지 않다.

7세기 전반 백제의 공포 형식은 중국 남북조 및 수·당, 고구려의 것과 크게 다르지 않음을 확인할 수 있다. 이는 주두 및 소로에서 관찰되는 여러 치목기술이 중국 남북조에 계통을 두고 발전하였음을 보여준다. 그리고 이러한 공포 제작기술은 백제 조탑공을 통해 7세기대 일본 법륭사에도 영향을 미쳤다. 뿐만 아니라 백제 조탑기술의 국제적 교류는 신라 황룡사 구층목탑에도 여지없이 반영되었음을 유추해 볼 수 있다.

여기에서는 제석사 폐기장에서 수습된 포벽체편의 계통과 제작기술 등에 대해 살펴보고자 한다. 이를 통해 황룡사 구층목탑의 주두와 공포의 제작기술이 중국 남북조나 고구려, 백제 등과 큰 차이 없이 적용되었음을 살펴보도록 하겠다.

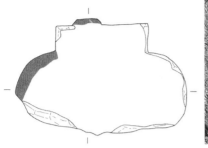

그림 61. 익산 제석사 폐기장 출토 포벽체편 1   그림 62. 중국 남조 석문미의 소로간벽
(소로간벽)

익산 제석사 폐기장 출토 포벽체편 1(그림 61)은 중국 남조의 석문미(그림 62)[63] 및 고구려 수산리 벽화고분(그림 63)[64]과 용강대묘(그림 64)[65] 등에 표현된 소로간벽과 아주 흡사한 형태를 하고 있다. 즉, 벽화를 살피면 공포 유형은 삼두식 혹은 중복삼두식이고, 소로에는 굽받침이 없음을 살필 수 있다. 그리고 소로와 소로 사이의 간벽은 직절된 운두와 곡절형의 굽에 따라 상방하원의 형태를 갖추고 있다. 또한 굽의 곡절 형태가 호형에 가까워 직절된 운두와 확연한 제작상의 차이를 보여주고 있다. 이는 소로의 제작에 직절과 곡절을 혼용함으로서 직선미와 더불어 경쾌한 곡선미를 표현한 것으로 이해할 수 있다. 그리고 첨차의 상면에는 半타원형에 가까운 공안이 마련되었음도 살필 수 있다.

포벽체편 1(소로간벽)의 평면 형태로 보아 굽받침은 제작되지 않았던

63) 南京市博物館, 2004, 『六朝風采』, 225쪽 중.

64) 남북역사학자협의회·국립문화재연구소, 2006, 『남북공동 고구려 벽화고분 보존 실태 조사 보고서 제2권 도판』, 121쪽 도판 12 중.

65) 국립중앙박물관, 2007, 『Goguryeo Tomb Murals』, 118쪽 중(필자 재작도).

그림 63. 고구려 수산리고분 현실 남벽과
서벽의 소로간벽

그림 64. 고구려 용강대묘 전실 동벽의 소로간벽

것으로 판단된다. 이는 굽과
첨차가 만나는 부분이 곡절된
데에서 확인해 볼 수 있다. 여
기에 만약 굽받침이 부착되었
다면 포벽체편의 중단부[66]에
서 곡절이 아닌 직절과 같은
굽받침의 흔적이 관찰되는 것
이 마땅하다. 이는 고구려 감
신총의 소로간벽(그림 65)[67]을
통해서도 충분히 비교해 볼 수
있다.

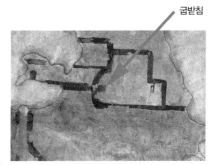

굽받침

그림 65. 고구려 감신총의 굽받침이 있는
소로간벽

　　첨차는 상면의 곡면 형태로 보아 栱眼이 마련되었음을 살필 수 있다.
이 때 첨차의 안쪽 마구리부는 곡절되어 호형을 이루고, 첨차 상부는 중국

---

66) 이 부분은 첨차 상부와 소로의 굽 하부가 서로 접하는 곳이기 때문에 굽받침이 있
　　었다면 포벽체편에 반드시 투영되어야만 한다.

67) 국립중앙박물관, 2007, 『Goguryeo Tomb Murals』, 40쪽 중.

남조의 석문미와 같이 약간의 곡면을 이루고 있다. 이처럼 첨차 상면에 반타원형의 공안이 마련됨에 따라 소로는 굽받침이 없어도 도드라지게 표현되었을 것으로 사료된다. 하지만 첨차 마구리부와 관련된 포벽체편이 수습되지 않아 이것이 사절형인지, 아니면 교두형이나 호형인지는 정확히 알 수 없다. 다만, 중국 남북조시대 및 고구려의 유적을 통해 볼 때 사절형보다는 교두형이었을 가능성이 높다고 생각된다. 그리고 첨차의 양단부도 직절이 대세를 이루었을 것으로 생각된다.

한편, 주두와 관련해서는 제석사 폐기장에서 벽체편이나 목재 등이 검출된 바 없어 정확한 형태를 살피기가 어렵다. 여기에서는 중국 남북조시대 및 고구려 고분벽화의 분석을 통해 주두의 굽받침 유무에 대해 알아보고자 한다.

주두는 일반적으로 소로와 같은 기법으로 제작되는 것이 일반적이다. 하지만 전술란 한대 유적에서와 같이 이질적인 제작기법도 간간히 확인되고 있다. 이러한 특이성은 중국 남북조뿐만 아니라 일본 비조시대의 법륭사에서도 부분적으로 관찰되고 있다. 그러나 주두와 소로에서 살펴지는 이질적인 제작기법은 정형적인 것들에 비해 상대적으로 월등히 적음을 확인할 수 있다. 이는 대부분의 경우 소로에 굽받침이 있으면 주두에도 굽받침이 있고, 소로에 굽받침이 없으면 주두에도 존재하지 않음을 의미한다.

그림 66. 경주 동궁과 월지 출토 小累間壁

이상의 자료를 종합해 보면 제석사의 소로는 굽받침이 없고, 운두는 직절되었으며, 굽은 오목한 곡절형임을 알 수 있다. 그리고 소로에 굽받침이 없는 것으로 보아 주두에도 굽받침이 부가되지 않았

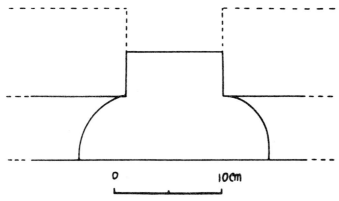

그림 67. 경주 동궁과 월지 출토 소로간벽의 복원도

음을 추정해 볼 수 있다. 또한 첨차의 내면 마구리부는 호형으로 곡절되고, 공안은 반타원형으로 제작되었다.[68] 이러한 주두와 소로, 그리고 개략적인 첨차의 모습은 7세기 전반 제석사에 사용된 공포 부재의 주요 속성으로 이해할 수 있다.

7세기 전반기 제석사 포벽체편에 표현된 주두와 소로의 제작기법은 황룡사 구층목탑에도 직접적인 영향을 미쳤을 것으로 생각된다. 이는 아비지를 매개로 한 백제의 건축기법과 황룡사 구층목탑이 불가분의 관계에 있는 것만으로도 추측 가능하다. 다음으로는 이러한 필자의 설이 무리가 없는 지에 대한 통일신라시대의 여타 유물들을 검토하여 확인해 보도록

---

68) 이러한 첨차의 공안은 한편으로 통일신라시대 경주 동궁과 월지 출토 小累間壁 (그림 66, 文化公報部 文化財管理局, 1978, 『雁鴨池 發掘調査報書(圖版編)』, 도판 206-540)과 비교해 큰 차이를 발견할 수 있다. 즉, 동궁과 월지 출토품의 경우 바닥면이 평평하게 처리되어 공안을 거의 확인할 수 없다. 이는 첨차의 상면이 곡면이 아닌 직선으로 이루어졌음을 파악케 한다(그림 67, 文化公報部 文化財管理局, 1978, 『雁鴨池 發掘調査報告書』, 258쪽 삽도 17).

하겠다.

통일신라시대 주두 및 소로와 관련된 자료는 경주 동궁과 월지에서 수습된 첨차와 난간소로, 그리고 신라의 고토에 남아 있는 석탑이나 白紙墨書大方廣佛華嚴經 변상도 등을 통해 살펴볼 수 있다.

먼저 동궁과 월지에서 수습된 첨차와 난간소로에 대해 알아보고자 한다.[69] 첨차는 모두 세 가지 형식이 수습되었는데 제원과 형태가 약간씩 차이를 보이고 있다. 먼저 첨차 1(그림 68)[70]은 연못 서편 제3건물지 아래에서 수습되었다. 완전한 형태로 전체 길이 91.8cm, 운두 22.9cm, 폭 14.1cm이다. 마구리부는 교두형으로 4단으로 치목되었다. 중앙 하부에는 폭 14.5cm, 높이 10.4cm로 홈을 파 놓았다. 공포 형식은 삼두식이고, 공안을 기준으로 할 때 소로 저변의 폭은 17.4cm이다. 공안의 단면은 半타원형이다. 소로가 놓이는 첨차 상면에는 지름 2.5cm, 깊이 4.9cm의 둥근 촉구멍이 굴착되어 있다. 첨차는 건물 평주 위에 놓였던 것으로 추정되었다.

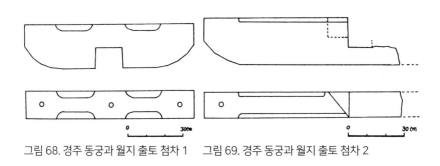

그림 68. 경주 동궁과 월지 출토 첨차 1   그림 69. 경주 동궁과 월지 출토 첨차 2

---

69) 유물 설명은 아래의 보고서를 참조하였다.
    文化公報部 文化財管理局, 1978, 『雁鴨池 發掘調査報告書』.
70) 文化公報部 文化財管理局, 1978, 『雁鴨池 發掘調査報告書』, 253쪽 삽도 1.

첨차 2(그림 69)[71] 역시 제3건물지에서 출토되었으나 잔존 상태가 불량한 편이다. 귀포에 사용된 첨차로 전체 길이는 알 수 없다. 운두 높이는 23.8cm이고, 마구리부는 교두형으로 3단으로 치목되었다. 공안 단면은 半타원형이 아닌 직각 형태로 기존의 제작기법과 차이를 보이고 있다. 소로의 저변은 18.2cm이고, 소로가 놓인 촉구멍의 지름은 2.5cm이다.

첨차 3(그림 70)[72]은 제2건물지에서 수습되었다. 소로의 개수로 보아 공포 형식은 4두식으로 판단된다. 전체 길이가 141.5cm로 매우 긴 편이고, 운두 25cm, 폭 14cm이다. 하부에 방형의 홈이 있는 곳으로 보아 첨차 1과 마찬가지로 옆을장 첨차임을 알 수 있다. 첨차 상면의 소로 간격은 좌측부터 31cm, 37cm, 49.6cm로 정형성이 없다. 공안의 단면은 半타원형을 이루고 있고, 마구리부는 교두형으로 3단 치목되었다. 소로의 저변은 18cm 정도이다. 부석사 조사당 주두 위의 첨차와 친연성이 있는 것으로 확인되었다.

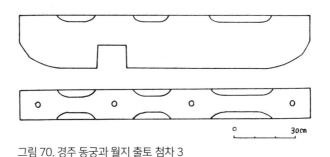

그림 70. 경주 동궁과 월지 출토 첨차 3

---

71) 文化公報部 文化財管理局, 1978, 『雁鴨池 發掘調査報告書』, 253쪽 삽도 2.

72) 文化公報部 文化財管理局, 1978, 『雁鴨池 發掘調査報告書』, 254쪽 삽도 3.

출토 유물로 보아 동궁과 월지 출토 첨차는 삼두식과 사두식이 주로 사용되었고,[73] 마구리부는 3단 내지 4단으로 치목된 교두형이었다. 그리고 첨차의 공안은 半타원형이 두 점, 직각형이 한 점인데 후자의 경우 첨차 상면에 4개의 소로가 놓인 것으로 보아 통일신라시대 전기의 것으로는 파악되지 않는다. 또한 중국 남북조를 비롯한 삼국시대 및 일본 비조시대 공안의 경우도 거의 대부분이 半타원형이었음을 볼 때 직각형은 이질적인 단면 형태임을 확인할 수 있다. 한편, 소로의 저변은 17.4cm, 18.2cm, 18cm로서 대부분 17~18cm 정도였음을 알 수 있다. 다만, 첨차에 소로가 부착된 것이 없어 굽받침이 존재하였는지는 확인할 수 없다.

주두(그림 71)[74]는 동궁과 월지에서 한 점이 수습되었다. 운두의 한 변이 23.5cm이고, 전체 높이는 14.1cm, 굽 지름은 15.8cm이다. 상면의

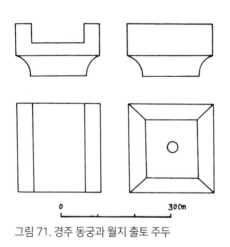

'갈'은 두 방향으로만 제작되어 있어, 일반적인 '갈'과 차이를 보이고 있다.[75] 갈의 폭은 14.5cm, 깊이는 5.3cm이다. 굽의 단면은 곡절형이고, 바닥면에 지름 3cm의 촉구멍이 굴착되어 있다. 굽받침은 없다.

이들 외에도 동궁과 월지에서는 난간동자주(그림 72)[76]

그림 71. 경주 동궁과 월지 출토 주두

---

73) 삼국시대 이후 대부분의 공포 형식은 삼두식이 주류를 이루었다. 4두식은 통일신라시대에 이르러 새롭게 등장한 형식으로 파악되고 있다.

74) 文化公報部 文化財管理局, 1978, 『雁鴨池 發掘調査報告書』, 254쪽 삽도 4.

75) 주두는 일반적으로 첨차와 살미를 결구하기 위해 네 방향으로 '갈'이 조성되어 있다.

76) 文化公報部 文化財管理局, 1978, 『雁鴨池 發掘調査報告書』, 257쪽 삽도 14.

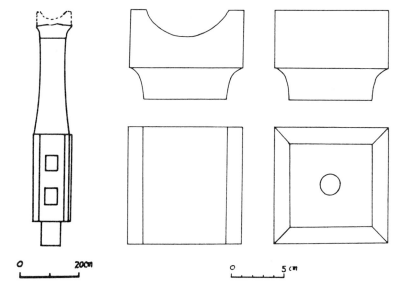

그림 72. 경주 동궁과 월지
출토 난간동자주

그림 73. 경주 동궁과 월지 출토 난간소로

한 점과 난간소로(그림 73)[77] 여덟 점이 수습되었다. 전자는 전체 높이 64cm이고, 상부에 파손된 소로 하나가 올려 있다. 후자는 제3건물지에서 수습된 것으로 한 변 길이 11cm, 운두 8.5cm이다. 굽의 저변은 8cm, 높이 3cm로 단면이 곡절형을 이루고 있다. 굽받침은 없고, 바닥 중앙부에 지름 약 2cm의 촉구멍이 굴착되어 있다.

한편, 통일신라시대의 주두와 소로는 신라의 고토에 남아 있는 의성 탑리리 오층석탑(그림 74)[78]과 남원 실상사 백장암 삼층석탑(그림 75·76),[79]

77) 文化公報部 文化財管理局, 1978, 『雁鴨池 發掘調査報告書』, 257쪽 삽도 15.

78) 국립문화재연구소, 2012, 『경상북도의 석탑』Ⅵ, 157쪽 하단 도면.

79) 국립문화재연구소, 2004, 『전라북도의 석탑』, 22쪽.

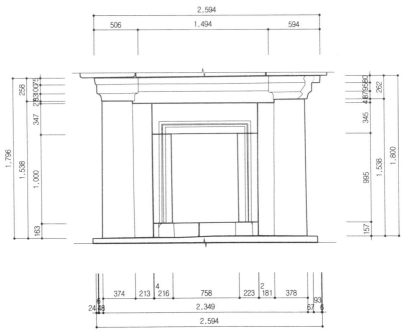

그림 74. 의성 탑리리 오층석탑. 주두에 굽받침이 없다.

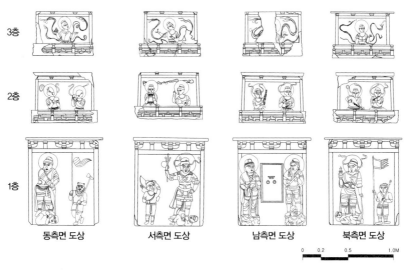

3층

2층

1층

| 동측면 도상 | 서측면 도상 | 남측면 도상 | 북측면 도상 |

0   0.2   0.5   1.0M

그림 75. 남원 실상사 백장암 삼층석탑. 주두와 소로에 굽받침이 있다.

화순 쌍봉사 철감선사탑에서도 찾아볼 수 있다. 전자의 석탑은 목탑을 번안한 것으로 초층 옥신부에 주두가 조각되어 있다. 주두는 우주 위에 놓여 있는데 굽받침이 없는 곡절형의 굽을 취하고 있다. 이 탑의 조성 시기는 7세기 말 내지는 700년경[80]으로 알려져 있다. 이에 반해

그림 76. 남원 실상사 백장암 삼층석탑의 공포 세부

실상사 백장암 삼층석탑은 공포 형식이 삼두식이고, 굽받침이 있는 굽의 형태를 갖추고 있어 의성 탑리리 오층석탑과 큰 차이를 보여주고 있다. 탑의 축조 시기는 대략 9세기대로 추정되고 있다.

마지막으로 화순 쌍봉사 철감선사탑은 868년경에 축조된 것으로 이곳 탑신부의 배흘림기둥 위에 주두가 조각되어 있다. 운두에 비해 굽이 높게 제작되었고, 굽받침은 없다. 굽의 단면은 곡절형을 이루고 있다. 이 승탑의 존재로 말미암아 9세기 후반에 이르기까지 굽받침이 없는 주두가 사용되었음을 알 수 있는 귀중한 자료로 평가할 수 있다.

그렇다면 통일신라시대 주두와 소로의 굽받침은 어느 정도의 시기성을 반영하고 있을까? 비교 자료가 영성하지만 동궁과 월지 출토 주두와 소로, 그리고 의성 탑리리 오층석탑과 백지묵서대방광불화엄경 변상도(754~755년, 그림 77)[81] 등을 통해 적어도 8세기대까지는 굽받침이 없는 주두와

---

80) 국립문화재연구소, 2012, 『경상북도의 석탑』 Ⅵ, 121쪽.
81) 호암갤러리, 1993, 『高麗, 영원한 美 高麗佛畵特別展』, 113쪽 사진 38.

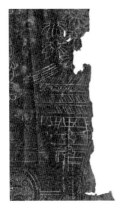

그림 77. 리움미술관 소장 白紙墨書大方廣佛華嚴經 변상도(754~755년)

소로가 주류였음을 파악해 볼 수 있다.[82] 그리고 9세기대에 이르러 남원 실상사 백장암 삼층석탑과 화순 쌍봉사 철감선사탑 등의 사례로 보아 굽 받침이 있는 것과 없는 것이 함께 혼용되었음을 유추할 수 있다.

전체적으로 통일신라시대의 주두와 소로를 검토해 볼 때 운두는 모두 직절되었고, 굽은 사절이 없이 곡절되었음을 살필 수 있다. 첨차는 단부 가 모두 직절되었고, 마구리부는 3~4단 정도로 치목되었다. 그리고 첨차 상면에는 3~4개의 소로가 올려있는데 3개가 주류였던 것으로 판단된다. 특히 이러한 제작 기법은 중국 남북조시대 및 우리나라 삼국시대, 그리고 일본의 비조시대 유적에서도 이미 확인된 바 있어 당대의 주류 형식이었 음을 파악할 수 있다. 공안은 半타원형이 대세이나 일부에 한해 직각형도

---

82) 물론 동궁과 월지 출토품처럼 소로가 없이 첨차만 확인된 유물의 경우 굽받침이 있는 소로가 존재하였을 가능성도 있다. 하지만 동궁과 월지에서 수습된 주두나 난간소로 등에서 굽받침이 검출되지 않는 것으로 보아 7~8세기대에는 주두나 소 로 등에 굽받침이 제작되지 않았음을 생각해 볼 수 있다.

존재하였다. 그러나 삼국시대의 첨차 공안 사례로 보아 직각형은 半타원형에 후행하는 것으로 이해할 수 있다.

첨차와 소로의 결합은 자촉이음[83])으로 확인된다. 이는 첨차 상면과 소로 저변 중앙에서 관찰되는 지름 2~3cm 정도의 촉구멍을 통해 알 수 있다. 이는 장부이음이나 주먹장부이음과 달리 별도의 나무부재를 사용하였다는 점에서 효과적인 이음방식이라 할 수 있다. 이러한 이음방식은 동궁과 월지 출토 유물의 사례로 보아 주두도 마찬가지였을 것으로 판단된다.

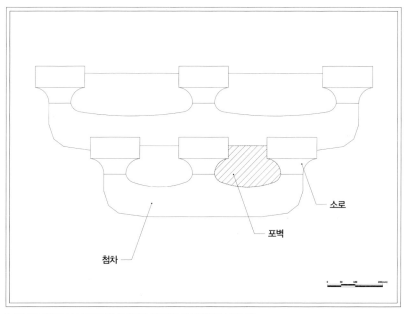

그림 78. 황룡사 구층목탑 공포의 시론적 복원(중복삼두식)

---

83) 잇는 두 부재의 접합 부분을 모두 오목하게 홈을 파고, 별도 부재인 자촉을 만들어 끼워 결구하는 기법을 말한다.
국립문화재연구소, 2014, 『전통 목조건축 결구법』, 84쪽.

이상으로 중국 남북조시대 및 우리나라 삼국시대, 그리고 통일신라시대 및 일본의 비조시대 유적들에 대해 살펴보았다. 그 결과 643년에 착공된 황룡사 구층목탑의 공포 형식은 삼두식보다는 중복삼두식(그림 78)[84]으로 판단된다.[85] 이러한 추정은 구층목탑의 높이가 225척에 달하고, 이의 축조 목적과 장엄성, 장식성까지를 고려하여 내린 결론이다. 또한 공포의 주요 요소에 해당되는 주두와 소로는 운두가 직절되고, 굽은 모두 곡절형으로 제작되었을 것이다. 그리고 주두와 기둥, 소로와 첨차는 자촉이음으로 결합되었을 가능성이 높다. 소로의 저변은 건물의 규모에 따라 다를 수 있겠지만 황룡사 구층목탑 역시도 동궁 건물지와 마찬가지로 17~18cm 정도였을 것으로 추정된다.[86] 아울러 첨차의 단부는 직절되고, 마구리부는 3~4단 혹은 그 이상으로 치목한 교두형을 생각해 볼 수 있다. 첨차의 공안은 삼국시대 및 비조시대 법륭사 오층목탑을 참조해 볼 때 半타원형으로 치목되었을 가능성이 높다.

이상의 황룡사 구층목탑 공포에 대한 시론적 복원은 익산 제석사 폐기장 출토 포벽체편과 중국 남북조시대 및 고구려의 고분벽화, 일본 비조시대 법륭사 오층목탑의 주두, 소로와도 어느 정도의 연계성을 확인할 수 있다. 다만, 이들 목재의 세부 제원에 대해선 향후 건축학계의 좀 더 면밀한 검토가 수반되어야 할 것으로 생각된다.

---

84) 이 도면은 한얼문화유산연구원 장재윤 선생님이 작성해 주었다. 지면을 빌어 고마운 마음을 전하고자 한다.

85) 의성 탑리리 오층석탑으로 보아 구층목탑이 아닌 황룡사의 다른 전각에는 주두식도 사용되었을 것이라 생각된다. 이는 삼두식에 비해 格이 떨어지는 공포 형식으로 이해할 수 있다.

86) 한편, 소로나 주두 등을 통해 다른 목 부재의 제원도 계측할 수 있는지에 대해선 향후 건축학계의 면밀한 검토가 있어야 할 것으로 사료된다.

V. 맺음말

황룡사 구층목탑은 축조 목적과 시기가 분명한 우리나라의 대표적인 목탑이다. 대몽항쟁기에 완전 소실되었지만 심초석과 초석, 기단, 공양구 등이 발굴조사를 통해 검출된 바 있다.

목탑은 사찰 내 다른 전각들과 마찬가지로 대부분 나무로 만들어졌다. 이는 기둥을 포함해 대들보, 공포, 처마, 서까래, 부연, 충량, 도리 등 명칭만큼이나 무척 다양하다. 하지만 현재 우리나라에는 삼국시대를 비롯한 통일신라시대 및 고려시대 전기의 목조건축물이 전혀 남아있지 있다. 물론 금속공예품이 일부 남아 있지만 이는 내부를 볼 수 없는 1차원적 조형물이라는 점에서 많은 한계를 내포하고 있다. 그러다보니 목조건축물을 복원하는 과정에서 많은 시행착오와 시시비비가 되풀이되고 있는 실정이다.

최근 들어 폐기장 및 연지, 저습지 등을 발굴조사하는 과정에서 다양한 목 부재가 검출되고 있다. 그 중 경주지역의 동궁과 월지 출토 첨차와 주두, 소로 및 익산 제석사 폐기장 출토 포벽체편 등은 삼국시대 및 통일신라시대의 공포 유형을 검토하는데 적지 않은 실마리를 제공해 주고 있다.

본 논고는 백제 조탑공이었던 아비지에 의해 창건된 황룡사 구층목탑의 공포 유형이 과연 어떠한 모습이었을까 하는 궁금증에서 비롯되었다. 이는 한편으로 639년 이전에 전소된 익산 제석사의 소로간벽이 많은 영감을 주기도 하였다. 또한 현재 조각이나 그림으로 전해오는 중국 남북조시대의 석굴사원과 고구려의 벽화고분, 그리고 일본 비조시대의 법륭사 오층목탑과 통일신라시대의 여러 유물 등은 황룡사 구층목탑의 공포 형식과 이를 구성하는 주두와 소로, 첨차 등의 형태를 시론 적이나마 복원하는데 있어 실질적인 도움이 되고 있다.

황룡사 구층목탑은 백제인인 아비지에 의해 조성되었기 때문에 여기에 백제의 토목건축 기술이 내재되었음은 주지의 사실이다. 이는 단층의 가구식기단이나 지상 심초시설, 그리고 기단부 아래의 축기부 등을 통해 확인할 수 있다. 나아가 공포나 주망 배치 등에도 백제의 건축기술이 전파되었을 가능성은 충분히 가능하다고 생각된다. 그런 점에서 익산 제석사 폐기장 출토 소로간벽은 아주 중요한 비교 자료가 될 수 있을 것이라 판단된다.

황룡사 구층목탑의 공포 형식은 중복삼두식으로 추정되고, 주두와 소로에는 굽받침이 제작되지 않았을 것으로 판단된다. 그리고 굽은 곡절형으로써 고려 후기 이후에 등장하는 사절형과는 확연한 차이를 보였던 것으로 생각된다. 아울러 첨차의 공안은 半타원형에 가깝고, 마구리부는 교두형으로 치목되었을 가능성이 높다. 논란의 여지가 없진 않겠지만 이러한 필자의 결론이 4~9세기대 동북아지역의 주두와 소로, 첨차 등과도 어느 정도 맥을 함께 한다는 점에서 큰 무리는 없다고 생각된다.

황룡사지가 발굴조사 된 지 30여 년이 지났지만 대가람을 축조하기 위한 토목공법이나 승방 관련 유적은 아직까지 확연하게 드러난 것이 없다. 이는 6세기 중반 신라의 토목기술을 이해하는데 적지 않은 장애가 될 뿐만 아니라 황룡사의 전체 사역을 파악하는 데에도 많은 어려움을 주고 있다. 향후 이에 대한 보완과 지속적인 연구가 이루어지길 기대해 본다.[87]

---

87) 이 글은 조원창, 2019.02.22., 「백제 웅진기 주두와 소로의 시론적 복원」『백제시대 건물지 지상구조 고증을 위한 학술포럼』의 내용을 대폭 수정한 것이다.

05

皇龍寺 中金堂址 二重基壇의 築造技法과 技術的 系統

Ⅰ. 머리말

　황룡사 중금당은 대형의 석조 장육삼존불을 봉안하기 위해 공사 10년
만인 584년(진평왕 6)에 축조되었다.[1] 그리고 중금당의 좌우로 동금당과
서금당이 배치되면서 황룡사는 三金堂의 구조를 갖추게 되었다.[2] 이러한
삼금당의 동서 배치는 고구려[3]뿐만 아니라 신라지역[4]에서도 아직까지

<hr />

1)　『삼국유사』 권제3 흥법 제3 탑상 제4, 황룡사장육조.

2)　文化財管理局 文化財研究所, 1984, 『皇龍寺 遺蹟發掘調査報告書』 Ⅰ.

3)　고구려는 팔각형의 목탑을 중심으로 동·서·북쪽에 금당이 배치되어 있으며, 동·
　　서금당은 목탑을 사이에 두고 서로 마주보고 있다. 이러한 品자형의 가람배치는
　　청암리사지(그림 1), 토성리사지, 정릉사지 등에서 살필 수 있다.
　　朝鮮古蹟研究會, 昭和15年6月, 「第二. 平壤淸岩里廢寺址の調査(槪報)」 『昭和十三
　　年度古蹟調査報告』, 圖版 第 10.

4)　7세기 전반의 분황사지 가람배치를 보면 중금당과 동·서금당이 品자형을 이루고

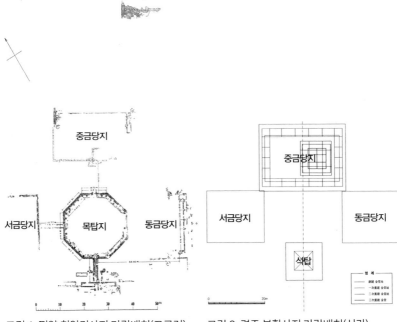

그림 1. 평양 청암리사지 가람배치(고구려)　　　그림 2. 경주 분황사지 가람배치(신라)

검출된 바 없어 특이한 금당구조로 이해되고 있다. 반면에 백제의 경우는 부여 군수리사지(그림 3)[5]에서 그 형적을 살필 수 있어 황룡사 금당배치와의 친연성을 확인할 수 있다. [6] 뿐만 아니라 이중기단의 구조와 하층기단

있다(그림 2). 그런데 고구려와 달리 세 금당 모두 정면이 남쪽을 향하고 있다. 아울러 평면 방형의 석탑인 경우 동·서금당을 연결하는 남쪽 기단석 보다 아래에 위치하고 있어 고구려의 堂塔배치와 차이를 보인다.
신창수, 2000, 「분황사 발굴조사 개보」 『문화사학』 11·12·13.

5)　朝鮮古蹟研究會, 1937, 「第四 扶餘軍守里廢寺址發掘調査(槪要)」 『昭和十一年度 朝鮮古蹟調査報告』, 圖版 第 59.

6)　조원창, 2008, 「백제 군수리사원의 축조기법과 조영주체의 검토」 『한국고대사연구』 51, 한국고대사학회.

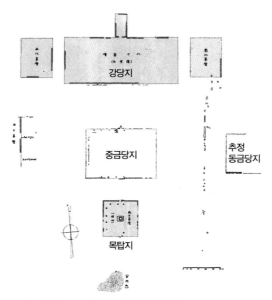

그림 3. 부여 군수리사지 가람배치(백제)

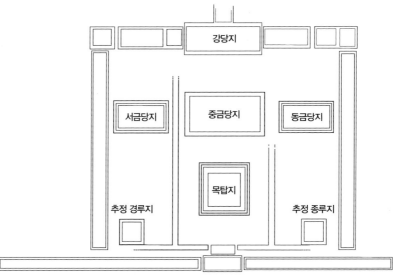

그림 4. 경주 황룡사지 가람배치(통일신라)

그림 5. 경주 황룡사지 가람배치 복원(국립경주박물관)

상면의 초석 등은 군수리사지 금당지와 황룡사 중금당지가 동일하여 구조적인 친연성을 보여주기도 한다.[7]

　황룡사 삼금당(그림 4·5)[8]은 축조 과정에서 어느 정도의 시차가 존재하였을 것으로 생각된다. 이는 한편으로 세 개의 금당이 동시다발적으로 축조되지 않았음을 의미한다. 예컨대 일본 飛鳥寺(그림 6)[9]의 경우 가운데

---

7)　기단 형식은 두 유구가 동일하나 기단을 축조하는 재료면에서는 확연한 차이가 발견된다.

8)　文化財管理局 文化財硏究所, 1984, 『皇龍寺 遺蹟發掘調査報告書』Ⅰ, 373쪽 삽도 2 및 필자 사진.

9)　일본 최초의 사원으로서 중금당과 목탑이 먼저 조영되고 동·서금당은 후에 조영되었다.
　　鈴木嘉吉, 1971, 『日本の美術 65 上代の寺院建築』, 第26圖.

의 중금당이 먼저 조성
하고, 동·서금당은 후
에 축조되었다. 그리고
삼원식 가람으로 조영된
백제의 미륵사도 중원이
먼저 조성되고, 동·서원
은 후에 축조된 것으로
파악되고 있다.

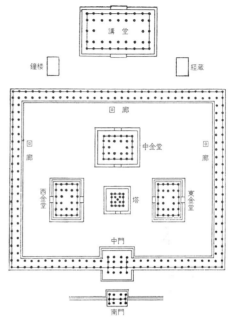

그림 6. 일본 飛鳥寺址 가람배치(飛鳥)

황룡사 동·서금당지
의 기단 형식은 중금당
지와 마찬가지로 이중기
단으로 추정되나 서금당
지의 경우 멸실 정도가
심해 창건 기단의 형태
를 살필 수가 없다. 동금
당지는 중금당지와 마찬
가지로 이중기단의 구조나 상층기단이 장대석으로 이루어졌다는 점에
서 가구기단으로 축조된 중금당지와 형태상의 차이가 발견되고 있다. 이
러한 구조적 차이는 기단토 아래의 軸基部 존재에서도 확인되고 있어 조
영 주체의 이질성을 판단케 한다.

최근까지의 발굴조사를 통해 황룡사지 중금당지와 같은 이중기단 형식
이 백제의 고토에서 검출된 바는 없다. 하지만 그 동안의 건물지 조사를
통해 신라의 기단 형식보다 다양한 이중기단이 조성되었음은 백제 사비기
의 여러 유적을 통해 확연하게 살필 수 있다.[10]

10) 조원창, 2002, 「백제 이층기단 축조술의 일본 비조사 전파」 『백제연구』 35, 충남
    대학교 백제연구소.

경주 황룡사지 중금당지의 이중기단은 백제의 이중기단과 비교해 대소의 차이가 있음을 확인할 수 있다. 그리고 신라의 고토에서 황룡사지 중금당지보다 시기적으로 선행하는 가구기단이나 이중기단의 존재를 살피기도 현 시점에서 불가능한 실정이다.[11] 물론 이러한 기단 형식이 지하에 매장된 채 향후 조사의 손길을 기다릴 가능성도 배제할 수 없다. 그러나 지금까지 경주지역에서의 발굴조사가 백제 사비기의 부여나 익산지역에 비해 그 수가 결코 적지 않았음을 볼 때, 황룡사지 중금당지보다 선행하는 가구기단이나 이중기단의 존재가 앞으로도 검출되기란 쉽지 않아 보인다. 이는 결과적으로 황룡사지 중금당지에서 보이는 기단 축조술이 백제의 그것과 밀접한 관련이 있었을 뿐만 아니라, 이의 축조과정에서 백제 조사공의 역할 또한 적지 않았음을 반영해 준다.

본고는 황룡사 삼금당 중 특히 중금당지를 중심으로 기단의 형식과 축조기법 등을 살펴보고자 한다. 이를 위해 그 동안 백제의 고토에서 발굴된 여러 이중기단 형식을 검토해 보도록 하겠다. 그럼으로써 황룡사 중금당의 이중기단이 백제의 건축기술로 조성되었음을 파악해 보고자 한다.

II. 황룡사지 금당지 기단의 조사내용

여기에서는 황룡사지 중금당지의 기단뿐만 아니라 동·서금당지의 기단에 대해서도 함께 살펴보고자 한다. 그럼으로써 중금당의 기단이 동·서금당의 그것에 비해 장엄성이 있고, 위계(격) 또한 높았음을 검토해 보

---

11) 물론 경주 왕경유적의 일부나 인왕동 556번지 건물지의 경우 황룡사보다 선축된 것으로 볼 수 있다. 그러나 이들 유적에서 아직까지 치석된 석재를 이용한 이중기단이나 단층의 가구기단 존재는 확인된 바 없다.

도록 하겠다. 기단 형식은 창건기의 것을 대상으로 기술하고자 한다.[12]

1. 중금당지의 기단

중금당지(그림 7)[13]는 발굴조사를 통해 하층기단과 차양칸 초석, 상층기
단의 지대석 등이 확인되었다. 상층기단은 멸실 정도가 심해 면석과 갑석

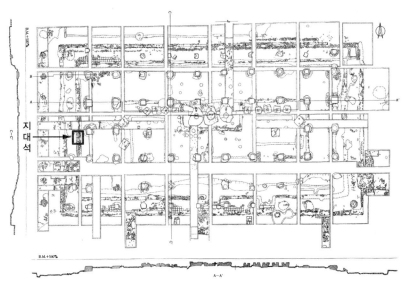

지
대
석

그림 7. 경주 황룡사지 중금당지 평면도 및 단면도

---

12) 황룡사지 유구와 관련된 내용은 아래의 보고서를 참조하였다. 아울러 여기에 명
기된 尺의 경우 북위척인지, 아니면 당척인지 확실치 않아 그대로 기술하였다.
　文化財管理局 文化財研究所, 1982, 『皇龍寺 遺蹟發掘調査報告書(圖版編)』Ⅰ.
　文化財管理局 文化財研究所, 1984, 『皇龍寺 遺蹟發掘調査報告書』Ⅰ.

13) 文化財管理局 文化財研究所, 1982, 『皇龍寺 遺蹟發掘調査報告書(圖版編)』Ⅰ, 도
면 3.

그림 8. 경주 황룡사지 중금당지 상층기단과 하층기단의 지대석 및 하층기단 상면 초석
(차양칸 초석)

의 존재를 살필 수 없다. 하층기단 지대석(그림 8)[14]은 凹溝[15]와 현재 서면에 남아 있는 2매의 장대석으로 보아 치석된 장대석이 사용되었음을 알 수 있다.[16]

지대석에는 문양이나 몰딩이 없기 때문에 보고서의 기단 추정 복원도(그림 9)[17]처럼 2단의 각형 모접이를 살필 수 없다.[18] 또한 상층기단의 갑

---

14) 국립문화재연구소·경주시, 2010, 『황룡사연구총서 황룡사 중심곽 출토유물』7, 221쪽 도6.

15) 기단으로 사용되는 장대석을 안치하기 위해 'U' 혹은 'ㄴ' 형태로 파놓은 구덩이를 말한다.

16) 발굴조사와 관련된 보고서에는 하층기단에 대한 제원이나 특징, 출토위치 등에 관해 명확하게 기술되어 있지 않다.

17) 文化財管理局 文化財研究所, 1984, 『皇龍寺 遺蹟發掘調査報告書』Ⅰ, 54쪽 삽도 6.

18) 이는 보고서(圖版編)에 실린 하층기단 地臺石을 통해 확인할 수 있다. 지대석 사

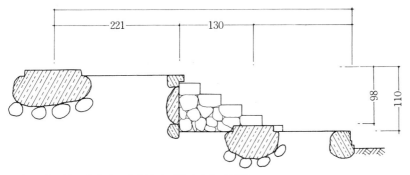

그림 9. 경주 황룡사지 중금당지 창건 이중기단 추정 복원도
(하층기단과 상층기단의 면석, 갑석 등은 추정된 것이다)

석도 발굴조사 전 유실되어 하단 외연에서의 각형 모접이를 실견할 수 없다. 가구기단의 모접이는 그 동안 발굴된 통일신라기의 유구를 검토해 볼때 679년에 창건된 경주 사천왕사 당탑이 최초라 판단된다. 따라서 삼국시기의 기단 축조술로는 파악할 수 없다.[19]

상층기단의 지대석은 凹溝 바닥면의 積心石列(소형 할석)을 통해 그 위치를 파악해 볼 수 있다. 즉, 지대석은 외진주 礎石列로부터 남면이 7척, 북면이 7.2척, 동면이 7.5척, 서면이 7.3척 떨어져 조성되어 있다. 이들 적심석렬은 남면과 북면 그리고 서면에 비교적 양호하게 남아 있는 반면, 동면은 심하게 교란된 상태로 확인되었다. 특히 서면 기단선 위치에서 2매

진은 2매가 실려 있는데, 장대석의 모습을 하고 있고 상단 외연에서의 모접이는 살필 수 없다.
    文化財管理局 文化財研究所, 1982, 『皇龍寺 遺蹟發掘調查報告書(圖版編)』Ⅰ, 50쪽 도판 28-1·2.
19) 이는 6세기 중엽부터 가구기단이 본격적으로 조영된 백제의 사례를 통해서도 유추해 볼 수 있다.

의 상층기단 지대석이 검출되었는데 외진주 초석으로부터 약 7.3척의 거리에 자리하고 있다. 지대석은 모두 장대석이나 상단에서의 각형 모접이는 살필 수 없다. 지대석 중 한 매의 제원은 길이 7.5척, 폭 1척, 높이 1척이고, 다른 하나는 길이 5척, 폭 1척, 높이 1척이다.

상층기단의 요구를 중심으로 중금당지의 동서 기단 길이는 163척, 남북 기단의 너비는 81척으로 계측되었다. 그리고 상층기단 지대석과 외진주 초석 상면까지의 높이 차는 3.2척으로 조사되었다. 이러한 레벨 차이를 통해 중금당지 상층기단의 형식은 가구기단으로 파악되었다.

한편, 상층기단을 조사하는 과정에서 하층기단 상면의 초석(차양칸 초석)[20]과 하층기단의 기단석이 검출되었다. 차양칸 초석은 남면에서 7매, 북면에서 10매, 동북모퉁이에서 1매, 서면에서 3매가 확인되었다. 이들 초석은 상층기단 외진주 초석으로부터 남쪽의 것은 11.4척, 북쪽의 것은 11.5척, 동쪽의 것은 11.6척, 서쪽의 것은 11.6척 거리에 위치하고 있다. 하층기단 초석 상면과 상층기단 내 초석 상면까지의 높이 차는 약 3.3척이다(그림 11).[21] 차양칸 초석은 상층기단 내 초석보다 크기가 작은 평면 방형[22]으로 한 변 2척 내외이다.

차양칸 초석은 하층기단 상면 중앙부에서 상층기단 쪽으로 약간 치우

----

20) 이 초석은 놓인 위치와 상층기단 내부의 초석 크기와 비교하여 차양칸(遮陽間) 초석으로 이해되고 있다(文化財管理局 文化財研究所, 1984, 『皇龍寺 遺蹟發掘調査報告書』Ⅰ, 53쪽). 이처럼 외진주 내부 초석과 차양칸 초석의 크기 비교는 일본 飛鳥時代 법륭사 금당과 오층목탑(그림 10)에서도 찾아볼 수 있다. 다만, 법륭사 堂塔의 차양칸 초석은 하층기단이 아닌 상층기단에 놓여 있어 황룡사 중금당지 및 동금당지의 차양칸 초석 위치와 차이를 보인다.
大西修也, 1990, 『法隆寺』, 66쪽 도 59.
21) 필자 사진.
22) 차양칸 초석 중 평면 방형은 백제 사비기의 부여 군수리사지 금당지에서 볼 수 있다.

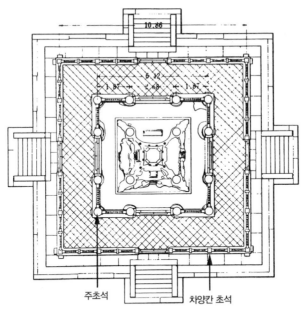

그림 10. 일본 법륭사 오층목탑의 주초석과 차양칸초석

그림 11. 경주 황룡사지 중금당지의 하층기단 내 초석
(차양칸 초석, 하부 위치)과 상층기단 내 초석

처 있다. 이들 초석 주변에는 方塼²³⁾(한 변 1.2척)이 깔려 있고, 외측으로는 하층기단을 조성하였던 형적이 확인되었다. 상층기단 지대석과 마찬가지로 하층기단을 축조하기 위해 凹溝가 굴착되었고, 바닥면에는 소형의 적심석을 깔아 놓았다. 이들 적심석렬은 하층기단 상면의 초석 중심으로부터 남쪽 5.8척, 북쪽 5.2척, 동쪽 5.7척, 서쪽이 6척 정도 떨어져 있다. 요구의 형적을 통해 하층기단의 동서 길이는 182.5척, 남북 너비는 103척으로 복원되었다.

계단지는 남면에서 3개소, 북면에서 1개소가 검출되었다. 한편, 금당지의 하층기단 상면 초석 중심에서 북쪽으로 12척 떨어져 동서방향으로 약 111척 길이의 요구가 조사되었다. 이는 너비가 1.2척으로서 낙수구²⁴⁾로 추정되었으나 동·서·남면에서 확인되지 않아 정확한 성격은 알 수 없다.

2. 동금당지의 기단

동금당은 중금당이나 서금당과 달리 축기부가 없이 조성되었다. 아울러 내부의 초석 크기와 중복 상태를 통해 모두 3회에 걸친 건물 변화가 확인되었다(그림 12).²⁵⁾ 3차 건물 중 창건 금당의 기단만 이중기단(그림

---

23) 하층기단 상면의 방전이 창건기의 것인지 아니면 후대에 시설된 것인지 확실치 않다. 다만, 동금당지에서 이러한 부전시설이 확인되지 않고 서금당지에서도 3차기에 이르러 이러한 전돌이 시설되었다는 점에서 창건기의 것으로는 살피기 어렵다.

24) 이러한 수치는 요구를 중심으로 할 때 하층기단 밖으로 처마가 약 6.8척 정도 뻗어나갔음을 의미한다. 그런데 백제 왕흥사 강당지의 경우는 낙수구가 기단부에서 약 30cm 정도 떨어져 조사되었다. 이러한 비교 사례로 보아 전술한 요구는 낙수구로 파악하기 어렵다.

25) 文化財管理局 文化財研究所, 1982, 『皇龍寺 遺蹟發掘調査報告書(圖版編)』Ⅰ, 도면 8.

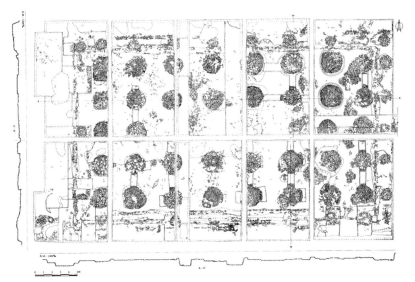

그림 12. 경주 황룡사지 동금당지 평·단면도

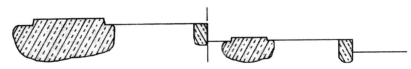

그림 13. 경주 황룡사지 동금당지 창건 이중기단 추정 복원도(상·하층기단석과 초석은
유실된 채 발굴되었다)

13)[26]으로 조사되었고, 나머지 중건·최종기 금당의 기단은 단층기단으로
확인되었다. 창건 동금당지의 하층기단은 남아 있는 凹溝와 적심석렬로

국립문화재연구소·경주시, 2010, 『황룡사연구총서 7 황룡사 중심곽 출토유물』,
248쪽 도1.

26) 文化財管理局 文化財研究所, 1984, 『皇龍寺 遺蹟發掘調査報告書』Ⅰ, 70쪽 삽도
21 중.

보아 동서 길이 126척, 남북 너비 75척, 상층기단은 동서 길이 112.5척, 남북 너비 62척으로 파악되었다.

창건 동금당지와 관련된 상층기단 내부의 적심석이 직경 9척 내외인 반면, 하층기단 상면의 차양칸 적심석은 직경 5척 내외로 계측되어 현격한 차이를 보이고 있다. 초석 크기가 아래에 시설된 적심석의 크기와 정비례함을 볼 때 동금당지에서 관찰되는 주초석과 차양칸 초석의 크기 차는 중금당지와 동일하다고 볼 수 있다.

상층기단석과 하층기단석은 발굴조사 과정에서 한 매도 확인되지 않아 제원이나 형태 등을 정확히 알 수 없다. 다만, 남아 있는 적심석렬과 기단토, 초석 등의 층위 관계 등을 고려해 볼 때 상·하층기단석은 모두 1매의 장대석으로 추정된다. 이는 상층기단이 가구식으로 축조된 중금당지와 큰 차이를 보이는 것으로서 이는 금당간의 格을 반영한 것으로 판단된다.

3. 서금당지의 기단

서금당지의 기단은 동금당지와 마찬가지로 모두 3회에 걸쳐 변화되었다. 이중 창건기와 중건기의 경우는 완전 멸실되어 그 형적을 살필 수가 없다. 반면 최종기인 3차 기단은 남아 있는 초석과 전돌, 그리고 지대석의 적심석 등을 통해 그 형적을 추정해 볼 수 있다.

서금당지의 최종기 기단은 이중기단으로서 하층은 장대석으로 만들어진 치석기단, 상층은 평적식의 전적기단으로 조성되었다(그림 14).[27] 하층기단 외연에서 상층기단이 시작되는 전돌 끝단까지의 거리가 1.5m이고, 이 부분에는 전체적으로 전돌이 깔려 있었던 것으로 보인다. 최종기 기단

---

27) 文化財管理局 文化財研究所, 1984, 『皇龍寺 遺蹟發掘調査報告書』Ⅰ, 76쪽 삽도 27.

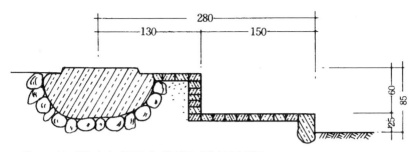

그림 14. 경주 황룡사지 서금당지 3차 이중기단 추정 복원도

은 건물의 중복 관계 등을 고려해 볼 때 통일신라기 이후에 조성되었음을 알 수 있다.

이상의 황룡사지 창건 중·동·서금당지와 관련된 기단 형식과 차양칸 초석 등을 살피면 아래의 표 1과 같다.

표 1. 황룡사지 창건 금당지의 기단 형식과 차양칸 초석

		중금당지	동금당지	서금당지	비고
기단 형식	이중기단	상층 : 가구기단 〈지대석 발견〉 하층 : 치석기단 〈지대석 발견〉	상층 : 치석기단 〈凹溝만 확인〉 하층 : 치석기단 〈凹溝만 확인〉	·	서금당지의 창건기단은 발굴조사 과정에서 확인되지 않았음.
	단층기단	·	·	·	
차양칸초석 유무		○	×	·	
주초석과 차양칸 초석의 크기		주초석 〉 차양칸초석	주초석 〉 차양칸초석	·	
차양칸초석의 위치		상·하층기단석 중심선에서 상층으로 약간 치우침	상·하층기단석 중심선에서 상층으로 완전 치우침	·	

Ⅲ. 황룡사지 중금당지 기단의 축조기법

황룡사는 1탑 3금당의 평지가람으로 조성되었다. 연약지반에 약 2m가 넘는 대지조성을 실시하고, 중문, 구층목탑, 금당, 강당, 종루, 경루, 회랑 등을 조성하였다. 세 개의 금당은 회랑이 없이 일자로 펼쳐져 있어 기존의 삼국시기 1탑 3금당식 당탑배치와 큰 차이를 보여주고 있다.

황룡사의 중심 건물에 해당되는 중금당은 동·서 금당에 비해 그 규모가 월등히 컸을 뿐만 아니라 장엄적이었다. 이는 기단토 아래의 축기부와 발굴조사 과정에서 드러난 기단의 형식과 규모를 통해 확인할 수 있다. 아울러 이중기단 중 상층기단을 가구기단으로 조성함으로써 동·서 금당에 비해 기단의 높이를 높게 축조하였다.

중금당은 장육삼존불의 봉안을 위해 584년에 조성되었다.[28] 현재 남아 있는 기단석은 상층기단 지대석 2매와 하층기단의 치석된 장대석 2매가 있다. 이에 반해 동·서금당은 창건기-중건기-최종기에 해당되는 3회의 기단 변화가 살펴지고 있다. 여기서 서금당의 경우는 최종기 기단을 제외한 앞 시기의 기단이 모두 멸실되어 창건기의 기단 모습을 찾아볼 수 없다. 따라서 창건기에 해당되는 기단은 중금당지 및 동금당지에서만 살필 수 있다.

중금당과 동금당은 모두 이중기단으로 조성되었으나 기단의 세부 축조기법에서 여러 차이점을 나타내고 있다. 아울러 이러한 축조기법의 차이는 기단토 아래의 축기부에서도 찾아지고 있다. 즉, 중금당의 경우 건물을 축조하기 앞서 동서 길이 189척, 남북 너비 117척, 깊이 8.2척으로 대지를 되파기한 후 그 내부를 적색점질토 및 자갈로 혼축한 반면, 동금당의

---

28) 『三國遺事』 卷第3 塔像 第4 皇龍寺丈六條, "眞平五年甲辰 金堂造成". 여기서 갑진년은 진평왕과 비교해 볼 때 584년이고, 이 해는 진평왕 5년이 아닌 6년이 맞다.

경우는 이러한 축기부가 설치되지 않았다. 이러한 축조기법의 차이가 시기성을 반영하는 것인지 아니면 장인의 이질성이나 건물의 성격에서 비롯된 것인지는 현재의 관점에서 확언할 수 없다. 그러나 동금당보다 늦게 조영된 구층목탑에서 이러한 축기부가 조사되었다는 점에서 시기성은 큰 변수가 되지 않았으리라 생각된다. 그렇다면 중금당과 동금당의 조영주체가 서로 달랐거나 건물 상호간의 성격이 구분되었을 가능성이 한층 더 합리적이라 생각된다.

중금당지 및 동금당지 기단에서 살필 수 있는 가장 큰 차이점은 상층기단에서 찾아볼 수 있다. 즉, 중금당의 경우가 가구기단으로 조성된 반면, 동금당은 하층기단과 마찬가지로 치석된 1매의 장대석[29]으로 축조되었다. 치석기단과 달리 가구기단은 지대석, 면석, 갑석 등으로 조합된 최고의 기단 형식으로서 삼국시기의 경우 금당지나 목탑지 등 주로 권위적 건물에서만 볼 수 있다.[30] 아울러 중금당의 가구기단은 현재까지 신라의 고토에서 발굴된 여러 유구 중 시기적으로 가장 앞선다는 점에서 그 의의가 자못 크다고 볼 수 있다. 이의 등장 배경에 대해선 다음 장에서 살펴보도록 하겠다.

동금당지에 조성된 치석기단은 가구기단에 비해 기술력이나 노동력, 경제력 측면에서 효율성이 있다. 이는 상대적으로 가구기단을 축조함에 있어 많은 시간과 기술, 노동력뿐만 아니라 경제력도 반영되었음을 짐작할 수 있다. 그런 점에서 중금당이 동금당보다 뛰어난 기단 건축술이 반영되었고, 권위성과 장엄성 측면에서도 훨씬 더 우위에 있었음을 판단해 볼 수 있다. 이러한 기단에서의 格의 차이는 한편으로 서금당지에서도 큰

---

29) 기단에 사용된 장대석은 육안에 노출되는 부분에 한해 정교하게 치석되어 있다. 본고에서는 이러한 기단을 治石基壇으로 부르고자 한다.

30) 조원창, 2003, 「사찰건축으로 본 가구기단의 변천 연구」『백제문화』 32, 공주대학교 백제문화연구소.

차이 없이 살펴지고 있다.

중금당과 동금당에서 볼 수 있는 기단의 축조기법 차이는 하층기단 상면의 차양칸 초석 위치에서도 찾아볼 수 있다. 즉, 중금당의 경우는 차양칸 초석이 상층기단 방향으로 약간 치우쳐 있는 반면, 동금당은 상층기단 방향으로 완전 편향되어 있다. 이러한 초석 위치의 차이는 결과적으로 중금당의 차양이 동금당보다 훨씬 더 앞쪽으로 뻗어나갔음을 판단케 한다.[31] 이는 기단을 중심으로 기둥과 차양과의 관계를 밝히는 건축공학적 측면이기에 향후 건물 복원 과정에서 좀 더 면밀한 검토가 뒤따라야 할 것으로 생각된다.

그림 15. 일본 법륭사 오층목탑의 차양. 이중기단이나 차양칸 초석은 황룡사지 중금당지와 달리 상층기단 내부에 위치하고 있다.

---

31) 동일 부재가 사용되었음을 전제할 때 기둥이 본전 방향으로 들어올수록 차양 또한 함께 따라 들어올 수밖에 없다. 삼국시기의 차양은 현재 살필 수 없고, 문경 봉암사 극락전(보물 제1574호)에 조선시기의 차양이 남아 있다. 반면 일본은 법륭사 금당 및 오층목탑(그림 15)에서 飛鳥時代 양식의 차양을 엿볼 수 있다.

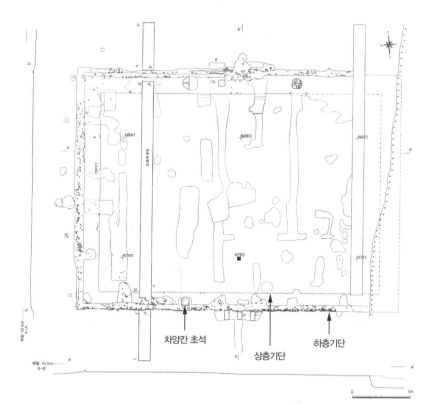

차양칸 초석　　　상층기단　　　하층기단

그림 16. 부여 군수리사지 금당지 이중기단과 차양칸 초석(평면 방형)

그림 17. 부여 군수리사지 금당지 하층기단 상면의 차양칸 초석.
평면 방형으로 56×56cm의 크기를 보이고 있다.

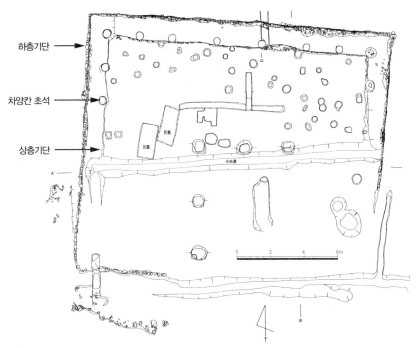

그림 18. 부여 금성산 와적기단 건물지의 이중기단과 차양칸 초석(평면 원형)

그림 19. 부여 금성산 와적기단 건물지의 차양칸 초석.
직경 39~46cm이고, 주좌면에 원주의 형적이 살펴진다.

그런데 이러한 차양칸 초석의 위치 차이는 백제 건축물에서도 찾아지고 있어 소개해 보고자 한다. 즉, 부여 군수리사지 금당지(그림 16·17)[32]의 경우 하층기단 상면의 차양칸 초석이 상층기단과 하층기단 사이의 중심부에 놓여 있는 반면, 부여 금성산 와적기단 건물지(그림 18·19)[33]는 해당 초석이 상층기단 방향으로 완전 붙어 있다.[34]

이렇게 볼 때 황룡사지 중금당지는 군수리사지 금당지와 같은 방식으로 차양칸 초석이 조성되었고, 동금당지의 그것은 금성산 와적기단 건물지와 친연성이 있음을 살필 수 있다. 그리고 후자와 같이 상층기단 방향으로 편향된 차양칸 초석은 통일신라기의 경주 사천왕사지 금당지(그림 22)[35]에서도 확인되고 있다. 따라서 이와 같은 삼국 및 통일신라기의 유적 사례 검토는 결과적으로 6세기 4/4분기에 접어들어 차양칸 초석이 점차적으로 상층기단 방향으로 이동하는 동시에 차양칸을 구성하는 기둥이나 처마 등도 이전과 달리 변화하고 있음을 판단케 한다.

그러나 이와 같은 차이점에도 불구하고 두 금당지 모두 하층기단으로 외벌대의 장대석을 사용한 점, 그리고 기단을 축조하기 위해 凹溝[36]를 조

---

32) 國立扶餘文化財硏究所, 2010, 『扶餘軍守里寺址』I, 47쪽 도면 10 및 180쪽 사진 43.

33) 國立扶餘博物館, 1992, 『扶餘錦城山百濟瓦積基壇建物址發掘調査報告書』, 도면 2 및 필자 사진.

34) 이러한 사례는 백제의 조사공에 의해 창건된 飛鳥寺 동·서금당지 기단(그림 20·21)에서도 찾아볼 수 있다.
鈴木嘉吉, 1971, 『日本の美術 65 上代の寺院建築』, 第31圖.
フランソウ・ベルチエ, 昭和 49年, 「飛鳥寺問題の再吟味—その本尊を中心として」 『佛敎藝術』 96號, 63쪽 도면 2.

35) 국립경주문화재연구소, 2012, 『四天王寺 金堂址 발굴조사보고서』I, 93쪽 도면 9.

36) 이러한 凹溝 조성은 백제 사비기의 부여 금강사지 금당지와 목탑지, 부소산사지 금당지 등에서도 살필 수 있다.

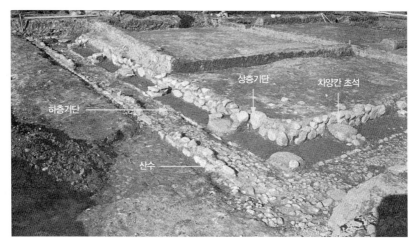

그림 20. 일본 飛鳥寺 동금당지의 이중기단과 차양칸 초석

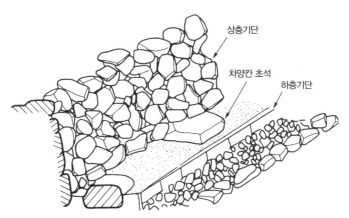

그림 21. 일본 飛鳥寺 동금당지의 이중기단 복원도. 차양칸 초석은 할석이다.

성하고 그 바닥면에 소형 할석을 깔아 놓은 점 등은 동일하다고 볼 수 있다. 이러한 축조기법의 친연성은 결과적으로 중금당과 동금당의 조성이 큰 시기 차 없이 진행되었음을 보여주는 단적인 자료로 이해할 수 있다.

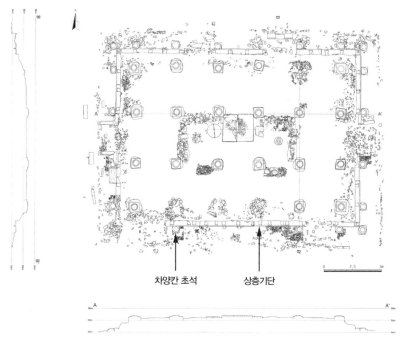

그림 22. 경주 사천왕사지 금당지의 이중기단과 차양칸 초석. 초석이 상층기단 방향으로 치우쳐 있다. 부여 금성산 와적기단 건물지와 친연성이 있다.

IV. 황룡사지 중건가람 금당지 기단의 축조기술 계통

황룡사지 중금당지는 하층기단에 차양칸 초석을 겸비한 이중기단으로 조성되어 있다는 특징이 있다. 하지만 신라의 경우 지금까지 황룡사 중금당에 선행하는 와건물지 중 이와 동일하거나 유사한 이중기단이 확인된

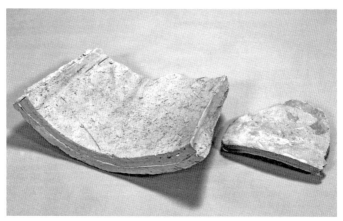

그림 23. 공주 반죽동 197-4번지 백제 유적(추정 대통사지) 출토 유단식
　　　　암막새(백제 웅진기)

바가 없다.[37] 이러한 유적 현황은 차양칸을 갖춘 이중기단 건물이 과연 신라 사회에 존재하였는지에 대한 기초적 의문을 갖게 한다. 나아가 상층에 가구기단이 시설된 이중기단이 할석기단이나 장대석의 치석기단에 비해 고도의 건축기술 산물이라는 점에서 신라 고유의 기단 축조술로도 이해하기 어렵다. 이러한 신라 사회의 건축 분위기는 자연스럽게 황룡사 중금당의 기단 축조술에 백제의 건축술이 내재되어 있음을 판단케 한다.

　　사실 백제와 신라의 문화교류는 6세기 전반 경에 확연하게 드러나고 있다. 즉, 월성해자 및 경주 육통리가마, 전 흥륜사지(경주공고)[38] 등에서 검출된 평기와나 수막새, 유단식 암막새[39] 등을 보면 그것들이 백제 웅진~

---

37) 이중기단이면서 하층기단 상면에 차양칸 초석이 배치된 사례를 말한다.

38) 이병호, 2013, 「경주 출토 백제계 기와 제작기술의 도입과정 ─傳 흥륜사지 출토품을 중심으로─」『한국고대사연구』69.

39) 최근 공주 반죽동에서 웅진기의 유단식 암막새(그림 23, 필자 사진)가 검출된 바

사비기의 제와기술과 친연성이 있음을 확인할 수 있다. 특히 경주 천관사지 및 전 인용사지 등에서 검출된 사적식 와적기단의 존재는 백제 건축기술의 전파 이외로는 해석하기 어렵다.[40) 이런 점에서 백제 이중기단의 사례 검토는 황룡사지 중금당지의 기단 축조술 계통을 밝히는데 결정적인 해결색이 될 수 있을 것이라 생각된다.[41)

황룡사의 삼금당 중 중금당은 동·서 금당에 비해 규모가 크고, 일자(동서)로 배치되어 있다. 이러한 삼금당의 구성은 아직까지 고구려[42)나 신라에서 확인된 바 없는 독특한 가람배치에 해당된다. 반면, 백제 사비기 부여 군수리사지는 금당 배치와 금당의 크기 차[43) 등에서 황룡사와 친연성이 찾아지고 있다. 시기적으로 군수리사원이 6세기 3/4분기 전반에 창건

있다. 이는 기와의 등면에서 목부재인 연함과 관련된 횡선이 관찰된 것으로 확인할 수 있다. 이로 보아 백제 사비기 및 고신라기의 유단식 암막새는 웅진기의 와공이나 제와술과 밀접한 관련이 있음을 판단할 수 있다. 유단식 암막새와 관련된 논고는 아래를 참조.

조성윤, 2001, 「고신라 유단식기와에 대하여」 『고문화』 57권.

심상육, 2005, 『백제 암막새의 출현과정에 관한 검토』 『문화재』 38호.

김선기, 2012, 「백제시대 암막새 형식과 전개」 『문물연구』 22권.

조원창, 2019, 「공주 반죽동 추정 대통사지 발굴조사 내용과 성과」 『百濟文化』 제60집.

40) 조원창, 2006, 「新羅 瓦積基壇의 型式과 編年」 『新羅文化』 28.

41) 신라 사회에서 간취되는 백제계의 제와술, 기단축조술 등은 한편으로 백제 장인들이 신라 건축사회에 폭넓게 분포되어 있었음을 판단케 한다.

42) 고구려의 경우 정릉사지와 금강사지, 상오리사지, 토성리사지 등이 이중기단으로 조성되었다고 보고된 바가 있으나(한인호, 1986, 「정릉사에 대하여」 『조선고고연구』 3, 33쪽 ; 1988, 「고구려의 탑터와 관련한 몇가지 문제」 『력사과학』 2, 41쪽) 이를 증명할만한 도면이나 사진 등이 아직까지 제시된 바 없다. 따라서 그 실체 파악이 불가능한 상태이다.

43) 3금당에서 금당의 크기 차는 익산 미륵사지에서도 살필 수 있다. 중원 금당지가 동·서금당지에 비해 규모도 크고, 높게 조영되었음을 살필 수 있다.

되었음을 볼 때 황룡사 중금당보다 분명 선축되었음을 알 수 있다. 따라서 황룡사 창건가람[44]의 당탑배치는 그 계통에 있어 백제의 군수리사원을 모델로 하였음을 알 수 있다.[45]

황룡사 중금당지의 특징적인 건축 요소 중 하나는 바로 가구기단이다. 그런데 문제는 신라 건축물 중 황룡사 중금당에 선행하는 가구기단이 아직까지 발굴된 바 없다는 사실이다.[46] 다만, 후축된 경주 사천왕사지(그림 24)[47]나 감은사지(그림 25),[48] 고선사지(그림 26),[49] 불국사(그림 27)[50] 등에서 그 형적을 살필 수 있다.[51] 물론 교란과 멸실로 인해 면석이나 갑석 등의 부재가 후대에 유실될 수도 있다. 하지만 지대석의 경우 凹溝 내부나 구지표면에 조성되어 있기 때문에 그 자체가 멸실되기란 쉽지 않다.

이러한 가구기단의 축조기법과 신라 건물지의 조사 현황은 결국 신라 가구기단의 등장이 적어도 6세기 4/4분기에 이르러서야 가능하게 되었음

---

44) 이는 보고서의 중건가람을 가리킨다.

45) 이에 대해서는 조원창의 논문 참조(2008, 「백제 군수리사원의 축조기법과 조영주체의 검토」『한국고대사연구』51).

46) 이는 6세기 2/4~3/4분기에 해당되는 가구기단이 신라의 고토지역에 조성되었다면 그 동안의 발굴조사를 통해 확인되는 것이 당연할 것이다.

47) 경주 사천왕사는 679년(문무왕 19)에 창건되었다.
국립경주문화재연구소, 2013, 「四天王寺 回廊內廊 발굴조사보고서」Ⅱ, 94쪽 도면 11.

48) 경주 감은사는 682년(신문왕 2)에 창건되었다.
國立慶州文化財硏究所·慶州市, 1997, 『感恩寺 發掘調査報告書』, 92쪽 삽도 24.

49) 경주 고선사는 7세기 말경에 축조된 것으로 추정된다.
文化財管理局 慶州史蹟管理事務所, 1977, 『高仙寺址發掘調査報告書』, 22쪽 Fig.2.

50) 불국사는 751년(경덕왕 10) 김대성에 의해 조영되었다. 필자 사진.

51) 기단 형식은 가구기단이지만 탱주의 존재, 지대석 및 갑석의 모접이 등에서 백제의 가구기단과 많은 차이를 보이고 있다.

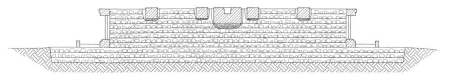

그림 24. 경주 사천왕사지 서탑지 이중기단. 하층은 장대석의 치석기단이고, 상층이 가구기단이다.

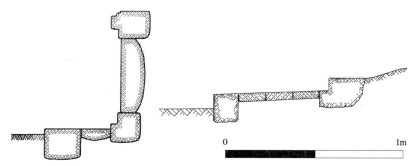

그림 25. 경주 감은사지 금당지 이중기단. 상층이 가구 기단이다.

그림 26. 경주 고선사지 금당지 이중기단. 하층은 치석기단 이고, 상층이 가구기단이다. 가구기단은 지대석만 남아 있다.

그림 27. 경주 불국사 대웅전 가구기단

을 알 수 있다. 아울러 신라보다 이른 시기에 가구기단이 등장하였던 백제와도 자료 비교를 피할 수 없게 한다.

따라서 여기에서는 황룡사 중금당과 친연성을 보이는 백제의 이중기단에 대해 살펴보고자 한다. 그리고 이를 통해 황룡사 중금당의 기단 축조술이 백제의 건축기술과 불가분의 관계에 있었음을 밝혀보고자 한다. 이러한 논고 진행은 결국 신라 가구기단 축조술과 차양칸의 계통을 백제에서 살핌과 동시에 구층목탑과 관련된 阿非知 이전 시기부터 백제와 신라의 교류가 꾸준하게 실시되었음을 보여주게 된다.

그 동안 백제의 고토에서 발굴조사된 이중기단은 부여 군수리사지 금당지를 비롯해 능산리사지 당탑지, 왕흥사지 목탑지, 금강사지 목탑지, 부소산사지 금당지 및 익산 미륵사지 당탑지, 제석사지 당탑지 등이 있다. 그리고 588년 백제에서 파견된 백제 조사공에 의해 창건된 일본 비조사 동서 금당지에서도 이중기단을 살필 수 있다. 이들 이중기단의 구조와 기단 재료를 살피면 아래의 표 2와 같다.

표 2. 백제(계) 이중기단 유적 일람표

구분		이중기단 구조		차양칸 초석	축조 시기	비고
		상층	하층			
군수리사지	금당지	와적	와적	○ (방형 초석)	6세기 3/4분기 전반	
능산리사지	금당지[52]	가구식	치석	×	567년경	
	목탑지[53]	가구식	치석	×	567년경	
왕흥사지	목탑지[54]	할석	치석, 할석	×	577년경	

52) 國立扶餘博物館, 2000, 『陵寺 −圖面·圖版−』, 13쪽 도면 9(그림 28).

53) 國立扶餘博物館, 2000, 『陵寺 −圖面·圖版−』, 11쪽 도면 8(그림 29).

54) 필자 사진(그림 30).

구분	이중기단 구조		차양칸 초석	축조 시기	비고
	상층	하층			
금성산 와적기단 건물지	할석(?)	와적	○ (원형 초석)	6세기 4/4분기	
금강사지	목탑지[55]	가구식	가구식	×	6세기 4/4분기	
飛鳥寺址	동서 금당지	할석	치석	○	588년경	
부소산사지	금당지[56]	치석(?)	치석(?)	×	7세기 1/4분기	凹溝시설
미륵사지[57]	금당지	가구식	결구식[58]	×	7세기 1/4분기	
	목탑지	가구식	결구식	×	7세기 1/4분기	
제석사지[59]	금당지	가구식	결구식	×	7세기 전반	
	목탑지	가구식	결구식	×	7세기 전반	

　전술하였듯이 황룡사 중금당지 기단은 현재까지 발굴조사된 신라의 이
중기단 중 가장 고식에 해당되며, 하층기단 상면에는 차양 설치를 위한 방
형 초석이 놓여 있다. 이처럼 이중기단이면서 차양칸을 위한 초석이 하층
기단 상면에 시설된 사례는 6세기대 신라의 다른 건물지에서는 아직까지

---

55) 國立博物館, 1969, 『金剛寺』, 도면 5(그림 31).

56) 申光燮, 1996, 「扶蘇山城 －廢寺址 發掘調査報告－(1980년)」『扶蘇山城 發掘調査
報告書』, 國立文化財硏究所, 24쪽 도면 3(그림 32).

57) 文化財管理局 文化財硏究所, 1989, 『彌勒寺 遺蹟發掘調査報告書』I, 77쪽 삽도
3(그림 33).

58) 지대석과 갑석으로 조합된 기단 형식을 말한다.
조원창, 2016, 「익산지역 백제 건축유적에서 보이는 신 토목·건축 기술」『馬韓·
百濟文化』제28집, 158쪽.
조원창, 2018, 『건축유적의 발굴과 해석』, 서경문화사.

59) 국립부여문화재연구소, 2013, 『帝釋寺址 발굴조사보고서』II, 230쪽 도면 28(그
림 34).

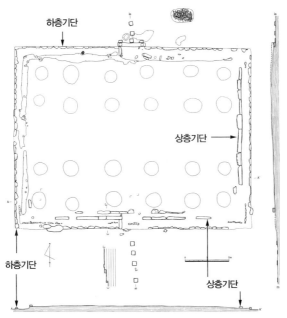

그림 28. 부여 능산리사지 금당지 이중기단

그림 29. 부여 능산리사지 목탑지 이중기단

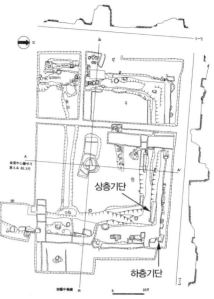

그림 30. 부여 왕흥사지 목탑지 이중기단

그림 31. 부여 금강사지 목탑지 이중기단

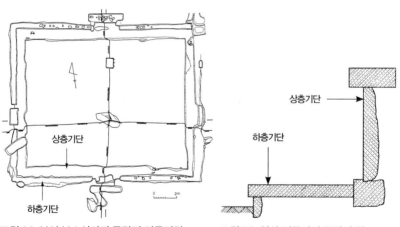

그림 32. 부여 부소산사지 금당지 이중기단

그림 33. 익산 미륵사지 금당지 및
목탑지 이중기단

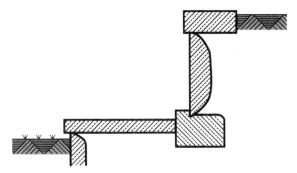

그림 34. 익산 제석사지 금당지 및 목탑지 이중기단 모식도

검출된 바가 없다.[60] 하지만 백제의 경우는 부여 군수리사지 금당을 비롯한 금성산 와적기단 건물지, 일본 비조사 동·서 금당지 등에서 살필 수 있다.[61]

하지만 이들 유적 각각의 기단이 황룡사지 중금당지처럼 하층이 치석기단이고 상층이 가구기단으로 조성된 것은 아니다. 즉, 군수리사지 금당지의 경우 상·하층 모두가 와적기단으로 조성되었고, 금성산 와적기단 건물지는 하층이 와적기단, 상층은 할석기단으로 축조되어 차이를 보인다. 다만 차양칸 초석을 제외한 기단 자체 구조만을 고려해 본다면 부여 능산리사지 당탑지가 황룡사 중금당지와 동일한 기단 형식으로 이해할 수 있다.

부여 능산리사지 당탑지는 발굴조사 당시 이중기단으로 확인되었고, 하층은 장대석의 치석기단, 상층은 가구기단으로 파악되었다.[62] 상층기

---

60) 이는 그 동안 신라의 고토지역에서 발굴조사된 내용 만을 기준으로 한 것이다.

61) 군수리사지는 방형 초석, 금성산 건물지는 원형 초석을 하층기단 상면에 올려놓았다. 이렇게 볼 때 황룡사 중금당의 차양칸 초석은 군수리사원의 초석과 평면형태가 동일함을 알 수 있다.

62) 이들 당탑지의 하층기단이 장대석의 치석기단이었음은 발굴조사 보고서를 통해

그림 35. 복원된 부여 능산리사지 금당지의 이중기단. 하층기단에 갑석이 복원되어 있다.

확인할 수 있다. 즉 목탑지 기단 설명과 관련하여 "… 하층기단석의 상부에는 갑석을 놓을 수 있는 홈이나 턱이 마련되어 있지 않았고 약간 비스듬한 경사면을 이루고 있는 기단토 위에 곧바로 목탑에서 흘러내린 기와편들이 쌓여있었는데 이로 보아 하층기단과 상층기단 사이에는 처음부터 갑석이 놓이지 않았던 것을 알 수 있다. 이는 지대석 상면에 목탑이 무너지면서 놓인 기와편들과 목탄편들이 놓여있는 상황에서도 알 수 있다."라고 기술되어 있다(國立扶餘博物館·扶餘郡, 2000, 『陵寺 -本文-』, 24쪽).

그런데 현재 부여 능산리사지의 목탑지의 하층기단은 결구기단으로 축조되어 있다. 즉, 하층기단이 장대석과 갑석으로 조성되어 있다. 이러한 기단 축조는 금당 (그림 35, 필자 사진)에서도 동일하게 찾아지고 있다. 하지만 하층기단이 지대석 (면석)과 갑석으로 결구된 기단 형식의 사례는 익산 미륵사지의 금당지 및 탑지에서 처음으로 확인되는 것으로써 등장 시기가 7세기 이후이다. 따라서 이 같은 기단 형식을 567년경의 부여 능산리사지에 적용시킨 것은 시기적으로도 맞지 않음을 살필 수 있다. 그런 점에서 발굴조사 내용을 배제한 현재의 복원은 반성할 부분이라 생각된다.

단은 면석과 갑석이 유실된 채 지대석만 남아 있었지만 상면의 턱과 내부의 적심토 및 초석의 부존재 등으로 보아 가구기단으로 판단되었다. 그리고 하층기단과 상층기단의 지대석에는 호형이나 각형의 모접이가 장식되지 않아 황룡사지 중금당지와 동일한 부재 양상을 보여주고 있다.

이렇게 볼 때 황룡사 중금당지와 동일한 이중기단의 구조를 보이는 백제 유적은 아직까지 검출된 바 없다. 그러나 능산리사지 당탑지, 군수리사지 금당지, 금성산 와적기단 건물지 등의 기단 구조를 추출해 보면 황룡사 중금당에서 볼 수 있는 기단 형식을 완성해 낼 수 있다.

이와 같은 백제 이중기단의 다양성은 588년 이후 백제 조사공에 의해 창건된 일본 飛鳥寺 금당기단을 통해서도 살필 수 있다. 즉, 중금당지의 경우는 금강사지 금당지와 같이 단층의 가구기단(그림 36)[63]으로 조성되어 큰 차이가 보이지 않는다. 그러나 동·서 금당지는 하층이 장대석의 치석기단이고, 상층이 할석기단으로 조성되어 그 동안 백제에서 검출된 이중기단의 구조와는 확연한 차이를 표출하고 있다. 아울러 동·서금당지 하

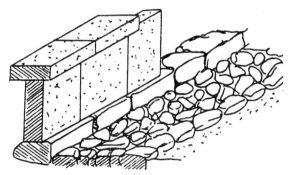

그림 36. 일본 飛鳥寺址 중금당지 가구기단 복원

63) フランソウ ベルチエ, 昭和 49年, 「飛鳥寺問題の再吟味 —その本尊を中心として」 『佛教藝術』 96號, 63쪽 도면 2.

층기단 상면에는 차양칸 조성을 위한 초석이 1매씩 놓여 있다. 이처럼 비조사 동·서금당지에서 검출된 이중기단 구조는 지금까지 백제 유적에서 찾아볼 수 없는 완전 새로운 유구에 해당되고 있다. 하지만 이것이 588년 백제에서 파견된 조사공들에 의해 조성되었음은 그 누구도 부인할 수 없는 사실에 해당된다.[64]

이러한 이중기단의 다양성은 건물을 축조하는 조사공들의 내재적 기술과 건물 구조, 그리고 주변 환경에 따라 얼마든지 재탄생될 수 있음을 알 수 있다. 그런 점에서 황룡사 중건가람 중금당에서 보이는 이중기단의 형식도 위와 같은 백제 조사공의 다양한 기술력의 하나로 이해해 볼 수 있다.

한편, 중금당지에서 살필 수 있는 백제의 건축기술은 굴광된 축기부에서도 확인할 수 있다.[65] 전술하였듯이 황룡사 중금당지는 기단토 아래에 축기부(그림 37)[66]가 시설되어 있다. 그런데 문제는 황룡사 중금당의 축기부보다 선축하는 신라 와건물지가 최근까지 신라의 고토에서 전혀 검출된 바 없다는 사실이다. 이러한 고고학적 조사 결과는 결국 신라 건축사에 있어 해당 시기의 축기부 존재를 의심케 하는 결정적 요소가 되고 있다.

그런데 이러한 판단은 한편으로 크게 두 가지 관점에서 생각해 볼 수 있다. 첫 번째는 창건기에 시설되었으나 후대에 멸실된 경우이고, 두 번째

---

64) 588년(위덕왕 35) 백제에서는 일본 대화정권의 실권자였던 蘇我馬子의 요청으로 승려 聆照律師·令威·惠衆·惠宿·道嚴·令開 등과 함께 寺工 太良未太·文賈古子, 鑪盤博士 將德 白昧淳, 瓦博士 麻奈文奴·陽貴文·陵貴文·昔麻帝彌, 畵工 白加 등이 파견되었다. 이들에 의해 일본 최초의 가람인 飛鳥寺가 창건되었고, 기와 또한 제작되었다.

65) 이러한 백제 건축기술의 신라 전파는 한욱도 마찬가지로 보고 있다.
한욱, 2009, 「6~8세기 백제·신라건축의 기초부 비교연구 −사찰유적을 중심으로−」『문화재』42호, 국립문화재연구소.

66) 文化財管理局 文化財研究所, 1982, 『皇龍寺 遺蹟發掘調査報告書(圖版編)』I, 도면 28.

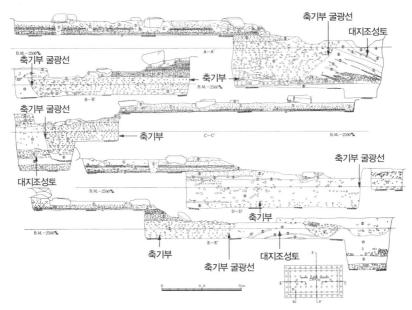

그림 37. 경주 황룡사지 중금당지 축기부 토층도

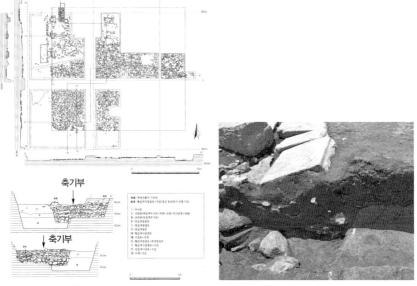

그림 38. 경주 분황사지 창건 동금당지 축기부

그림 39. 울산 영축사지 서탑지 축기부

는 아직까지 이러한 유구가 발굴조사 되지 않았다는 가능성이다. 그러나 첫 번째 가정의 경우 구지표면보다 층위상 아래 부분을 되파기하고 성토 (혹은 판축)하였다는 점에서 쉽게 멸실될 수 없다는 측면이 있다.[67] 그리고 두 번째 가정은 경주지역이 부여지역의 백제유적 못지않게 오랜 기간 발굴조사가 이루어졌다는 점에서 쉽게 이해할 수 없는 부분이다.

따라서 신라의 고토지역에서 6세기 2/4~3/4분기로 편년되는 축기부 시설이 검출되지 않았다는 사실은 황룡사 중금당의 축조와 더불어 6세기 4/4분기 무렵 백제에서 신라로 새로운 토목기술이 유입되었음을 판단케 하는 근거가 된다. 이는 백제 한성기 이후 사비기에 이르기까지 산성 및 사지 내 건물지에서 검출된 축기부를 통해 충분히 확인해 볼 수 있다.[68]

물론 건물의 하부구조인 기단 만을 가지고 국적을 논하기란 그리 단순치 않다. 그런데 와적기단이 삼국 중 유독 백제에서만 다수 검출되고 있고, 가구기단이나 이중기단의 경우도 6세기 중엽 이후 백제에서 주로 발

---

67) 이는 경주 분황사지 창건 동금당지(그림 38, 國立慶州文化財研究所)나 사천왕사지 당탑지, 창림사지 석탑지, 울산 영축사지 서탑지(그림 39, 필자 사진) 등에서 확인할 수 있다. 이들 유적의 경우 상부 건축물이나 탑신 등이 모두 유실된 상태에서 축기부가 발굴조사 되었다.

68) 백제유적에서 축기부의 존재는 한성기의 경우 서울 몽촌토성(그림 40)에서 살필 수 있고, 사비기에는 부여 능산리사지 당탑지를 비롯해 정림사지 오층석탑(그림 41), 왕흥사지 목탑지(그림 42, 필자 사진), 금강사지 당탑지(그림 43), 제석사지 당탑지(그림 44), 미륵사지 당탑지(그림 45) 등에서 찾아볼 수 있다. 이에 대한 내용은 아래의 자료를 참조.
國立博物館, 1969, 『金剛寺』, 도면 13.
忠南大學校博物館·忠淸南道廳, 1981, 『定林寺』, 도면 19·20 재작도.
김원룡 외, 1989, 『몽촌토성 ―서남지구발굴조사보고』, 도면 8.
국립부여문화재연구소, 2011, 『帝釋寺址 발굴조사보고서』 I, 73쪽 도면 5-1.
국립문화재연구소·전라북도, 2012, 『彌勒寺址 石塔 기단부 발굴조사 보고서』, 67쪽 도면 4-12.

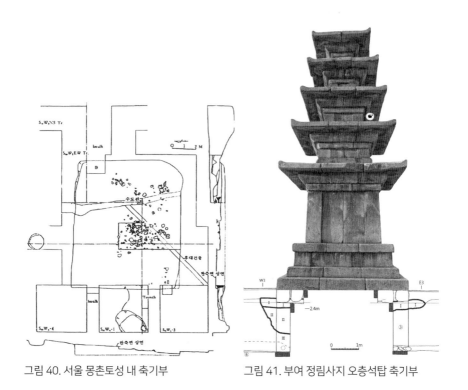

그림 40. 서울 몽촌토성 내 축기부

그림 41. 부여 정림사지 오층석탑 축기부

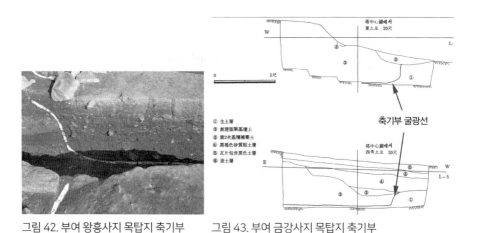

그림 42. 부여 왕흥사지 목탑지 축기부

그림 43. 부여 금강사지 목탑지 축기부

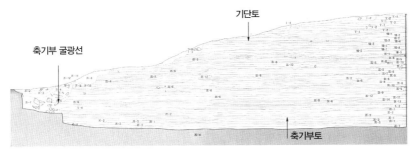

그림 44. 익산 제석사지 목탑지 축기부

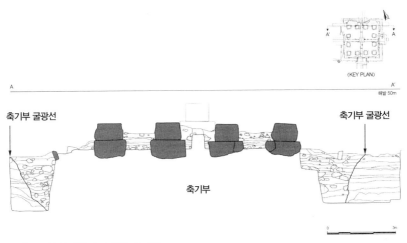

그림 45. 익산 미륵사지 서탑 축기부

굴조사 되고 있다는 사실을 마냥 간과할 순 없다. 이는 해당 시기의 건축 기술과 국적과의 관계가 아주 밀접하게 관련되어 있음을 보여주는 합리적 사례라 할 수 있다. 예컨대 고구려 사지에서 볼 수 있는 팔각형의 목탑 기단은 삼국 중 고구려의 건축 특성으로 이해하여도 큰 무리가 되지 않는다.[69] 그리고 사천왕사지 당탑지 기단부의 지대석과 갑석에서 관찰되는

---

69) 현재 사지에서의 8각 목탑은 고구려의 전유물로 이해되고 있다. 이는 그 만큼 신

모접이는 통일신라기의 대표적인 치석기술로 이해되고 있다.

　삼국시기에 건축물의 하부 구조를 이루는 기단은 건물의 성격에 따라 다양하게 조성되었다. 그 중 이중기단과 가구기단은 단층기단이나 여느 할석 및 와적기단과 비교해 격이 높은 건물에 주로 사용되었다. 특히 사찰의 경우는 목탑과 금당에서 이중기단과 가구기단을 찾아볼 수 있다. 이는 황룡사의 목탑 및 삼금당도 예외는 아니다. 그리고 금당과 탑파를 조성하는 기술은 고도의 건축공법이 요구되었기 때문에 백제의 장인들이 신라나 일본 등에 적지 않게 파견되었다. 이에 따라 백제의 건축·토목기술이 이들 나라에 자연스럽게 전파되는 결과를 낳게 되었다. 오늘날 황룡사 중금당에서 볼 수 있는 이중기단과 하층기단 상면의 차양칸 초석, 그리고 상층의 가구기단 및 축기부 등은 백제와 신라의 교류관계를 보여주는 좋은 사례라 할 수 있다.

V. 맺음말

　황룡사 창건가람은 584년에 중금당이 선축되고 뒤이어 동·서금당이 조성되었다. 중금당은 동·서금당에 비해 규모가 장대하였고, 장육존상을 안치하기 위한 건축물이라는 점에서 장엄성이나 화려함 또한 당대 최고였다. 다른 사찰과 비교되는 이러한 格의 차이는 기단부에서 그 일면이 찾아지고 있다. 예컨대 이중기단, 가구기단 등은 사지의 금당지나 목탑지에서 만 주로 확인될 뿐, 다른 전각에서는 이러한 기단 형식을 거의 찾아보기 힘들다. 물론 6세기 4/4분기의 왕흥사지 강당지 및 7세기 이후의 미륵

라나 백제의 목탑지에서는 확인된 바 없는 기단임을 의미한다. 그러나 전각에서의 8각 기단은 신라의 나정 등에서 살필 수 있다.

사지 강당지에서 가구기단 형식을 엿볼 수 있지만 이는 전체 백제사지의 전각에서 볼 때 미미한 사례에 불과하다.

황룡사 중금당의 기단은 이중기단으로서 하층기단 상면에 차양칸을 위한 초석이 배치되어 있고 하층은 장대석, 상층은 가구기단으로 조성되었다. 특히 기단부 아래에서는 건축물의 하중을 지탱하기 위한 축기부가 검출되기도 하였다. 황룡사 중금당 이전의 신라 건물지에서 위와 같은 기단 형식과 축기부를 겸한 건물지는 아직까지 검출된 바 없다. 이러한 유적 사례의 검토는 결과적으로 중금당지의 건축기단이 신라의 고유 기술보다는 외래의 건축기술 유입으로 조성되었음을 판단케 하고 있다.

황룡사지 중금당지와 같이 이중기단이면서 하층기단 상면에 초석이 배치된 예는 백제 사비기 일부 건축물에서 살필 수 있다. 즉, 6세기 중엽의 군수리사지 중금당지를 비롯해 6세기 4/4분기 무렵의 금성산 와적기단 건물지, 그리고 백제 조사공에 의해 588년 이후 축조된 일본 비조사 동·서금당지 등에서 확인할 수 있다. 아울러 차양칸은 마련되지 않았지만 축기부가 있으면서 하층기단이 장대석이고 상층이 가구기단으로 조성된 사례는 부여 능산리사지 당탑지에서 살필 수 있다.

황룡사 중건가람 중금당과 동일한 기단 형식을 보이는 백제 건물지는 아직까지 확인된 바 없다. 그러나 백제 건축기단에서 보이는 다양한 구조와 신라의 고토에서 6세기 중반에 해당되는 이중기단이나 가구기단이 아직까지 검출되지 않는 사례로 보아 황룡사 중금당의 기단이 백제 조사공에 의해 조영되었을 가능성을 판단케 하고 있다.

한편, 상·하층기단 모두 장대석이면서 하층기단 상면에 초석이 배치된 동금당지의 경우는 축기부가 시설되지 않아 중금당지의 축조기법과 많은 차이를 보이고 있다. 이는 한편으로 상층기단의 세부 구조에서도 극명하게 나타나고 있다. 따라서 동금당의 축조 주체는 중금당과 동일하지 않았던 것으로 생각된다. 아마도 중금당의 조영 과정에서 백제 조사공으로부터 축조기술을 습득한 신라 조사공들에 의해 동금당이 조성되었을 것으로 생각된다.

경주지역을 중심으로 한 신라유적의 발굴은 일제강점기이후 지금까지 광범위하게 진행되고 있다. 적지 않은 건물지가 발굴조사 되었음에도 불구하고 백제보다 이른 시기의 이중기단이나 가구기단은 아직까지 확인된 바 없다. 물론 향후 발굴조사의 진행에 따라 상술한 내용에 대한 재검토도 충분히 예상할 수 있다. 하지만 현재까지의 건물지 발굴 사례로 보아 황룡사 중금당의 조영에 백제 조사공의 참여 가능성을 완전 부인하기란 쉽지 않을 듯싶다.[70]

---

70) 이 글은 조원창, 2009, 「皇龍寺 重建伽藍 金堂址 基壇築造術의 系統」『文化史學』 32호의 내용을 대폭 수정한 것이다.

06

皇龍寺 重建期 瓦當으로 본
新羅의 對南朝 交涉

-蓮花突帶文 圓瓦當(수막새)을 중심으로-

Ⅰ. 머리말

황룡사는 진흥왕이 창건한 신라의 대표적 사찰로 현재 사적 제6호로 지정되어 있다. 『삼국사기』와 『삼국유사』에 의하면 553년(진흥왕 14) 월성 동쪽에 새로운 궁궐을 지으려고 할 때 황룡이 나타나자 그곳에다 절을 짓기 시작했으며 574년에는 장육존상을 주조하여 안치하였고, 584년(진평왕 6)에는 금당을 건립하였다.

황룡사는 이후 호국 사찰로서 1238년(고종 25) 몽골 침입으로 소진될 때까지 국가의 중요 사찰 중의 하나였다. 황룡사지의 총 면적은 대략 2만 여평으로 중문-탑-금당-강당이 남북으로 길게 늘어서 있으며, 금당 좌우로는 또 다른 금당이 한 동씩 자리하고 있다.

황룡사는 3기에 걸쳐 가람의 변천이 이루어지는데 현재 알 수 있는 주

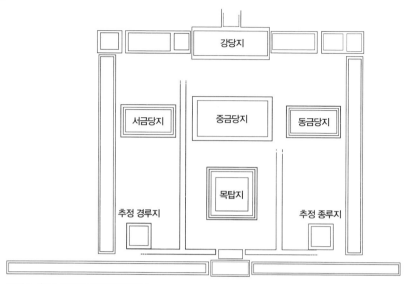

그림 1. 황룡사지 최종가람 배치도

요 부분은 중건기 및 최종기(그림 1)[1]의 가람이다. 창건 가람은 중건 가람의 조영과 더불어 탑 및 금당이 완전 멸실되어 그 형적조차 살필 수 없다.[2] 반면, 중건 가람은 새로운 장육상의 조성과 관련된 중금당 및 동·서금당, 그리고 9층 목탑의 조영 등 중요 殿閣 및 탑의 배치가 계획적으로 이루어졌다. 아울러 이들 각각의 전각 및 탑에는 평기와 및 와당이 사용

---

1)　文化財管理局 文化財研究所, 1984,『皇龍寺 遺蹟發掘調査報告書』I , 192쪽 삽도 422 재작도.

2)　이는 후축 건물의 굴광작업에 기인된 바 크다. 즉, 탑지나 금당지의 경우 하중이 커 축기부를 보강하게 되는데 이 때 사용되는 공법이 축기부 굴광판축이나 성토 다짐이다. 황룡사 목탑지의 경우는 성토다짐공법을 사용하였고, 금당지는 판축공법을 사용하였다. 이에 대해 보고서에는 掘壙積石基壇(목탑), 掘壙版築基壇(중금당)이라 기술되어 있다.

　　　文化財管理局 文化財研究所, 1984,『皇龍寺 遺蹟發掘調査報告書』I .

되어 해당 유물의 형식 파악 및 편년을 검토하는데 많은 참고 자료가 되고 있다.

황룡사에서 출토된 수막새 와당은 이미 1985년도에 申昌秀에 의해 형식분류 및 편년이 이루어진 바 있다.[3] 여기서 와당은 시기적으로 크게 3기로 구분되었고 중건 가람에 사용된 와당의 경우는 주로 II기에 포함되었다. 그러나 중국이나 백제와 같은 당시의 선진 문화지역에 대한 상대비교가 이루어지지 않아 세부적인 편년 및 근거는 제시되지 못하였다. 예컨대 제I기의 와당에 대해 신창수는 고구려의 영향을 받아 제작된 것으로 파악하고 있으나[4] 필자의 경우는 고구려뿐만 아니라 백제의 영향도 지대하였음을 발표한 바 있다.[5] 즉, 542년 이후 백제의 와박사(혹은 와공)는 신라의 경주에 백제계의 판단원형돌기식 와당[6]을 제작할 수 있는 제와술을 전파하였고 신라의 와공들은 이들 제와술을 축적하여 6세기 후반 이후 신라의 독창적인 와당을 탄생시켰다.[7]

한편, 574년 황룡사에 대한 중건이 이루어지면서 신라 사회에는 지금까지의 문양과 전혀 다른 새로운 突帶式[8] 와당이 등장하게 되었다. 이 형

---

3) 申昌秀, 1986, 「皇龍寺址 出土 新羅기와의 編年」, 檀國大學校 碩士學位論文.

4) 이는 황룡사지에서 검출된 고구려 계통의 와당들을 통해 충분히 유추해 볼 수 있다(國立慶州博物館, 2000, 『新羅瓦博』). 이외에 경주 월성 및 안압지 등에서도 검출된 바 있다. 하지만 7세기 전반의 분황사 및 다른 유적에서 거의 확인되지 않는 것으로 보아 짧은 기간 사용되다 폐기된 것으로 사료된다.

5) 趙源昌, 2005, 「百濟 瓦博士의 對新羅·倭派遣과 製瓦術의 傳播」 『韓國上古史學報』 48호.

6) 공주 및 부여지역의 대통사, 공산성, 구아리 전 천왕사지, 동남리유적, 관북리유적 등지에서 검출되었던 단판 8엽 와당을 의미한다. 판단 중앙에 원형의 소주문(돌기)이 돌출된 특징을 보이고 있다.

7) 이 시기의 와당으로는 경주시 천북면 물천리 경마장 부지 출토품을 들 수 있다.

8) 화판의 표면 중앙에 1조의 양각대가 종방향으로 그어진 와당을 의미한다. 이를

식에 대해 일부 연구자들은 신라의 독창적인 와당으로 언급하고 하지만
당시 진흥왕이 중국 남조와 밀접한 교류를 실시하였다는 점에서 남조 문
화의 전파를 배제하기 어렵다.[9] 이러한 필자의 판단은 현재 남조의 건강
성에서 출토되는 동진말 이후 陳대에 이르는 돌대식 와당을 통해서도 쉽
게 확인할 수 있다.

따라서 본고에서는 황룡사의 중건가람에 사용된 돌대식문 와당을 통해
당시 중국 남조와의 문화 교섭을 파악해 보도록 하겠다. 아울러 남조의
돌대식 와당에서 관찰되는 속성, 즉 연자 배치, 자방 외곽의 원권대, 돌대
문, 간판의 형태 등을 황룡사 중건 가람의 돌대식 와당과 비교해 그 제와
술의 친연성을 밝혀보고자 한다.

II. 황룡사 중건기 돌대식 와당의 형식분류 및 편년

1. 황룡사의 중건

황룡사는 본래 진흥왕 14년(553) 神宮(紫宮)으로 조영되기 시작하였다.
그러나 황룡이 출현하면서 건물의 성격은 '궁'에서 사찰로 바꾸어지게 되

有稜形瓦當으로도 부르고 있으나(金誠龜, 1992,「百濟의 瓦博」『百濟의 彫刻과 美
術』, 公州大學校博物館·忠淸南道) 토기에서의 경우 이러한 문양을 '돌대문'으로
칭하고 있어 본고에서는 突帶式으로 표현하고자 한다.

趙源昌, 2004,「法泉里 4號墳 出土 靑銅蓋 蓮花突帶文의 意味」『百濟文化』 제33집.

9) 이러한 문화 교섭에 의한 중국 문화의 전파는 백제에서도 얼마든지 살필 수 있다.
예컨대 무령왕릉에 사용된 전돌의 제전기술 및 판단삼각돌기식 와당의 문양 등에
서 찾아볼 수 있다.

었다. 황룡사의 창건 가람은 진흥왕 27년(566)에 畢功하고,[10] 동왕 30년 (569)에 담장을 두름으로써 17년 만에 완공되었다.[11] 이때의 와당은 중건 가람의 조영과 더불어 거의 대부분 교란되었거나 폐와유구[12])에서 검출된 것이 일반적이다. 아울러 지금까지의 연구 결과를 보면 창건 가람의 와당 은 백제 및 고구려의 영향을 받아 제작되었음을 알 수 있다(그림 2·3).[13] 이는 결과적으로 고구려나 백제의 제와술이 唐代에 있어 신라에 비해 우 수하였음을 반증하는 한편, 이들 국가들의 제와술 및 와박사(혹은 와공)들

그림 2. 황룡사지 출토 백제계 판단원형 돌기식 와당

그림 3. 황룡사지 출토 고구려계 판단첨형식 와당

---

10) 『삼국사기』 권제4 신라본기 제4 진흥왕조.

11) 『삼국유사』 권제3 탑상 제4 황룡사장육조.
발굴조사 결과 창건 가람은 중문지를 비롯해 강당지 일부, 추정 승방지, 동·서회 랑지, 그리고 동·서회랑지 외곽의 동·서승방지와 남회랑지 등이 확인되었다. 그 러나 사찰의 중심 건물이라 할 수 있는 당탑지는 중건 가람의 조영으로 말미암아 그 형적을 살피기가 어렵다.

12) 『皇龍寺』 보고서에는 폐와무지로 기술되어 있다.

13) 國立慶州博物館, 2000, 『新羅瓦塼』, 103쪽 사진 325 및 필자 사진.

이 신라에 유입케 되는 계기로도 작용하였다.[14]

중건 가람의 조영은 진흥왕 35년(574)에 황룡사의 본존인 장육삼존불이 주조되면서 시작되었다.[15] 가람 배치는 1탑 3금당식으로 584년(진평왕 6) 금당이 먼저 조영되고 탑은 선덕왕 14년(645) 중금당의 남쪽에 9층목탑으로 세워졌다.[16] 아울러 경덕왕 13년(754)에는 남회랑과 동·서회랑이 만나는 지점의 안쪽인 목탑지 동남편과 서남편에 각각 추정 종루와 경루를 배치하여 가람을 완성하게 된다. 그러나 대부분의 경우 중건 가람의 완성은 9층 목탑의 조영 시기인 645년으로 보는데 큰 무리가 없다.

한편, 중건 가람에는 이들 건물지 외에 중문지, 강당지가 남북으로 배치되었으며 금당지 좌우에 남북으로 설치되었던 창건가람의 동·서회랑지는 멸실되었다. 아울러 동·서승방지는 회랑지로 전용되었으며, 중문지와 남회랑지는 창건 가람 중문지 및 남회랑지보다 약간 남쪽으로 이전되었다.

중건 가람은 발굴조사 결과 창건 가람이 정지된 바탕 위에 새롭게 조영되었다. 아울러 가람을 구성하는 각각의 전각에는 기와나 와당, 치미, 전등을 사용하였다.[17] 특히 와당의 경우는 창건 가람에서 볼 수 없었던 전혀 새로운 형식(돌대식 와당)이 등장하고 있어 그 동안 학계에서는 이의 존재에 대해 많은 의문점을 가져 왔다. 아울러 창건 가람의 완공과 중건 가람의 착수가 약 5년 정도의 시기 차 밖에 나지 않았음을 상기하여 볼 때 동일 와당 형식의 문양 변천으로도 이해하기 어렵다.[18] 이는 필자의 관점

---

14) 趙源昌, 2005,「百濟 瓦博士의 對新羅·倭派遣과 製瓦術의 傳播」『韓國上古史學報』48호.

15) 『삼국유사』 권제3 탑상 제4 황룡사장육조.

16) 『삼국유사』 권제3 탑상 제4 황룡사구층탑조.

17) 이는 신라기의 폐와유구를 통해 확인할 수 있다.

18) 창건 가람의 와당으로는 고구려 계통의 판단첨형식과 백제계의 판단원형돌기식을 들 수 있다. 아울러 백제의 경우를 보더라도 새로운 와당 형식의 등장에는 반

에서 볼 때 새로운 제와술의 전파 혹은 대외적인 와박사(와공)의 파견으로 밖에는 이해할 수 없다.

이러한 난제에 대해 필자는 발굴조사 중 검출된 폐와유구의 고신라 와당과 남조 건강성 출토 와당을 상호 비교하여 해결해 보고자 한다. 이 시기의 폐와유구는 모두 9개소[19]로 대부분 고식으로 편년되는 돌대식 와당을 포함하고 있다. 이러한 형식의 와당은 고구려 및 백제에서도 그 존재를 쉽게 살필 수 없는 것으로서 백제의 경우 대부분 6세기 4/4분기 이후의 유적에서 검출되고 있다.[20] 반면, 중국의 경우는 동진 말~유송대부터 이미 이러한 형식의 와당이 제작되고 있어[21] 백제나 신라에 비해 제작 시기가 매우 선행하였음을 알 수 있다.

따라서 본고에서는 황룡사의 중건 가람에 사용된 돌대식 와당을 형식별로 분류해 보고, 다른 유적과의 상대 편년을 통해 그 제작 시기를 판단해 보고자 한다.

2. 황룡사 중건기 돌대식 와당의 형식분류 및 편년

황룡사의 와당에 대한 자료 검토 및 편년에 대해서는 이미 신창수에 이

드시 남조와의 관련 속에서 이루어졌음도 좋은 본보기가 될 듯싶다.

19) 그 분포를 살펴보면 강당지 동북쪽 기단 밖에서 2개소, 목탑지 동편의 창건가람 서회랑지 기단부에서 1개소, 종루지 서북쪽기단과 일부 중복된 곳에서 1개소, 강당 동편 건물지의 북편에서 2개소가 발견되었으며 목탑지와 서회랑지 사이에서 다량의 廢塼들과 소량의 기와가 묻힌 廢塼遺構 1개소와 폐와유구 2개소가 확인되었다.

20) 趙源昌, 2004, 「法泉里 4號墳 出土 靑銅蓋 蓮花突帶文의 意味」 『百濟文化』 제33집.

21) 賀云翔, 2003, 「南朝時代 建康地域 蓮花紋 瓦當의 變遷 과정 및 관련 문제의 硏究」 『漢城期 百濟의 物流시스템과 對外交涉』.

해 진행된 바 있다. 그에 의하면 단판 연화문 와당은 모두 16가지로 분류되었으며, 이중 황룡사의 중건기(574~645년)에 해당되는 제Ⅱ기의 와당들에 대해선 C, D, E, F 형식으로 파악하고 제작 시기는 6세기 후반~7세기 초로 편년하였다. 그러나 필자의 판단으로는 시기적인 측면에서 볼 때 중건 가람의 후기에 해당되는 7세기 전반기의 와당 즉, 제Ⅲ기 전기인 단판 연화문 I, J, K 형식도 중건기 와당의 일부로 포함시켜 볼 수 있겠다.

이에 대해 필자는 위에서 제시된 와당을 화판의 형태에 기초하여 재분류하고, 백제 와당과도 상호 비교 검토해 보고자 한다.

1) A형식(그림 4)[22]

신창수가 분류한 단판 연화문 C형식에 해당된다.

화판		자방		간판		비고
갯수	형태	연자 배치	원권대 유무	연접 유무	판두 형태	
8	판단부가 융기되면서 횡선이 약하게 그어짐. 첨형의 판단 중앙을 기준으로 판단선의 각이 심하게 꺾임. 횡선길이〈종선길이	1+6	有	無	T형	백제의 중정리유적 출토 와당과 유사

2) B형식(그림 5)[23]

신창수가 분류한 단판 연화문 D형식에 해당된다.

백제의 판단원형돌기식 와당을 신라화한 상태에서 돌대문을 첨가한 형식이다. 이러한 와당은 백제 판단원형돌기식 와당과 교차 편년하여 볼 때

---

22) 필자 사진.
23) 國立慶州博物館, 2000, 『新羅瓦博』, 102쪽 사진 319.

그림 4. A형식 와당   그림 5. B형식 와당

6세기 4/4분기경의 것으로 파악된다.

화판		자방		간판		비고
갯수	형태	연자 배치	원권대 유무	연접 유무	판두 형태	
8	판단부가 원형돌기식에 가까움. 원형의 판단 중앙을 기준으로 판단선의 각이 심하게 꺾임. 횡선 길이〈종선길이	1+4	유	무	T형	

3) C형식(그림 6)[24]

신창수가 분류한 단판 연화문 E형식에 해당된다. 이처럼 판단부가 약

---

24) 여기에서는 동형·동범와로 판단되는 동아대학교박물관 소장품을 예시하고자
한다.
東亞大學校博物館, 2001, 『所藏品圖錄』, 120쪽 사진 168.

하게 융기된 와당은 분황사의 창건 와당으로 추정되고 있어[25] 그 시기는
7세기 2/4분기경으로 편년된다.

화판		자방		간판		비고
갯수	형태	연자배치	원권대유무	연접유무	판두형태	
6	판단부가 약하게 융기. 판단부와 판근부의 너비 차가 큼. 첨형의 판단 중앙을 기준으로 판단선의 각이 심하게 꺾임. 횡선길이=종선길이	1+5	무	무	T형	화판에 비해 자방의 크기가 현저히 작음

4) D형식(그림 7)[26]

신창수가 분류한 단판 연화문 F형식에 해당된다.

그림 6. C형식 와당

그림 7. D형식 와당

25) 金誠龜, 1981, 「雁鴨池 出土 古式瓦當의 形式的 考察」『美術資料』29호, 國立中央博物館, 19쪽.
26) 國立慶州博物館, 2000, 『新羅瓦塼』, 98쪽 사진 307.

화판		자방		간판		비고
갯수	형태	연자배치	원권대유무	연접유무	판두형태	
8	판단 중앙을 기준으로 판단선이 곡면상태로 꺾임. 횡선길이 < 종선길이	1+6 1+5	무	무	T형	

5) E형식(그림 8)[27]

신창수가 분류한 단판 연화문 I형식에 해당된다. 이러한 형식의 와당은 경주시 성건동 서천 옆의 삼랑사지[28]에서도 출토된 바 있다.

화판		자방		간판		비고
갯수	형태	연자배치	원권대유무	연접유무	판두형태	
6	판단 중앙을 기준으로 판단선이 둥그렇게 처리. 판단부에서의 융기나 반전이 없음.	1+4 1+6	유	유	T형	화판의 판단부가 간판에 포함된 형태

그림 8. E형식 와당

그림 9. F형식 와당

27) 國立慶州博物館, 2000, 『新羅瓦博』, 100쪽 사진 312.

28) 國立慶州博物館, 2000, 『新羅瓦博』, 86쪽 사진 275.

6) F형식(그림 9)[29]

신창수가 분류한 단판 연화문 J형식에 해당된다.

화판		자방		간판		비고
갯수	형태	연자 배치	원권대 유무	연접 유무	판두 형태	
8	화판 중앙의 돌대문이 뚜렷하게 표현. 판단 중앙을 기준으로 판단선이 둥그렇게 처리. 횡선길이 〈 종선길이	1+4	무	무	T형	자방과 화판의 판근사이에 凹溝마련

7) G형식(그림 10)[30]

신창수가 분류한 단판 연화문 K형식에 해당된다. 화판의 판단부가 융기나 반전이 없이 평판적이다. 연자는 1+5과의 배치를 보이고 있다. 분황사 와당보다 후행하는 7세기 2/4분기 후반으로 추정된다.

화판		자방		간판		비고
갯수	형태	연자 배치	원권대 유무	연접 유무	판두 형태	
6	판단 중앙을 기준으로 판단선이 둥그렇게 처리. 판단은 평판적임. 횡선길이=종선길이	1+5	무	유	T형	화판에 비해 자방의 크기가 큼

---

29) 申昌秀, 1986, 「皇龍寺址 出土 新羅기와의 編年」, 단국대학교 석사학위논문, 23쪽 도 25.

30) 國立慶州博物館, 2000, 『新羅瓦博』, 101쪽 사진 317.

그림 10. G형식 와당   그림 11. 부여 중정리유적 출토 와당

3. 편년 검토

　A형식은 백제의 중정리유적(그림 11)[31])에서도 검출된 것으로 황룡사 중건 가람의 초기 와당으로 추정된다. 이는 황룡사 중건 가람 출토 와당의 특징들을 검토해 보았을 때 7세기 이후 와당들에서는 이러한 속성이 거의 확인되지 않았다. 아울러 화판의 경우도 세장형에 가까워 종래의 판단원형돌기식 와당에서 볼 수 있는 화판과 비교해 거의 흡사하다. 이러한 판단원형돌기식 와당과의 친연성은 화판 수 및 간판의 형태 등에서도 확인되고 있다. 반면, 6엽의 와당에서는 전혀 새로운 화판 및 간판의 형태가 등장하고 있어 선행 형식으로는 전혀 파악되지 않고 있다. 따라서 A형식은 중건 가람의 초기 와당으로 간주하여도 큰 무리가 없으리라 생각된다.
　B형식은 백제의 판단원형돌기식 와당을 신라화한 상태에서 돌대문을

---

31)　國立扶餘博物館, 2010,『百濟瓦博』, 239쪽 사진 627.

그림 12. 경주 물천리 경마장부지 와요지
출토 와당

첨가한 형식이다. 돌대문을 제외한 화판의 형태는 경주 물천리 경마장부지 와요지 출토 와당(그림 12)[32]과 친연성을 보이고 있다. 경마장부지 출토 와당이 6세기 후반~말경[33]에 제작되었음을 볼 때 이 와례는 대략 7세기 1/4분기경에 제작되었음을 추정해 볼 수 있다.

C형식은 판단부가 약하게 융기되었으며, 현재 분황사의 창건 와당으로 추정되고 있다. 6엽의 돌대식 와당 중 화판이 융기된 사례로는 분황사 이외에 안압지, 월성 등지의 와례도 예시할 수 있다. 분황사가 634년에 창건되었음을 볼 때 7세기 1/4분기 말~7세기 2/4분기 초에 제작되었음을 알 수 있다. 그리고 7세기에 이르러서는 8엽 이외의 6엽 연화문도 등장하고 있음을 살필 수 있다.

D형식은 연자 배치는 다르지만 선도산 마애불사지(그림 13)[34]에서 출토된 것과 친연성을 보이고 있다. 특징은 화판의 종선길이가 횡선길이에 비해 길며, 화판의 형태가 6엽 와당에서 보이는 평면 오각형과 다른 세장함을 보여주고 있다. 마애불은 아미타불을 주존으로 하여 좌협시에 관음보살, 우협시에 대세지보살을 조각한 삼존불로써 조각 양식은 7세기 중엽으로 추정되었다. 따라서 와당의 제작 시기도 교차 편년하여 늦어도 7세기

32) 國立扶餘博物館, 2010,『百濟瓦博』, 308쪽 사진 817.

33) 趙源昌, 2005,「百濟 瓦博士의 對新羅·倭派遣과 製瓦術의 傳播」『韓國上古史學報』48호.

34) 國立慶州博物館, 2000,『新羅瓦博』, 117쪽 사진 387.

그림 13. 경주 선도산 마애불사지 출토 와당 그림 14. 경주 영묘사지 출토 와당

2/4분기경에는 제작된 것으로 추정된다.[35]

E형식은 경주시내의 분황사 및 영묘사지(그림 14)[36] 등에서 검출되었으며 C형식에 후행하는 와당으로 추정된다. 영묘사는 선덕여왕 때 頭頭里라는 귀신이 하룻밤 사이에 못을 메우고 세웠다는 사찰로 현재 흥륜사로 추정되고 있다. 이곳에서도 돌대식 와당을 포함한 각종 와례들이 검출된 바 있으나 대부분 통일신라기의 특징을 보이고 있어 고식 와당으로는 파악되지 않는다. 따라서 황룡사 중건 가람에 사용된 E형식의 와당은 C형식과의 상대 비교, 그리고 영묘사의 창건 기사로 보아 7세기 2/4분기경으로 추정된다.

F형식은 화판과 자방 사이에 음각의 凹溝가 형성되어 있는 와당이다. 이러한 요구는 경주시에 소재하고 있는 영묘사지[37] 및 흥륜사지(그

---

35) 이에 대해 신창수의 경우도 중건 가람의 초기 와당보다는 후에 부분적인 보수 과정에서 사용된 것으로 파악하고 있다(申昌秀, 1986, 「皇龍寺址 出土 新羅기와의 編年」, 檀國大學校 碩士學位論文, 57쪽).

36) 國立慶州博物館, 2000, 『新羅瓦塼』, 91쪽 사진 289.

37) 國立慶州博物館, 2000, 『新羅瓦塼』, 91쪽 도판 291.

그림 15. 경주 흥륜사지 출토 와당

그림 16. 제천 장락사지 출토 와당

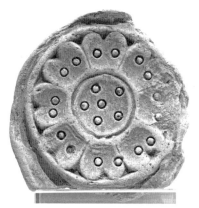
그림 17. 부여 외리유적 출토 와당

림 15),[38] 계림중학교 신축부지, 충주 탑평리사지 출토 와당,[39] 제천 장락사지 출토 와당(그림 16)[40]에서도 확인되고 있다. 그런데 영묘사의 경우는 선덕여왕(632~647)대에 창건되었음을 볼 때 여기에서 보이는 고식 와당 역시 7세기 2/4분기 및 그 이후의 것으로 파악된다.[41] 아울러

---

38) 國立慶州博物館, 2000, 『新羅瓦博』, 115쪽 도판 378.

39) 국립중원문화재연구소, 2017, 『중원의 와당』, 277쪽 탑평수3.

40) 충청대학교 박물관, 2014, 『충청대학교 박물관 30년』, 119쪽 하단 사진.

41) 자방과 화판 사이의 요구는 백제 와당에서도 찾아지고 있다. 즉 규암면 외리유적 출토 와당(그림 17, 필자 사진) 및 부여 쌍북리사지 II 출토 와당 등에서 살필 수 있다.

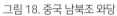

| 그림 18. 중국 남북조 와당 | 그림 19. 중국 육조 와당 |

요구는 통일신라기의 안압지 출토 단판 8엽 연화문와당[42]에서도 보이고
있다. 이러한 점에서 요구의 제작은 황룡사 중건 가람의 초기 속성보다는
후기 속성으로 간주되고 있다.[43]

G형식은 6세기 4/4분기 이후 7세기 2/4분기경의 와당들에 이르기까
지 대부분 자방의 크기가 화판에 비해 작았음을 볼 때 이들보다는 후행하
는 형식으로 파악된다. 왜냐하면 와당을 제작하는 와범의 경우 와박사나
와공에 의해 한번 제작되면 그것이 패턴화되고 더 나아가 와공이나 와박
사의 파견, 혹은 와범의 전파에 의해 공간적 확대가 이루어진다. 이런 점
에서 황룡사 창건 및 중건 가람의 와당을 보면 대부분 자방이 화판에 비해
크기가 작음을 볼 수 있다. 따라서 이러한 역 현상은 황룡사 중건 가람의

---

42) 國立慶州博物館, 2000, 『新羅瓦博』, 41쪽 도판 98.

43) 요구는 일찍이 중국 남·북조 와당에서 살필 수 있다. 따라서 자방과 화판 사이의
요구 제작술이 중국 남조에서 백제 및 신라에 전파되었음을 파악해 볼 수 있다.
유금와당박물관, 2013, 『중국와당 : 양주·청주 출토』, 109쪽 사진 9(그림 18).
유금와당박물관, 2010, 『중국육조와당』, 109쪽 사진 209(그림 19).

후기인 7세기 2/4분기 후반~7세기 3/4분기경에 등장하였을 것으로 추정된다.

Ⅲ. 중국 남조의 돌대식 와당 검토

황룡사의 창건 가람에 사용된 와당들은 대체로 고구려 및 백제의 색채를 띠는 것들이 대부분이었다. 그런데 신라 기와가 포함된 9개소의 폐와유구에는 돌대식 와당이라 불리는 고식와가 다량으로 폐기되어 있다. 이러한 형식의 와당은 6세기 중엽이후 7세기 전반에 이르기까지 고구려나 백제에서도 그 예를 쉽게 살필 수 없는 것으로서 외래적 요소를 대폭 함유하고 있다.

이러한 형식의 와당에 대해 선학들은 일찍부터 신라의 독창적인 와당[44]으로 보고한 바 있으나 최근 들어 중국 남조의 와당들이 국내에 보고되면서 이의 수정 또한 불가피하게 되었다.

따라서 본고에서는 황룡사의 남조계 와당인 돌대식 와당을 살피기에 앞서 우선적으로 중국 남조 건강성에서 출토된 동일 형식의 와당을 검토해 보고자 한다. 그럼으로써 이 와당이 중국 남조의 각 왕조에서 어떻게 변천해 갔고, 어느 형식이 황룡사 중건 가람의 창건 와당과 친연성이 있는지 파악해 보도록 하겠다.

지금까지 중국 본토에서 단판의 돌대식 와당이 다량으로 검출된 곳은 남조 수도인 건강성이다. 이 지역에서는 동진 말~유송대부터 진대에 이르기까지 다양한 돌대식 와당이 검출되었다. 특히 중국에서의 경우 연화문이 대체로 동진 말기에 등장하였음을 볼 때 돌대식 역시 남조의 초기적

---

44) 金誠龜, 1992, 『옛기와』, 대원사, 64쪽.

와당 문양이었음을 엿볼 수 있겠다. 그러나 중국 학계에서는 아직까지 각각의 왕조에 기초한 거시적 분류 이외의 편년 작업은 이루어지지 않고 있어 돌대식 와당의 단기적 특징 구분은 파악하기 어렵다. 따라서 여기에서는 기존에 보고된 남조의 돌대식 와당을 각 요소별로 나누어 남조 와당의 특징을 검토해 보고자 한다.

그림 20. 동진 말~유송대 와당 1
(유금와당박물관 소장)

그림 21. 동진 말~유송대 와당 2
(유금와당박물관 소장)

그림 22. 동진 말~유송대 와당 3
(유금와당박물관 소장)

그림 23. 동진 말~유송대 와당 4
(유금와당박물관 소장)

표 1. 중국 남조 돌대식 와당[45]의 변천

구분		東晉 말~劉宋대 (420~479)	齊(479~502)~ 梁대(502~557)	陳대 (557~589)
화판	화판 수	8엽, 9엽, 10엽	단판 8엽, 9엽, 10엽 복판	8엽, 9엽
	평면형	세장형, 5각형	세장형, 5각형	세장형, 오각형
	비고		판단부 곡절 화판 외곽에 초문 장식 화판 외곽에 연주문대	화판 외곽에 연주문대
자방	연자 배치	1+6, 1+7, 1+8과 등 3열 배치	1+4, 1+6, 1+7, 1+8, 1+9과 등 3열 배치	1+6, 1+8, 1+10과 등 3열 배치 및 그 이상
	원권대	유, 무	유	유
	비고	유엽형일 경우 대체로 자방의 크기가 작음	1+4과의 연자 배치 확인. 이러한 배치는 백제 정암리 와요 출토와당에서도 확인	화판 수보다 연자의 숫자가 더 많음. 3列 배치 이상도 확인. 자방 외곽 장식.
간판	형태	새발자국형, '↑'형, 마름모형, 'T'형	새발자국형, 마름모형, 'T'형	'T'형
	비고	'새발자국형'이 상대적으로 많음	간판의 판두가 삼각형 모양	대체로 간판의 판두가 아주 납작함
화판과 주연 사이의 원권대		유, 무	유, 무	유, 무
주연			일부 초문 장식	일부 연주문 장식
본문 그림		20, 21, 22, 23 이상[46]	24, 25, 26, 27 이상[47]	28, 29, 30, 31 이상[48]

---

45) 중국 남조 와당의 형식과 편년에 대해선 중국 학자인 賀云翔에 의해 진행된 바 있다. 그는 화판과 간판의 형태, 화판 외곽의 장식 등을 기준으로 東晉 말~劉宋대(Ⅰ기), 齊~梁대(Ⅱ기), 陳대(Ⅲ기) 등으로 분류하였다. 이에 대한 자세한 논고는 아래의 자료를 참조.
賀云翔, 2005, 『六朝瓦當与六朝都城』, 文物出版社.

46) 본 논고의 중국 남조 와당 사진은 위에서 제시된 하운고의 편년안과 관련하여 국내에 소장된 와당으로 필자가 교체한 것이다.

그림 24. 제~양대 와당 1
(남경시구 건축공지 채집품)

그림 25. 제~양대 와당 2
(남경시구 건축공지 채집품)

그림 26. 제~양대 와당 3

그림 27. 梁대 와당

國立扶餘博物館, 2010, 『百濟瓦博』, 290쪽 사진 772(본문 그림 20).

유금와당박물관, 2010, 『중국육조와당』, 93쪽 사진 174(본문 그림 21), 94쪽 사진 175(본문 그림 22), 73쪽 사진 118(본문 그림 23).

47) 賀云翶, 2005, 『六朝瓦當与六朝都城』, 채판 6(본문 그림 24), 채판 7(본문 그림 25).

유금와당박물관, 2010, 『중국육조와당』, 141쪽 사진 256(본문 그림 26).

南京市博物館, 2004, 『六朝風采』, 389쪽 사진 309(본문 그림 27).

48) 유금와당박물관, 2010, 『중국육조와당』, 144쪽 사진 259(본문 그림 28), 151쪽

그림 28. 陳대 와당 1

그림 29. 陳대 와당 2

그림 30. 陳대 와당 3

그림31. 陳대 와당 4

 화판 수는 8엽, 9엽이 일반적이나 신라 황룡사지 출토 와당의 경우는 9엽이 없이 8엽과 6엽이 주를 이루고 있다. 그런데 지금까지 발굴조사된 남조 와당의 경우 6엽의 예가 상대적으로 많지 않은 경우로 보아 8엽의

 사진 276(본문 그림 29), 149쪽 사진 274(본문 그림 30), 152쪽 사진 279(본문 그림 31).

화판 수가 6엽 보다 선행하였음을 추정할 수 있다. 그리고 화판의 형태는 세장형과 5각형 등이 중국 남조에서 유행하였는데 황룡사지의 경우도 큰 차이가 없다. 다만, 세장형의 경우 중국과 달리 狹瓣에 가깝다는 특징이 있다. 특히 화판의 판단부가 곡절이 되는 형식이 중국 남조에서의 경우 齊~梁대에 등장하고 있어 황룡사지 출토 곡절 형식의 편년 설정에 큰 도움이 되리라 생각된다. 이러한 판단부의 곡절 형식은 백제의 경우 중정리 유적에서도 검출된 바 있어 남조의 對백제 제와술 전파와도 관련이 있었던 것으로 생각된다.

자방에 있어서는 대부분 외곽에 원권대가 돌라간다는 특징이 있다. 그리고 연자 배치는 홀수와 짝수의 구분이 화판 수와 동일하지 않음도 볼 수 있다. 그러나 대부분 1+6과의 연자 배치를 보이고 있음이 확인된다. 특히 제~양대에 보이는 1+4과의 연자 배치는 백제의 경우 정암리와요에서 검출된 판단삼각돌기식 와당에서 최초로 보이고 있어 남조의 제와술이 백제로 전파되었음을 알게 한다. 아울러 진대에 이르면 이전 왕조와 달리 3열의 연자 배치가 등장하고 있음도 볼 수 있는데 이는 백제나 신라에서도 공히 나타나는 형식이어서 편년 설정에 큰 도움이 되리라 생각된다.

간판은 여러 형식이 있으나 'T'형이 주류를 이루고 있으며 이는 신라 황룡사지에서도 마찬가지이다. 다만, 'T'형을 이루는 판두가 삼각형이나 이등변 삼각형 보다는 그 높이가 현저히 낮아 황룡사지 출토 와당 간판의 경우는 진대 형식에 가깝다고 할 수 있겠다.

이러한 남조의 돌대식 와당 형식 중 신라의 중건 가람과 관련된 것은 제~양대 이후의 것으로 파악된다. 이는 황룡사의 중건과 관련된 신라왕이 진흥왕이었음을 고려할 때 충분히 유추할 수 있다. 아울러 당시 진흥왕과 남조의 梁·陳 왕조와의 교류 사실도 좋은 참고 자료가 될 수 있다.

따라서 이러한 남조의 와당 특징을 고려하여 다음 장에서는 황룡사 중건 가람의 와당을 추정해 보도록 하겠다. 이는 당시 중국과 신라의 대외 교섭을 전제로 하는 한편, 해당 시대의 제와술이 신라에 전파되었음을 바탕으로 한 것이다.

IV. 신라의 대남조 교섭과 제와술의 도입

황룡사의 중건은 진흥왕 35년(574)에 시작되어 9층 목탑이 완성된 645 년에 가능하게 되었다. 이렇게 볼 때 황룡사의 중건은 6세기 4/4분기부터 7세기 2/4분기 사이임을 알 수 있다. 이 시기는 신라의 진흥왕-진지왕- 진평왕-선덕왕대로 이어지는 태평 연간으로 중국과의 교역이 비교적 활 발하였다. 특히 진흥왕의 경우는 이전의 법흥왕대와 비교가 되지 않을 정 도로 중국 남조와 밀접한 교류를 유지하였다. 진흥왕과 남조와의 본격적 인 교류관계는 백제 성왕과의 관산성 싸움(554) 승리 이후부터라 할 수 있 는데 이는 한강유역의 직접적인 지배와 밀접한 관계가 있었을 것으로 생 각된다.

황룡사의 중건 가람은 진흥왕 이후 선덕왕대까지 지속적으로 조영되 었으나 사찰의 마스터플랜 및 준비는 이미 진흥왕대에 완료되었을 것으 로 판단된다. 이는 진흥왕 35년 중건이 시작된 시기에 장육상이 주성되고 그 이듬해에 장육상에서 눈물이 흘러 발꿈치까지 내렸다[49]는 기사를 통 해서도 엿볼 수 있다. 이는 장육상이 대좌에 조성되었음을 의미하는 것으 로 이처럼 불상을 안치하였을 정도라면 이미 그 전에 사찰의 가람배치 및 전각의 조영 순서, 그리고 이러한 대 역사를 추진하기 위한 치목이나 기반 시설 정비, 와요의 조영 등이 부분적으로 진행되었음을 판단케 한다. 특 히 이러한 황룡사의 중건은 그 동안 신라 사회에서 찾아볼 수 없을 정도의 거찰 조영이었으므로 이의 사전 준비도 철저했을 것으로 생각된다. 이러

---

49) 『삼국사기』 권제4 신라본기 제4 진흥왕 36년조, "皇龍寺丈六像 出淚至踵".

한 당시의 시대 상황과 비교해 진흥왕이 565년부터 571년까지 6회에 걸친 남조 진과의 빈번한 교류는 唐代뿐만 아니라 그 이후의 왕에서도 찾아보기 힘들어 황룡사 중건과 관련된 사전 준비작업의 일환으로 파악되기도 한다.

진흥왕대의 중국 남조 관련 기사를 살피면 아래와 같다.

가-1) 진흥왕 10년(549) 梁遣使與入學僧覺德 送佛舍利 王使百官 奉迎興輪寺前路

가-2) 진흥왕 26년(565) 陳遣使劉思與僧明觀 來聘 送釋氏經論千七百餘卷

가-3) 진흥왕 27년(566) 遣使於陳貢方物 皇龍寺畢功

가-4) 진흥왕 28년(567) 遣使於陳貢方物

가-5) 진흥왕 29년(568) 遣使於陳貢方物

가-6) 진흥왕 31년(570) 遣使於陳獻方物

가-7) 진흥왕 32년(571) 遣使於陳貢方物

이처럼 진흥왕은 백제 성왕과의 관산성 싸움(554)에서 승리를 거두며 명실상부한 대남조 교섭의 주체가 되었다. 그 동안 고구려나 백제를 통한 간접적인 문화교류[50]에서 이제는 직접적으로 문화교섭을 추구하는 당사자가 된 것이다. 이러한 당시의 시대 상황에 맞추어 황룡사 중건에 사용

---

[50] 이는 법흥왕대의 기사를 통해 살필 수 있다. 즉 『삼국사기』 신라본기 제4권 제4 法興王 8년조에 "遣使於梁貢方物"이라 쓰여 있다. 여기서 법흥왕 8년은 521년으로 백제 武寧王 21년에 해당된다. 智證麻立干대를 포함한 법흥왕 8년에 이르기까지 중국 남조와의 교류 사실이 없었던 사실과 백제 무령왕과 남조 양과의 밀접한 관계 등을 고려하여 볼 때 법흥왕 8년조의 기사는 백제를 통한 간접적인 교류로 유추할 수 있겠다.

이 같은 내용은 『梁書』 권54 열전 제48 諸夷 新羅傳에 여실히 나타나고 있다. 즉, 신라는 普通 2년(521)에 백제의 중재에 의해 梁나라와 처음으로 통교하였음을 알 수 있다.

된 와당 문양 역시도 중국과의 교섭과정에서 나타난 하나의 소산물로 이해된다.[51] 따라서 황룡사 중건 가람의 와당에 디자인을 비롯한 중국 남조의 제와 요소가 포함되었다는 사실은 어찌 보면 당연한 현상이 아닌가 생각된다.[52]

다음으로 전술한 교섭 기사를 바탕으로 황룡사 중건 가람의 와당 문양과 당시 남조에서 유행하였던 와당 문양을 상호 비교해 보고자 한다. 그럼으로써 황룡사 중건 가람에 사용된 와당 문양이 중국 남조의 것과 친연성이 있고, 아울러 대외교섭의 과정에서 남조의 제와술이 전파되었음도 파악해 보도록 하겠다.

황룡사 중건 가람의 와당에서 살필 수 있는 가장 큰 특징은 화판의 중앙에 종선의 돌대문이 표현되어 있다는 점이다. 이러한 문양은 와당 이외의 청동개(그림 32)[53] 및 고령 고아동 벽화고분(그림 33)[54]에도 장식된 바

---

51) 이는 백제도 마찬가지이다. 남조 梁과의 교류를 통해 무령왕릉 축조와 관련된 제전기술, 그리고 판단원형돌기식 및 판단삼각돌기식으로 대표되는 와당의 디자인, 청자, 백자, 청동완 등이 나타나게 되었다.

52) 진흥왕대에는 南朝의 梁이나 陳 외에 북조의 北齊와도 교류한 사실(진흥왕 25년, 33년)이 있으나 남조와 비교하면 빈번하다 할 수 없다.

53) 國立中央博物館, 2000, 『法泉里』Ⅰ, 12쪽 원색사진 10-①.
    법천리 4호분 내에서 검출되었다. 이 고분은 횡구식설실분(4세기 말~5세기 초 추정)으로 보고되었으며, 추가장의 흔적은 없는 것으로 조사되었다. 그러나 고분 내부에서 화장된 인골과 그렇지 않은 인골(출토 인골)이 함께 검출되는 것으로 보아 분명 추가장이 이루어졌음을 짐작할 수 있다. 출토 인골은 치아 3편(상악 좌측 어금니 2개, 우측 어금니 1개)과 좌우 肩胛骨 3편, 椎骨 3편 등이었고, 치아로 보아 40~60세의 숙년으로 파악되었다. 아울러 화장 인골은 두개골 2편, 척골 2편, 上腕骨·大腿骨·髖骨·脛骨이 각 1편씩이다. 화장 인골은 뼈의 발달 정도로 보아 성인 남성으로 추정되었다. 아울러 인골이 화력을 골고루 받지 못하고, 일부에서만 균열이 발생한 점, 그리고 전체적으로 백색을 띠는 것으로 보아 노천에서 화장된 것으로 파악되었다.

그림 32. 원주 법천리 4호분 출토 연화돌대문 청동개

그림 33. 고령 고아동벽화고분 현실 천정부의 연화돌대문

國立中央博物館, 2000, 『法泉里』Ⅰ, 118~119쪽.

이러한 인골의 차이로 말미암아 필자는 화장을 불교의 장법으로 이해한 바 있고, 화장 인골이 추가장 되었음을 밝힌 바 있다. 그리고 그 시기는 청동개에 시문된 연화돌대문을 통해 진흥왕이 한강유역을 점유한 이후인 6세기 4/4분기 무렵으로 추정하였다. 이와 관련된 내용은 아래의 논고를 참조.

趙源昌, 2004, 「法泉里 4號墳 出土 靑銅蓋 蓮花突帶文의 意味」 『百濟文化』 제33집.

54) 대가야박물관, 2004, 『大加耶의 遺蹟과 遺物』, 151쪽.

이 고분은 일찍부터 백제와 대가야간의 대외교섭 산물로 이해되었으며, 고분의 축조 시기는 백제 웅진기로 편년된 횡혈식고분과 봉분 출토 대가야양식의 토기로 말미암아 6세기 중엽으로 추정되었다.

박천수 외, 2011, 「고아동벽화분」 『東아시아 古墳 歷年代 資料集』, 573~574쪽.

그런데 문제는 천정에 시문된 연화돌대문의 등장이 백제뿐만 아니라 신라의 경우도 6세기 전·중반은 시기상조라는 사실이다. 즉 웅진기에는 이러한 문양의 와당이나 공예품 등을 전혀 찾아볼 수 없다. 이는 신라의 경우도 마찬가지이다. 연화돌대문이 가장 대중적으로 활용된 부분은 바로 수막새이다. 그런데 이러한 문양은 신라의 경우 진흥왕대에 중국 남조 陳과의 교류를 통해 유입될 수 있었다. 따라서 천정에 그려진 연화돌대문은 대가야가 신라에 멸망된 이후 추가장 되는 과정에서 등장케 되었을 가능성이 매우 높다. 또한 봉분 출토 대가야양식 토기의 경우도 그 상한만을 의미할 뿐, 하한은 규정하기 어렵다. 이와 관련된 논고는 아래

그림 34. 부여 금강사지 출토 돌대식 와당   그림 35. 부여 부소산 광장 서문지 출토
돌대식 와당

있으며, 황룡사를 비롯한 분황사, 나정, 왕경유적, 재매정지, 흥륜사, 함안
산성 등 다양한 유적에서 검출되었다. 특히 통일기의 와당에서도 이러한
돌대식이 확인되어 이의 사용시기가 6세기 4/4분기 이후 지속적으로 등
장하고 있음을 알 수 있다.

　화판 중앙의 돌대문은 백제(그림 34·35)[55)]의 경우 웅진기 및 사비기 초
만 하더라도 와당 문양으로는 거의 채용되지 않았다. 이는 신라의 초
기 와당이 검출되었던 월성유적에서도 마찬가지이다. 다만, 고구려(그림
36·37)[56)]의 와당에서 이러한 돌대문이 표현되어 있기는 하나 화판의 형태
가 유엽형이 아닌 협판의 첨형이라는 점에서 직접적인 비교가 쉽지 않다.

　돌대문은 중국 남조 건강성 출토 와당을 검토해 보았을 때 연화문의 등

　의 자료를 참조.

　趙源昌, 2008, 「연화문으로 본 고령 고아동 대가야 벽화고분의 추가장 시기 검토」
　『百濟文化』 제39집.

55) 國立扶餘博物館, 2010, 『百濟瓦塼』, 148쪽 사진 359.
　百濟文化開發研究院, 1983, 『百濟瓦塼圖錄』, 208쪽 사진 408.

56) 경희대학교 중앙박물관, 2005, 『고구려와당』, 45쪽 사진 30.
　井內古文化研究室編, 昭和 51年, 『朝鮮瓦塼圖譜 高句麗』Ⅱ, PL. 25-93.

그림 36. 전 평양 출토 와당 　　　　　　　　그림 37. 평양 출토 와당

장과 거의 동시기인 동진말기부터 비롯되었음을 알 수 있다. 화판의 형태
는 대부분 유엽형에 가깝고 일부 제~양대에 이르러 평면 오각형이 나타
나고 있다. 특히 제~양대의 와당에서는 화판의 판단부가 곡절되면서 판
단이 삼각형 모양의 첨형으로 표현되었음을 볼 수 있는데[57] 이는 황룡사
지 및 백제의 중정리유적에서 출토된 와당 형식과 친연성이 아주 높다.
다만, 간판의 형태 및 전체적인 화판의 형태에서 이질적인 요소를 보이긴
하지만 이전까지 신라 와당에서 이러한 곡절이 관찰되지 않았다는 점에서
남조 제와술의 전파를 판단케 한다. 따라서 이러한 요소를 보이는 황룡사
의 A형식은 중건 가람의 초창기(6세기 4/4분기) 와당으로 간주하여도 큰 무
리는 없으리라 생각된다.

　자방 외곽의 원권대는 동진말부터 진대에 이르기까지 지속적으로 나
타나고 있어 남조 와당의 표지적인 특징을 보여주고 있다. 참고로 백제

57)　賀云翔, 2004, 「南朝時代 建康地域 蓮花紋 瓦當의 變遷 과정 및 관련 문제의 연
　　구」『漢城期 百濟의 물류시스템과 對外交涉』, 학연문화사, 圖 23.

의 경우는 한성기 및 웅진기의 와당에서 이러한 자방 외곽의 원권대가 시문되지 않았다. 따라서 자방에 장식된 원권대는 사비천도 후 남조와의 교류 속에서 백제에 전파되었음을 알 수 있다. 또한 황룡사 창건 가람의 와당으로 추정되는 고구려 및 백제계의 와당에서도 이러한 원권대는 확인할 수 없다. 전체적인 출토 와당의 제작 시기를 검토해 볼 때 황룡사 중건 가람의 와당에서 보이는 원권대는 신라나 백제의 독창적인 제와 속성보다는 남조의 제와 요소임을 알 수 있겠다.

연자 배치의 경우 E·F형식에서 1+4과의 연자 배치가 확인되고 있다. 이는 중국 남조에서도 제~양대에 유행한 것으로 백제의 경우 일찍이 6세기 2/4분기경 정암리 와요 출토 판단삼각돌기식 와당(그림 38)[58]에서 살펴지고 있다. 반면, 신라는 1+4과의 연자 배치를 보이는 와당의 경우 화판 수가 6엽이거나 판단부가 반전되거나 융기되지 않고 평판적이라는 점, 간판의 판두가 길게 표현되어 화판의 판단선을 포함한 점, 그리고 화판의 판근부와 자방이 연접되어 있지 않고 격리된 점 등에서 분황사 출토 와당보다는 후행하는 형식으로 이해된다. 따라서 1+4과의 연자 배치를 보이는 돌대식 와당의 편년은 7세기 2/4분기 후반으로 추정된다.

그런데 이러한 신라와 중국 남조와의 빈번한 교섭에도 불구하고 남조에서의 와범 전파나 와박사(혹은 와공)의 파견과 같은 직접적인 교류는 파악되지 않고 있

그림 38. 부여 정암리 와요 출토 와당

---

58) 國立扶餘博物館, 2010, 『百濟瓦博』, 249쪽 사진 669.

다. 다만, 돌대식이나 자방내의 연자 배치, 자방 외곽의 원권대 등과 같은 세부적인 요소들만 간취될 뿐이다.

이처럼 황룡사 돌대식 와당의 제작에 중국 남조의 와범이나 와박사(와공)의 존재를 거론치 않는 가장 직접적인 이유는 화판과 주연 사이에서의 원권대 존재유무 때문이다. 즉, 중국 남조의 경우 동진 말부터 진대에 이르기까지 거의 대부분의 와당에서 이 원권대가 관찰되는 반면, 황룡사 중건 가람의 돌대식 와당에서는 이러한 속성이 거의 확인되지 않고 있다. 만약 진대의 와범 전파나 와박사(혹은 와공)들의 파견이 직접적으로 이루어졌다면 당시 진대의 와당에서 유행하였던 요소들이 신라 와당에도 자연스럽게 반영되었을 것이다. 따라서 신라 황룡사의 중건 가람에 사용된 돌대식 와당은 그 주요 디자인 만 남조에서 유입되었을 뿐, 그 제작은 신라의 와공들에 의해 이루어졌음을 알 수 있다. 이 같은 근거는 신라의 제와술로 만들어진 경주 물천리 경마장 부지 출토의 판단원형돌기식 와당에 돌대식이 첨가된 사실로도 판단할 수 있겠다.[59]

V. 맺음말

이상에서와 같이 황룡사 중건 가람의 출토 유물 중 연화돌대형 와당을 중심으로 하여 그 시기 구분 및 속성들을 살펴보았다. 그럼으로써 이 와당의 모델이 중국 남조에 있었고 진흥왕의 대 남조(陳) 교섭을 통해 제와술이 도입된 것으로 파악하였다.

---

59) 물천리 경마장 부지 와요지에서 출토된 판단원형돌기식 와당의 경우 그 형식은 백제의 판단원형돌기식 와당과 친연성이 있으나 백제의 경우 이 같은 와당이 그동안 공주·부여·익산지역에서 거의 수습된 바가 없다. 반면, 신라의 경우는 대단위의 가마군에서 출토되었기 때문에 신라의 제와술로 제작되었음을 알 수 있다.

돌대식 와당의 도입 시기는 황룡사 중건 가람의 조영과 관련하여 6세기 4/4분기 무렵으로 편년하였다. 물론 금당이 584년에 조성되고, 9층 목탑의 경우는 645년에 건립됨을 볼 때 중건 가람에 사용된 와당 역시도 이와 같은 시기차가 존재할 것으로 생각된다. 이렇게 볼 때 6세기 4/4분기경의 와당은 주로 금당에 사용되었고, 7세기 2/4분기경의 와당은 9층 목탑에 이용되었을 가능성이 높겠다.

한편, 와당을 구성하는 각 요소 즉, 1+4과의 연자 배치, 화판과 주연 사이의 원권문, 화판 중앙의 돌대문 등은 진흥왕이 백제와의 관산성 싸움이 후 한강유역의 명실상부한 패권자가 되면서 중국 남조와의 직접적인 교류를 통해 유입된 것으로 이해되었다. 이 같은 추정은 당시 진흥왕이 황룡사를 중건하기 앞서 남조 陳과의 밀접한 교류를 실시하였다는 『삼국사기』 기사를 통해서도 쉽게 이해할 수 있다. 그리고 황룡사 창건가람에 사용되었을 것으로 판단되는 고구려계 및 백제계의 와당을 통해서도 이러한 중건가람의 돌대식 와당이 외래(중국 남조 陳)의 제와술로 제작되었음을 알게 한다.

본고를 진행함에 있어 중건 가람에 해당되는 각각의 전각이 이미 훼폐되었고 여기에 사용된 와당 역시도 폐와유구에서 검출되어 정확한 편년설정 및 사용처 등을 밝히기가 쉽지 않았으나 경주 지역에 남아 있는 다른 유적과의 상대 비교를 통해 유추해 보았다. 향후 폐와유구에서 출토된 공반 토기의 검토를 통해 좀 더 면밀한 편년설정이 요구된다.[60]

---

60) 이 글은 趙源昌, 2006, 「皇龍寺 重建期 瓦當으로 본 新羅의 對南朝 交涉」 『韓國上古史學報』 52호의 내용을 수정 · 정리한 것이다.

07

皇龍寺址 出土 大形 鴟尾의
編年과 使用處 檢討

I. 머리말

553년(진흥왕 14) 월성 동쪽에 초축된 황룡사 창건가람은 墻宇가 완성되는 569년까지 17년간의 긴 공기가 소요되었다. 이후 574년(진흥왕 35) 장육존상의 주조가 시작되고 584년(진평왕 6)에는 이를 봉안하기 위한 중건가람의 중금당이 축조되었다. 중건가람은 창건가람을 완전 정지하고 조성하였기 때문에 금당지의 기단이나 초석과 같은 창건가람의 형적은 전혀 확인되지 않았다.[1] 다만, 굴광된 축기부가 검출되어 그 위치 정도만 파악

---

1) 창건가람→중건가람→최종가람으로 이르는 사원내의 전각(탑 포함) 배치 시기는 학자들 간에 약간의 이견이 있다. 이에 대해선 아래의 자료가 참조된다.
金正基, 1984, 「皇龍寺 伽藍變遷에 關한 考察」『皇龍寺』, 文化財管理局 文化財硏究所.
趙由典, 1987, 「新羅 皇龍寺伽藍에 관한 硏究」, 동아대학교 박사학위논문.
金東賢, 1991, 「경주 황룡사지에 대한 유구내용과 문헌자료와의 비교검토」『佛敎

되었을 뿐이다. 이후 황룡사에는 645년 9층목탑이 조영되고 종루와 경루 등이 새롭게 추가되면서 정형적인 가람을 갖추게 되었다.[2]

황룡사에는 모두 세 동의 금당이 자리하고 있다.[3] 중앙에 중금당이 입지해 있고 그 좌우로는 동·서 금당이 배치되어 있다. 세 동의 금당이 일자로 나란하게 배치되었다는 점에서 고구려나 분황사의 3금당과는 뚜렷하게 구별되고 있다. 세 금당 중 중금당의 규모가 가장 크며 기단은 가구기단이 시설된 이중기단으로 조성되었다.

한편, 황룡사지에서는 모두 20여 개소의 폐와유구[4]가 확인되었다. 물론 이들 모두를 동일시기의 것으로 편년할 수는 없지만 중건가람과 최종가람의 조성 및 이의 보수작업과 관련하여 불가피하게 형성된 폐기장소였음은 부인하기 어렵다. 따라서 폐와유구에서 수습된 모든 유물은 황룡사의 창건과 중건, 보수, 폐기 등과 밀접하게 관련되어 있음을 판단할 수 있다.

폐와유구에서는 와당을 비롯해 평기와, 전, 치미, 토기 등이 공반 출토되었다. 특히 강당지 북동편에 위치하고 있는 9호 폐와유구에서는 대형

美術』10.

張慶浩, 1991, 『百濟寺刹建築研究』, 藝耕産業社.

양정석, 2004, 『皇龍寺의 造營과 王權』, 서경.

2) 황룡사 사력에 대해선 다음의 자료를 참조하였다.
    『삼국유사』 권제3 탑상 제4 황룡사장육조 및 『삼국사기』 권제4 신라본기 제4 진흥왕조.
    文化財管理局 文化財硏究所, 1984, 『皇龍寺 遺蹟發掘調査報告書』 I.

3) 황룡사 창건가람, 중건가람, 최종가람 등에 대한 내용은 文化財管理局 文化財硏究所, 1984, 『皇龍寺 遺蹟發掘調査報告書』 I 참조.

4) 보고서에는 廢瓦무지(文化財管理局 文化財硏究所, 1984, 『皇龍寺 遺蹟發掘調査報告書』 I, 155쪽)로 기술되어 있으나 본고에서는 廢瓦遺構로 통칭하고자 한다.

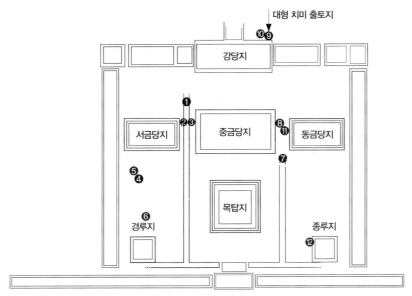

그림 1. 경주 황룡사지 내 대형치미 출토지(⑨호 폐와유구)

의 치미(그림 1)[5]와 함께 고신라~통일신라기의 연화문 와당[6]과 다수의 토
기편, '木平'명 암키와 등이 검출되었다.[7] 이로 보아 9호 폐와유구의 조성
시기는 출토 와당으로 보아 통일신라기임을 확인할 수 있다.

　본고는 황룡사지 9호 폐와유구에서 출토된 대형 치미의 제작 시기를 밝
히는 데 일차적 목적이 있다.[8] 이를 위해 9호 폐와유구에서 수습된 신라

---

5)　文化財管理局 文化財研究所, 1984,『皇龍寺 遺蹟發掘調査報告書』I , 192쪽 삽도
　　422.

6)　文化財管理局 文化財研究所, 1984,『皇龍寺 遺蹟發掘調査報告書』I , 195쪽 삽도
　　431.

7)　文化財管理局 文化財研究所, 1984,『皇龍寺 遺蹟發掘調査報告書』I , 156쪽.

8)　황룡사지 치미에 대한 편년 검토는 다음의 자료를 통해 개략적으로 살필 수 있다.

~통일신라기의 와당을 검토해 보고자 한다. 특히 치미에 시문된 연화문을 국내외 여러 와당 문양과 상호 비교하여 이의 편년을 유추해 보도록 하겠다. 다만, 보고서에 실린 와당 중 문양이 선명치 않은 것들에 대해선 이와 친연성이 있는 타 유적 출토 와당을 사례로 하여 살펴보고자 한다. 아울러 폐와유구에서 수습된 182cm나 되는 대형 치미를 어느 건축물에 사용하였는지도 출토지를 중심으로 하여 함께 검토해 보도록 하겠다.

II. 대형 치미의 검토[9]

치미는 상상의 새인 鴟의 꼬리를 의미하는 것으로 화재와 수재를 방지하는 벽사적 기능과 장식적 기능, 그리고 용마루 양단에 설치되어 건물의 균형미를 표현해 주는 특수기와로 사용되고 있다.[10] 그 동안의 발굴조사 내용을 검토해 볼 때 삼국시대부터 등장하였음을 알 수 있고 주로 사원을

金有植, 1996, 「新羅 鴟尾에 대한 일연구 −경주지역 출토품을 중심으로−」『慶州史學』15권.

朴昭姬, 2008, 「統一新羅時代 鴟尾 製作法 研究 −慶州地域 出土品을 中心으로−」, 경주대학교 석사학위논문. 이 논문에서 필자는 황룡사지 출토 대형 치미의 제작시기를 통일신라시대로 파악하였다.

9) 치미와 관련된 자료는 아래의 것을 참조하였다.
    文化財管理局 文化財研究所, 1984, 『皇龍寺 遺蹟發掘調査報告書』I, 152쪽.
    金有植, 1996, 「新羅 鴟尾에 대한 일연구 −경주지역 출토품을 중심으로−」『慶州史學』15권.
    朴昭姬, 2008, 「統一新羅時代 鴟尾 製作法 研究 −慶州地域 出土品을 中心으로−」, 경주대학교 석사학위논문.

10) 金有植, 1996, 「新羅 鴟尾에 대한 일연구 −경주지역 출토품을 중심으로−」『慶州史學』15권, 59~60쪽.

중심으로 확인되고 있다.[11]

치미는 머리, 몸통, 날개, 꼬리, 능골 등으로 구분되고 있으며 방향에 따라서는 앞면과 뒷면, 그리고 양측으로 나누어지고 있다.[12] 날개는 위를 향하고 있으며 몸통과 날개 사이에는 종대가 양각되어 있다. 몸통에는 연화문을 비롯한 인면문, 초화문, 보주문, 초문, 소주문 등 여러 다양한 문양이 장식되어 있다.[13]

그 동안 신라의 고토에서 수습된 치미는 황룡사지를 비롯해 흥륜사지, 고선사지, 사천왕사지, 감은사지, 안압지, 분황사, 기림사, 황복사지, 천군리사지, 불국사, 석굴암, 월성해자, 굴불사지, 전 인용사지, 남리사지, 구황동 원지 유적 등이 있다.[14] 사원유적이 다수를 차지하고 있으나 안압지, 월성 등 당시 왕이나 귀족 등과 관련된 특권층의 권위건물에도 사용되고 있었음을 살필 수 있다.[15]

황룡사지 대형 치미(그림 2~6)[16]는 동서 길이 4.3m, 남북 길이 3.8m,

---

11) 이는 백제에서도 마찬가지이다. 그러나 부여 동남리유적의 경우 사원이 아님에도 불구하고 치미가 출토된 바 있다(朝鮮總督府, 昭和13年,「扶餘に於ける百濟寺址の調査(槪報)」『朝鮮古蹟調査報告』 및 忠南大學校博物館, 1993・1994,「扶餘 東南理遺蹟 發掘調査 略報告書」). 이로 보아 치미는 건물의 성격 보다 사상적・기능적 측면에서 사용되었음을 판단해 볼 수 있다.

12) 金有植, 1996,「新羅 鴟尾에 대한 일연구 −경주지역 출토품을 중심으로−」『慶州史學』15권.

13) 朴昭姬, 2008,「統一新羅時代 鴟尾 製作法 研究 −慶州地域 出土品을 中心으로−」, 경주대학교 석사학위논문.

14) 國立慶州文化財研究所・慶州市, 2008,『慶州 九黃洞 皇龍寺址展示館 建立敷地內 遺蹟−九黃洞 苑池 遺蹟』, 652쪽.
    朴昭姬, 2008,「統一新羅時代 鴟尾 製作法 研究 −慶州地域 出土品을 中心으로−」, 경주대학교 석사학위논문

15) 그러나 치미가 구체적으로 어떠한 건물에 사용되었는지는 확실히 알 수 없다.

16) 文化財管理局 文化財研究所, 1984,『皇龍寺 遺蹟發掘調査報告書』I, 202쪽 상좌

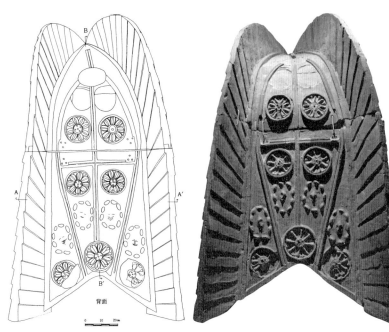

그림 2. 황룡사지 출토 대형치미 후면　　그림 3. 황룡사지 출토 대형치미 후면

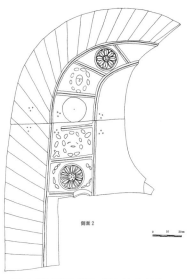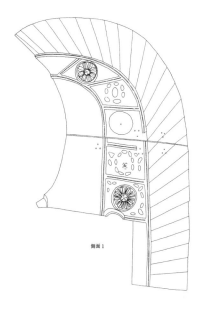

그림 4. 황룡사지 출토 대형 치미 측면

그림 5. 황룡사지 출토 대형치미 측면　　　　그림 6. 황룡사지 출토 대형치미 정면

깊이 약 1.2m인 9호 폐와유구[17])에서 수습되었다. 치미는 파편 상태로 모
아져 원형에 가깝게 복원되었고 높이는 182cm, 폭은 105cm로 계측되었
다. 특히 이러한 크기는 신라지역에서 수습된 것 중 가장 대형에 속하고
있어 주목되고 있다.[18])

　치미는 중상부에서 분리 제작된 후 상하로 조립되었다. 이는 분리된 경

　　　　및 203쪽.

　　　　필자 사진.

17)　이는 건축 폐기물을 묻기 위한 구덩이를 말한다. 이러한 폐와유구는 일반 기와 건
　　　물지 주변에서도 어렵지 않게 살필 수 있다.

18)　이는 신라뿐만 아니라 백제나 고구려에서도 그 비교 대상을 찾기 어렵다.

계면 위아래에 배치된 3개 1조의 구멍(그림 7)[19]으로 파악해 볼 수 있다. 결국 이러한 분업화의 조치는 치미의 대형화와 관련하여 번와를 위한 가마의 규모나 완성된 후 지붕에 옮기기 위한 과정에서[20] 생겨난 편의의 결과라 생각된다.

치미 머리는 단면이 반원형이며 끝단에는 수키와를 접합할 수 있는 작은 촉이 달려 있다. 1단의 촉 주변에는 각도를 완만하게 하여 둥글게 처리하였다. 양 측면은 2조의 종선대를 'ㄱ' 모양으로 장식하고 내부는 2조의 횡선대로 공간 분할하였다. 6개의 공간 내부에는 8엽의 연화문(3개)과 인면문(2개)이 교대로 배치되어 있다. 가운데의 연화문이 결실(그림 8)[21]된

그림 7. 대형 치미의 상하 부분을 결구하기
위한 구멍(3개 1조)

그림 8. 대형 치미의 연화문 장식이 빠진 자리

---

19) 필자 사진.

20) 182cm가 되는 대형 치미를 한 번에 지붕 위로 들어 올린다는 것은 노동력이나 지붕의 안전성 측면에서 부적합하였을 것으로 생각된다. 따라서 치미의 분리 제작은 신라 제와장의 창의적 사고에 따른 것으로 이해된다.

21) 필자 사진.

것으로 보아 별도 제작 후 부착한 것으로 살펴진다.

후면에도 2조의 돌대를 주형으로 만들고 그 내부에 '十'자의 종선대와 횡선대를 장식하여 4개의 공간으로 분할하였다. '十'자문을 중심으로 그 상하에 8엽의 연화문을 배치하고 그 외곽에 다시 인면문을 장식하였다. 그리고 꼭지점에 해당되는 상하단에는 연화문을 장식한 것으로 생각된다. 현재 '十'자문 상단의 경우 2개의 인면문과 1개의 연화문이 결실된 상태로 남아 있다.

연화문은 직경 17cm이며 자방 내부에는 1+4과의 연자가 배치되어 있다. 연판과 연판 사이에는 'T'자형의 간판이 장식되어 판근이 자방에까지 이어져 있다. 연화문은 그 생김새로 보아 돌대식[22]으로 분류할 수 있으며 판단부는 약간 융기되어 있다. 자방 외곽으로는 1조의 원권대가 시문되어 있고 자방과 원권대 사이에는 凹溝가 마련되어 있다. 자방 외곽에서의 단선문이나 연주문대 등과 같은 장식은 표현되어 있지 않다. 연판과 주연 사이는 약간의 사이를 띄고 있으나 원권대는 시문되어 있지 않으며 주연에서의 연주문대도 확인되지 않는다.

인면문(그림 9)[23]은 웃는 모습을 하고 있으나 각기 다른 모습을 취하고 있다. 즉, 수염이 있는

그림 9. 대형 치미에 장식된 인면문

---

22) 연화문 내부에 종방향으로 돌대가 그어진 형식을 말한다. 이는 중국 남조를 통해 황룡사 중건가람에 유입된 것으로 이해할 수 있다. 이에 대해선 趙源昌, 2006, 「皇龍寺 重建期 瓦當으로 본 新羅의 對南朝 交涉」『韓國上古史學報』 52호 참조.

23) 필자 사진.

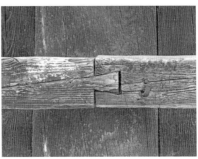

그림 10. 황룡사지 대형 치미 정면에서 보이는 주먹장부이음

그림 11. 목조건축물에 사용된 주먹장부이음

그림 12. 황룡사지 대형 치미 측면 좌측에서 보이는 반턱이음

그림 13. 황룡사지 대형 치미 측면 우측에서 보이는 반턱이음

것과 없는 것, 눈초리가 처지거나 입 꼬리가 올라가는 등 해학적인 모습을 보여주고 있다. 평면적이나 양각과 음각이 사실적으로 묘사되어 있고 인면문의 외곽으로는 원형에 가깝게 1조의 연주문대가 부착되어 있다.

한편, 대형 치미는 상하 2부분을 결구하기 위해 정면은 주먹장부이음 (그림 10·11),[24] 후면의 양 측단부는 반턱이음(그림 12·13)[25]을 사용하고 있다. 이러한 결구기법은 목조건축에서 주로 살펴지고 있으며, 다른 치미에서는 확인되지 않는 특이성을 가지고 있다.

Ⅲ. 9호 폐와유구 출토 와당 검토

강당지 북동편에 위치하고 있는 9호 폐와유구에서는 대형 치미를 비롯한 다양한 형식의 와당이 수습되었다. 물론 폐와유구에서 수습된 와당을 중심으로 한 신창수의 편년안이 이미 학계에 보고된 바 있으나[26] 이는 1~6호 출토품만을 대상으로 한 것이기에 9호 출토 와당에 대한 편년안은 아직까지 제시되어 있지 않다.[27]

따라서 본고에서는 9호 폐와유구 출토 와당[28] 중 대표적인 형식만을

---

24) 필자 사진.

25) 필자 사진.

26) 申昌秀, 1986, 「皇龍寺址 出土 新羅기와의 編年」, 단국대학교 석사학위논문.

27) 9호 폐와유구 출토 와당에 대한 편년 설정은 아래의 자료를 참조하였다.
김성구, 1981, 「안압지 출토 고식 와당의 형식적 고찰」 『미술자료』 29호, 국립중앙박물관.
申昌秀, 1986, 「皇龍寺址 出土 新羅기와의 編年」, 단국대학교 석사학위논문.
조원창, 2006, 「황룡사 중건기 와당으로 본 신라의 대남조 교섭」 『한국상고사학보』 52호.

28) 현재 보고서상에는 9호 폐와유구에서 수습된 와당을 사진 한 판에 일괄 제시하고 있다(그림 14). 와당의 개별 세부 사진 및 탁본 자료가 없고 인쇄 상태도 양호하지 못하여 수막새의 세부 형상을 파악하는데 어려움이 따른다. 따라서 부득이하게 황룡사지 내 다른 유구 및 경주 지역의 여타 유적에서 검출된 와당 중 동일 형식으로 추정되는 와례들을 사진 자료로 사용하였다.

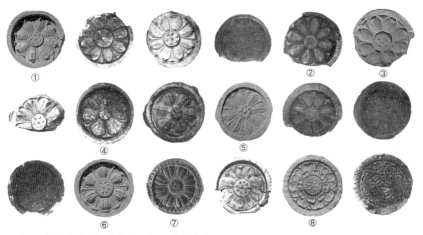

그림 14. 황룡사지 9호 폐와유구 출토 와당 일괄

중심으로 이들의 편년을 검토해 보고자 한다. 이를 위해 사진 상태가 양호하지 못한 와당에 대해선 동일 형식의 와례로 추정되는 다른 유적 출토 와당을 참고로 하여 살펴보도록 하겠다. 그러므로서 대형 치미의 편년이 거시적으로 어느 시기에 해당되는 지를 파악해 보고자 한다.

1. ①번 와당

이 와당(그림 15)[29]은 1+6과의 연자 배치에 단판 8엽을 하고 있다. 연판의 판단부가 서서히 융기되면서 소주문을 맺고 있다. 연화돌대식이면서 연판이 세장하여 원형돌기식의 와례를 연상시킨다. 자방이나 주연부

文化財管理局 文化財硏究所, 1984,『皇龍寺 遺蹟發掘調査報告書』Ⅰ, 195쪽 하단 사진.
29) 필자 사진.

그림 15. ①번 와당

그림 16. 부여 중정리유적 출토 와당

에서의 장식문은 확인할 수 없다. 백제 사비기 부여지역의 중정리유적 출토 와당(그림 16)[30]과 친연성이 있으며 이 와례의 경우 제작 시기는 6세기 4/4분기경으로 추정된 바 있다.[31]

연화돌대식 와당은 황룡사지 폐와유구 출토 와례 중 가장 다수를 차지하고 있는 것으로 당시 중국 남북조에서 유행한 와당 형식이다. 신라 진흥왕의 대외교섭과 관련하여 남조 陳에서 유입되었을 것으로 추정된 바 있다.[32] 특히 ①번 와당은 황룡사 중건가람의 창건 와례[33]로 판단되고 있으며 이 형식의 와당에 대해선 기왕의 편년안이 있어 취신코자 한다.[34]

---

30) 國立扶餘博物館, 2010, 『百濟瓦塼』, 239쪽 사진 627.

31) 조원창, 2006, 「황룡사 중건기 와당으로 본 신라의 대남조 교섭」 『한국상고사학보』 52호, 33쪽.

32) 조원창, 2010, 『한국 고대 와당과 제와술의 교류』, 서경문화사, 158쪽. 이에 대해 김성구의 경우는 신라의 독창적인 와당으로 이해한 바 있다(2000, 『新羅瓦塼』, 435쪽).

33) 조원창, 2010, 『한국 고대 와당과 제와술의 교류』, 서경문화사, 149쪽.

34) 申昌秀, 1986, 「皇龍寺址 出土 新羅기와의 編年」, 단국대학교 석사학위논문.

2. ②번 와당

　　1+4과의 연자 배치를 보이는 단판 8엽의 연화문 와당이다. 자방에 비해 연판이 상대적으로 크게 제작되었다는 특징이 있다. 연판은 판근에서 판단으로 올라오며 서서히 융기하고 있다. 이와 같은 와례는 백제 사비기 부여 정림사지, 가탑리사지(그림 17)[35]를 비롯해 일본 비조사, 풍포사지, 정림사지(그림 18)[36] 등에서도 찾아지고 있어 백제 제와술의 일본 파를 판단케 한다.[37] 제작 시기는 비조사 창건와와 비교하여 6세기 4/4분기경으로 편년되고 있다.[38]

그림 17. 부여 가탑리사지 출토 와당　　　　　그림 18. 일본 정림사지(입부사) 출토 와당

　　趙源昌, 2006,「皇龍寺 重建期 瓦當으로 본 新羅의 對南朝 交涉」『韓國上古史學報』52호.

35)　國立扶餘博物館, 2010,『百濟瓦博』, 118쪽 사진 248.

36)　國立扶餘博物館, 2010,『百濟瓦博』, 319쪽 사진 841.

37)　백제 제와술의 신라전파는 판단원형돌기식 와당에서도 살필 수 있다.
　　조원창, 2010,『한국 고대 와당과 제와술의 교류』, 서경문화사, 116쪽.

38)　趙源昌, 2000,「熊津遷都後 百濟瓦當의 變遷과 飛鳥寺 創建瓦에 대한 檢討」『嶺南考古學』27호.

3. ③번 와당

이 와례(그림 19)[39]는 1+4과의 연자 배치에 단판 8엽을 한 연화돌대식 와당이다. 판단부에 소주문이 맺혀 있어 경주 경마장 부지 출토 판단원형 돌기식 와당과 친연성이 찾아진다. 백제의 원형돌기식 와당을 신라화한 상태에서 돌대문을 첨가한 형식으로 제작 시기는 6세기 4/4분기경으로 추정되고 있다.[40]

그림 19. ③번 와당

그림 20. 경주 월성 출토 와당

4. ④번 와당

1+5과의 연자 배치를 보이는 단판 6엽의 연화문 와당이다. 연화돌대식 으로 연판의 최대경이 중상부에 위치하고 있어 단면 5각형을 연상시킨다.

---

39) 필자 사진.

40) 조원창, 2010, 『한국 과대 와당과 제와술의 교류』, 서경문화사, 146쪽.

연판은 판근에서 판단으로 올라오며 살짝 융기하고 있다. 이러한 와례는 황룡사지를 비롯해 분황사, 안압지, 월성(그림 20)[41] 등에서 수습된 바 있다. 제작 시기는 분황사 창건와[42]로 추정되고 있어 7세기 2/4분기경으로 파악된다.[43]

5. ⑤번 와당

1+8과의 연자 배치를 보이는 단판 8엽의 연화돌대식 와당(그림 21)[44]이다. ④번 와당에 비해 연판이 세장함을 볼 수 있으며 자방에 꽉 차게 연자가 배치되어 있다. ①번 와당에 후행하는 형식으로 제작 시기는 7세기 1/4~2/4분기경으로 추정된다.

그림 21. ⑤번 와당

그림 22. ⑥번 와당

41) 필자 사진.
42) 김성구, 1981, 「안압지 출토 고식 와당의 형식적 고찰」, 『미술자료』 29호, 국립중앙박물관, 19쪽.
43) 조원창, 2010, 『한국 고대 와당과 제와술의 교류』, 서경문화사, 146쪽.
44) 필자 사진.

6. ⑥번 와당

1+8과의 연자 배치를 보이는 단판 6엽의 판단삼각돌기식 와당(그림 22)[45]이다. 자방 외곽으로는 1조의 연주문대가 시문되어 있다. 연판 내에는 토끼 귀처럼 보이는 자엽 2개가 판단삼각돌기를 중심으로 좌우에 장식되어 있다. 간판은 우산을 연상시킨다. 판단삼각돌기에 자엽이 배치되고 주연에 연주문대가 시문되지 않은 것으로 보아 7세기 2/4~3/4분기경의 와례로 추정된다.

7. ⑦번 와당

1+6과의 연자 배치를 보이는 복판 8엽의 연화문 와당(그림 23)[46]이다. 자방과 연판 사이에는 단선문이 원을 이루며 장식되어 있다. 간판은 연

그림 23. ⑦번 와당

그림 24. ⑧번 와당

---

45) 필자 사진.

46) 國立慶州博物館, 2000, 『新羅瓦塼』, 107쪽 사진 341.

판에 비해 작게 시문되었고 주연부에는 연주문대가 조각되어 있다. 연판의 형식과 자방 외곽의 장식문, 그리고 주연부의 연주문대로 보아 7세기 3/4~4/4분기경의 와당으로 추정해 볼 수 있다.

8. ⑧번 와당

판구 내외로 연판이 배치된 혼판식 와당이다(그림 24).[47] 연판은 모두 複辨이며 내외 8엽으로 시문되어 있다. 자방은 크게 제작되었고 1+6+19 과의 연자가 배치되어 있다. 간판은 외판에만 작게 표현되었다. 주연부에는 1조의 연주문대가 시문되어 있다. 신창수는 이 와례를 7세기 후반으로[48] 편년하고 있으나 연판의 장식성과 혼판의 특징으로 보아 8세기 전반에 제작되었을 것으로 추정된다.

이상의 와당 자료들을 검토해 볼 때 대형 치미가 출토된 9호 폐와유구의 와례들은 대체로 6세기 4/4분기~8세기 전반에 제작되었음을 유추해 볼 수 있다. 폐와유구라는 것이 일종의 폐기장으로서 비교적 짧은 시기에 축조·폐기됨을 고려해 볼 때 9호 유구는 8세기 전반 이후에 조성되었음을 추정할 수 있다.[49] 아울러 폐와유구에서 여러 형식의 와당과 공반 수습된 대형 치미는 이들과 상대 비교하여 6세기 4/4분기 이후 8세기 전반 사이에 제작되었음을 생각해 볼 수 있다. 이렇게 볼 때 9호 폐와유구에서 수습된 치미와 와당은 황룡사 중건가람기의 것을 중심으로 하여 최종가람기의 것이 일부 포함되어 있음을 살필 수 있다.

---

47) 이 와당에 대해 신창수의 경우는 중엽연화문 A로 형식 분류하였다(申昌秀, 1986, 「皇龍寺址 出土 新羅기와의 編年」, 단국대학교 석사학위논문, 28쪽 도 39).

48) 申昌秀, 1986, 「皇龍寺址 出土 新羅기와의 編年」, 단국대학교 석사학위논문, 65쪽.

49) 이는 달리 말하면 8세기 전반 이후에 황룡사의 지붕 개량이 이루어졌음을 의미하기도 한다.

IV. 대형 치미의 편년적 검토

황룡사지 9호 폐와유구에서 수습된 대형 치미에는 이의 제작 시기[50]를 밝혀줄만한 명문이 전혀 없다. 아울러 이에 대한 고기의 언급도 살필 수가 없다. 다만, 치미에 장식된 연화문과 이와 함께 공반 출토된 와당의 편년 검토를 통해 그 제작 시기를 유추해 볼 수 있을 뿐이다.

여기에서는 대형 치미에 시문된 여러 문양 중 연화문을 중심으로 하여 이의 편년을 검토해 보고자 한다. 편년 검토를 위해 이들 연화문과 친연성이 있는 신라 및 일본 출토 와당에 대해서도 함께 살펴보도록 하겠다.

치미에서 관찰되는 연화문은 크게 3가지 형식으로 구분할 수 있다(그림 25·26·27).[51] 즉, 자방에서 살펴지는 연자 배치나 자방 외곽의 원권대, 자방과 연화문 사이의 凹溝 등을 통해 세부 차이를 확인할 수 있다. 그러나 이는 일부 속성에 불과한 것이어서 전체적인 연판의 형태에서는 큰 차이를 살필 수 없다.

대형 치미에서 관찰되는 연화문의 공통적 특징은 돌대가 그어진 연화돌대식이라는 점과 연화문의 최대경이 중상부에 위치한 점, 그리고 돌대

---

50) 김유식은 경주지역에서 수습된 치미를 크게 3시기로 구분하고 황룡사지 출토 치미를 고신라기인 Ⅰ기에 포함시켰다. 이의 근거는 치미의 출토지가 금당과 강당 주변에 있고 이들의 조성 시기가 584년이라는 것에 착안하여 편년을 설정한 것이다. 아울러 치미편이 출토된 2호(9호의 오기) 폐와유구에서 6세기 후반 특히 금당과 강당이 완성되었던 2차 가람에 사용되었다고 추정되는 고신라기의 연화문 수막새가 주류를 이루었기 때문에 치미의 제작연대도 584년 전후한 시기로 파악하였다(金有植, 1996, 「新羅 鴟尾에 대한 일연구 −경주지역 출토품을 중심으로−」 『慶州史學』15권, 83~84쪽). 그러나 폐와유구에서는 6세기 4/4분기의 것만이 아닌 7세기 이후 8세기 전반기의 와당도 살필 수 있기 때문에 치미의 편년을 6세기 후반으로만 국한하여 설정하는 것은 다소 문제의 소지가 많다 할 수 있다.

51) 필자 사진.

그림 25. 대형 치미 내 연화문 1

그림 26. 대형 치미 내 연화문 2

그림 27. 대형 치미 내 연화문 3

가 표현된 부분이 심하게 돌출[52] 되어 있다는 사실 등이다. 특히 연화문 종단면의 돌출화는 앞에서 제시한 9호 폐와유구 출토 연화돌대식 와례들과는 전혀 다른 형상을 보여주고 있다.[53] 이러한 형태의 연화문은 그 동안 백제나 고구려지역에서도 거의 관찰된 바 없다는 점에서 신라의 독창적인 제와술로 파악할 수 있다.

  하지만 이상의 동질성에도 불구하고 이들 연화문은 연자 배치나 자방 외곽의 원권대 유무, 凹溝의 유무, 간판의 형태 등을 통해 약간의 차이를

---

52) 단면상으로 볼 때 '▲'형에 가까움을 살필 수 있다.
53) 이는 연판의 횡단면에서 확연하게 살필 수 있다.

발견할 수 있다. 이를 표 1로 살피면 아래와 같다.

표 1. 대형 치미 내 연화문의 시문 양상

구분	자방		요구	간판
	연자 배치	원권대		
연화문 1	1+4과	유	무	돌대 유
연화문 2	1+4과	무	무	돌대 유
연화문 3	1+3과	유	유	돌대 무

　표 1에서 살핀 바와 같이 대형 치미 내의 연화문은 세부적 속성에서 약
간의 차이를 확인할 수 있다. 하지만 이들 모두가 동 시기에 제작되어 대
형 치미에 부착되었음은 이견의 여지가 없다.[54] 이는 한편으로 연자 배치
나 자방 외곽의 원권대 등이 연화문의 전체 편년을 검토하는 데 있어 결정
적인 속성이 되지 못함을 의미하기도 한다. 즉, 백제 웅진기인 6세기 2/4

그림 28. 공주 대통사 출토 와당

그림 29. 공주 공산성 출토 와당

----

54) 이는 연화문을 제작한 와범의 차이에 기인한 것으로 생각된다.

분기경에 제작된 공주 대통사(그림 28)[55] 및 공산성(그림 29)[56] 출토 와당을 보면 연자 배치가 1+6과 및 1+8과 등 달리 나타나고 있다. 아울러 자방 외곽의 원권대에 있어서도 사비기 유적을 보면 한 유적에서 함께 나타나고 있다.

반면, 자방 외곽에서의 凹溝[57]나 연화문의 형식 등은 전술한 와당 요소 들에 비해 편년의 기준으로 삼기에 큰 무리가 없다. 이는 와당 연구자들 이 연화문의 형태로 미루어 시기를 설정하는 것으로도 잘 알 수 있다. 따 라서 본고에서는 황룡사지 출토 대형 치미의 편년을 검토함에 있어 연화 문을 중심으로 살펴보고자 한다.

전술하였듯이 대형 치미에서 살필 수 있는 연판의 가장 큰 특징은 연 판 종단면에서의 돌출화이다. 신라 와례 중 이와 유사한 연판을 보이는

그림 30. 경주 재매정지 출토 와당   그림 31. 경주 안압지 출토 와당

---

55) 필자 사진.

56) 필자 사진.

57) 월성 출토 와례로 보아 6세기 4/4분기~7세기 1/4분기에 등장한 것으로 추정된다.
     趙源昌, 2006, 「鞞智城 瓦當으로 본 新羅 製瓦術의 對倭 傳播」『湖西考古學』14.

| 그림 32. 경주 전랑지 출토 와당 | 그림 33. 울산 입암리사지 출토 와당 |

것으로는 충주 탑평리사지[58]를 비롯해 제천 장락사지,[59] 경주 재매정지
(그림 30)[60] 및 안압지(그림 31),[61] 전랑지(그림 32),[62] 울산 입암리사지(그림

---

58) 단판 6엽이며 판단은 첨형이다. 연판의 형태는 오각형으로 보이며 중심부는 심하
게 융기되어 있다. 자방 내의 연자 배치는 1+6과이며 간판은 마름모형이다. 연판
과 자방 사이에는 요구가 제작되어 있다. 분황사의 창건 와당과 비교해 볼 때 7세
기 3/4분기 이후의 것으로 추정된다.

59) 단판 6엽으로 주연부는 대부분 파손되었다. 연판과 간판의 형태, 연자 배치, 요구
등에서 충주 탑평리사지 출토 와례와 친연성이 살펴진다. 제작 시기는 7세기 3/4
분기 이후의 것으로 생각된다.

60) 國立慶州博物館, 2000, 『新羅瓦博』, 78쪽 사진 255. 단판 7엽의 와당이다. 연판
의 판근이 자방과 붙어 있지 않고 떨어져 있다. 탑평리사지나 장락사지 출토 와당
에 비해 연판의 볼륨감이 떨어져 보인다. 1+4과의 연자 배치를 보이며 자방 외곽
에서의 요구는 없다.

61) 國立慶州博物館, 2000, 『新羅瓦博』, 41쪽 사진 96. 단판 8엽의 와당이다. 판단 융
기와 돌대를 이용하여 연판의 양각화를 시도하였다. 1+8과의 연자 배치를 보이며
자방 외곽에서는 원권대가 확인된다. 간판은 다른 와례와 달리 'Y'형을 띠고 있다.

62) 國立慶州博物館, 2000, 『新羅瓦博』, 73쪽 사진 237. 단판 8엽의 와당이다. 안압

그림 34. 충주 탑평리사지 출토 와당   그림 35. 제천 장락사지 출토 와당

33)[63] 등에서 확인할 수 있다. 연화돌대식이라는 큰 범주에 속하고 있으
나 연판의 특이성으로 인해 그 사례가 많지 않은 와례임을 살필 수 있다.

위에 제시한 와례 중 재매정지를 비롯한 안압지, 전랑지, 입암리사지 출
토 와당은 돌대를 이용하여 연판의 종단면을 돌출시켰다는 점에서 어느
정도 형식화되었음을 볼 수 있다. 반면, 충주 탑평리사지(그림 34)[64] 및 제
천 장락사지(그림 35)[65] 출토 와당은 연화문 종단면 자체를 돌출시켰다는
점에서 황룡사지 대형 치미와 가장 친연성이 있음을 살필 수 있다. 이들
와례는 6세기 4/4분기 이후 황룡사지 출토 연화돌대식 와당의 변천 과정
을 통해 볼 때 7세기 3/4분기 이후의 것으로 생각된다.[66] 이는 凹溝의 존

　　　 지 출토 와례의 연판과 친연성이 살펴진다. 1+6과의 연자 배치를 보이며 자방 외
　　　 곽에서의 단선문 장식이 확인된다. 연판에 비해 자방이 크게 제작되었다.

63)　國立慶州博物館, 2000, 『新羅瓦博』, 168쪽 사진 555. 반파된 단판 8엽의 와당이
　　　 다. 안압지 출토 와당과 같은 형식의 연판을 보여주고 있다.

64)　경희대학교 중앙박물관, 2005, 『고구려와당』, 117쪽 사진 91.

65)　필자 사진.

66)　이들 편년은 다음의 논고를 참조할 수 있다.

재나 연화문 종단면의 돌출 그리고 연화문이나 자방에서의 장식화가 확인되지 않는 다는 점에서 내린 편년이다. 이는 결과적으로 황룡사지 출토 대형 치미의 제작이 적어도 7세기 3/4분기 이후에 제작되었음을 의미하는 것이라 할 수 있다.

한편, 대형 치미에서 살펴지는 연화문의 특징은 일본 구주지역의 鞠智城에서도 확인되고 있다. 즉, 저수지유적을 비롯한 64호 건물지 출토 와당 등에서 살필 수 있다.[67] 물론 연화문 종단면의 돌출 정도가 황룡사 치미만큼 확연하진 않지만 다른 와례들과 비교해 돌출 정도가 뚜렷하다는 점에서 황룡사 치미 연화문과의 친연성을 찾아볼 수 있다. 특히 손으로 눌러 만든 듯한 연화문의 형상은 충주 탑평리사지나 제천 장락사지 등과 비교해 아주 흡사한 모습을 하고 있다.

저수지유적 수습 와당(그림

그림 36. 일본 국지성 내 저수지유적 출토 와당

趙源昌, 2006, 「鞠智城 瓦當으로 본 新羅 製瓦術의 對倭 傳播」『湖西考古學』14.
趙源昌, 2006, 「皇龍寺 重建期 瓦當으로 본 新羅의 對南朝 交涉」『韓國上古史學報』52호.
반면, 田福涼은 이들 와례에 대해 7세기 중엽 및 그 이전으로 편년한 바 있다.
田福涼, 2007, 「장락사지 출토 수막새 검토」『충북의 기와 -제천 장락사지 출토 기와를 중심으로-』, 제4회 한국기와학회 학술대회 발표논문집.
67) 국지성 관련 자료는 아래의 것을 참조하였다.
熊本縣敎育委員會, 2002, 『鞠智城跡』-第22次調査報告-.
熊本縣 敎育委員會에서 편찬한 「기쿠치성터(鞠智城)에 대해」

36)[68]은 1996년도 조사를 통해 탄화미, 수혜기, 목간, 토사기, 목제품들과 함께 수습되었다. 연화문은 단판 8엽으로 연화돌대식을 취하고 있으며 연자는 1+6과의 배치를 보이고 있다. 자방 외곽으로는 1조의 凹溝가 깊게 드리워져 있으며 주연에서의 연주문대는 확인되지 않는다. 이러한 시문 양상을 보이는 와당은 한편으로 64호 건물지에서도 수습되고 있어 신라의 제와술이 일본 국지성에 전파되었음을 판단케 한다.[69]

이렇게 볼 때 국지성 와당에서 관찰되는 연화문은 황룡사지 출토 대형 치미에 시문된 연화문 1·3과 친연성이 있음을 살필 수 있다. 즉, 1+6과의 연자 배치는 연화문 1에서 관찰할 수 있고 자방 외곽에서의 요구는 연화문 3에서 찾아볼 수 있다. 이로 보아 신라의 연화문은 일본 구주지역에 전파되어 국지성에서 상호 습합되었음을 판단해 볼 수 있다.

국지성 저수지유적 출토 와당은 이와 공반 출토된 수혜기 및 토사기, 탄화미 등의 존재를 통해 그 편년을 유추해 볼 수 있다. 즉, 토기의 경우는 7세기 후반~8세기 전반으로 추정되었고 탄화미는 650±20년으로 확인되었다.[70] 이러한 조사 내용은 결과적으로 국지성 저수지유적 출토 와당이 7세기 4/4분기를 전후한 무렵에 제작되었음을 추정케 하고 있다.

국지성 와례의 존재는 황룡사지 치미의 연화문이나 제천 장락사지 및 충주 탑평리사지 와당 연화문이 적어도 7세기 4/4분기 무렵 왜의 구주지역까지 전파되었음을 보여주는 것이다. 아울러 신라에서 왜로의 제와술 전파는 한편으로 신라에서 왜로 귀화·투화한 신라의 僧尼 및 관인들의 역할과도 무관치 않으리라 생각된다.[71]

---

68) 熊本縣敎育委員會, 平成 11년, 『鞠智城』, 10쪽.

69) 趙源昌, 2006, 「鞠智城 瓦當으로 본 新羅 製瓦術의 對倭 傳播」 『湖西考古學』 14.

70) 熊本縣 敎育委員會에서 편찬한 「기쿠치성터(鞠智城)에 대해」 참조.

71) 趙源昌, 2006, 「鞠智城 瓦當으로 본 新羅 製瓦術의 對倭 傳播」 『湖西考古學』 14.

V. 대형 치미의 사용처

대형 치미가 수습된 9호 폐와유구는 강당지 북면기단의 동쪽부에 10호 폐와유구와 함께 위치하고 있다. 폐와유구의 대부분이 강당지 이남지역에 분포한 것과 비교해 북회랑 밖의 이격된 장소에 자리하고 있다는 점에서 차이를 보인다. 아울러 폐와유구가 일종의 폐기장이라는 측면에서 9호 폐와유구는 강당지나 금당지, 혹은 북회랑 등에서 발생된 폐기물로 형성되었을 가능성이 적지 않다. 예컨대 중문지나 목탑지와 같이 거리상 멀리 떨어진 곳에서 고의로 북회랑 너머에 까지 옮겨 폐기하지는 않았을 것이다.

치미는 특수기와의 일종으로서 기와집에만 사용되었다는 특징이 있다. 아울러 기와집 중에서도 와당이 사용된 와가에서만 주로 살필 수 있다.[72] 와가의 성격은 궁궐, 사원, 공공건물,[73] 특권층의 사가[74] 등으로 압축할 수 있으나 발굴조사 결과 사원에서 가장 다수가 발견되고 있다. 그리고 사원이라 할지라도 모든 전각의 지붕에서 치미가 발견되지 않는 것으로 보아 그 사용처 또한 매우 한정되었음을 알 수 있다.

이러한 사례 검토와 그 출토 위치를 전제로 한다면 황룡사지 출토 대형 치미는 강당이나 3금당(중금당 및 동·서금당)에 사용되었을 가능성이 가

---

72) 이는 와당이 사용된 모든 건물에 치미가 올려졌음을 의미하는 것은 아니다. 이로 보아 치미가 와당보다도 더 상징성이 강한 기와였음을 알 수 있다.

73) 백제의 경우 부여 동남리유적 등에서 살필 수 있다. 기존에 탑이 없는 동남리사지로 알려져 왔으나(朝鮮總督府, 1938, 「扶餘に於ける百濟寺址の調査(槪報)」『朝鮮古蹟調査報告』昭和十三年, 朝鮮古蹟研究會) 1990년대의 발굴조사 결과 사지와는 다른 건물 배치가 확인되었다(忠南大學校博物館, 1993·1994, 「扶餘 東南理遺蹟 發掘調査 略報告書」). 즉, 적심토가 시설된 대형건물지 1동을 비롯해 고상가옥, 담장지로 추정되는 와열유구 등이 조사되었다.

74) 고구려 벽화고분인 안악 3호분(357년경)에서 볼 수 있다.

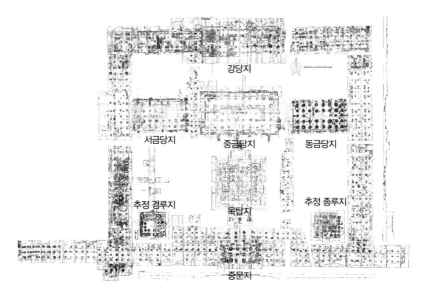

강당지

서금당지　　중금당지　　동금당지

추정 경루지　　목탑지　　추정 종루지

중문지

그림 37. 경주 황룡사지 가람배치

장 높다. 그러나 그 동안 발굴조사된 신라사지 중 강당지에서 치미가 거의 검출되지 않았음을 볼 때 대형 치미의 출처는 자연스럽게 3금당(그림 37)[75] 중 하나로 귀결될 수 있으리라 생각된다.

3금당은 조성상의 선후차가 확인되기는 하나 모두 중건가람기[76]에 축조되었음을 알 수 있다.[77] 3금당 중 중금당의 크기가 가장 크고 동·서금당

---

75) 국립문화재연구소·경주시, 2010, 『황룡사연구총서 7 황룡사 중심곽 출토유물』, 194쪽 도 1.

76) 이 논문을 작성한 후 2018년에 새로운 논고를 작성하였다. 여기에서 중건가람은 창건가람으로 이해하였다. 그리고 기존의 창건가람은 존재하지 않는 것으로 파악하였다. 이에 대해선 본 단행본의 「考古·文獻資料로 본 皇龍寺 畢功의 意味와 創建伽藍의 存在」를 참조하기 바람.

77) 조성의 선후차에 따른 축조기법의 차이를 살필 수 있다. 이에 따른 건축고고학적

은 이보다 작게 축조되었다. 이의 구조와 제원을 살피면 아래의 표 2와 같다.

표 2. 황룡사 중건가람기 기단의 구조와 제원

| 구분 | 기단구조 | 제원 | | 비고 |
		상층기단 (동서 길이×남북 너비)	상층기단 (동서 길이×남북 너비)	
중금당	이중기단	49.5×24.4	55.3×30.3	상층:가구기단
동금당	이중기단	34.09×18.78	38.18×22.72	
서금당	기단멸실	?	?	

중금당의 경우 하층기단을 중심으로 할 때 동금당에 비해 동서 길이는 약 17m, 남북 너비는 약 7.5m 정도 더 넓음을 살필 수 있다. 비록 서금당의 경우 창건 기단이 파괴되어 이의 정확한 크기를 살필 수 없지만 동·서금당이 대체로 대칭됨을 볼 때 동금당의 크기와는 큰 차이가 없었을 것이다.

황룡사지 출토 치미는 그 높이가 182cm이고 폭은 105cm로 지금까지 우리나라에서 발견된 것 중 가장 대형에 속하고 있다. 특히 치미의 기능 중 하나가 건물의 좌우대칭을 이루는 균형미[78]를 표현한다는 점에서 치미의 크기가 클수록 이를 사용한 건물의 크기 또한 당연히 비례하였을 것으로 생각된다. 다만, 아쉬운 점은 치미의 크기와 건물의 규모 간에 어떠한 상관관계가 있었는지 아직까지 명쾌하게 밝혀진 것이 없다는 사실이다. 이는 향후 발굴조사 과정에서 더 많은 자료가 습득된다면 자연스럽게 해결될 수 있으리라 사료된다.

검토는 아래의 논고를 참조하기 바람.
조원창, 2009, 「황룡사 중건가람 금당지 기단축조술의 계통」『문화사학』제32호.

78) 金有植, 1996, 「新羅 鴟尾에 대한 일연구 -경주지역 출토품을 중심으로-」『慶州史學』15권, 경주사학회, 60쪽.

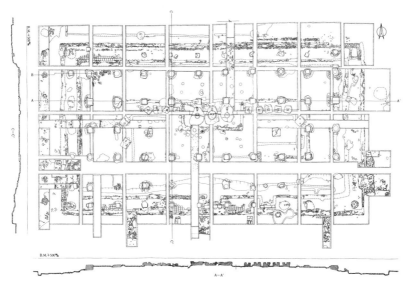

그림 38. 경주 황룡사지 중금당지 평·단면도. 중앙 후면에 장륙삼존불의 대좌가 있고, 이의 좌우에도 8개씩의 대좌가 배치되어 있다.

그림 39. 경주 황룡사지 중금당지 내부 장륙삼존불 대좌(東에서). 대좌에 구멍이 뚫려 있는 것으로 보아 불상 하부에 장부(촉)가 있어 장부(촉)이음으로 결합되었음을 알 수 있다.

현재까지 알려진 황룡사지 출토 치미는 복원된 1기를 제외하고는 대부분 편으로 남아 있다. 이것이 중금당의 치미를 교체하는 과정에서 생겨난 것인지 아니면 동·서금당에 별도로 사용한 것인지는 확연히 알 수 없다. 다만, 치미의 기능이 장식성 외에 벽사와 같은 상징성이 내포되어 있음을 볼 때 금당 내부의 성보와도 밀접한 관련이 있었으리라 생각된다.

황룡사의 중건가람은 장육존상의 주조와 더불어 착공되었다. 이는 중건가람의 창사 의미가 장육존상의 안치와 불가분의 관계에 있었음을 가리킨다. 특히 중금당지에서는 장육존상과 더불어 이의 좌우에서 8개씩의 대좌가 더 확인되었다(그림 38~40).[79] 이러한 대좌 배치는 중금당 내부에 장육삼존불을 포함해 19구의 불상이 봉안되었음을 의미한다.

반면, 서금당지(그림 41)[80]에서는 중금당지에서 살핀 것과 같은 불대좌가 확인되지 않았다. 그렇다고 이곳에 불상을 봉안하지 않았음을 의미하는 것은 결코 아니다.[81] 다만, 동금당지(그

그림 40. 경주 황룡사지 중금당지 장륙삼존불 동쪽부 대좌(東에서). 상면에 구멍이 뚫려 있다.

79) 文化財管理局 文化財研究所, 1982,『皇龍寺 遺蹟發掘調查報告書(圖版編)』Ⅰ, 도면 3.
    필자 사진.

80) 文化財管理局 文化財研究所, 1982,『皇龍寺 遺蹟發掘調查報告書(圖版編)』Ⅰ, 도면 9.

81) 이는 건물지 중앙의 내진공간을 통해 유추해 볼 수 있다.

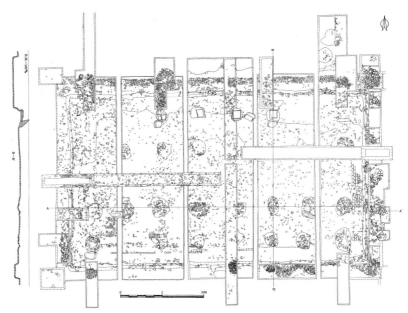

그림 41. 경주 황룡사지 서금당지 평·단면도. 초석 일부만 남아 있다. 적심석의 잔존 상태로
보아 후대의 많은 멸실이 살펴진다.

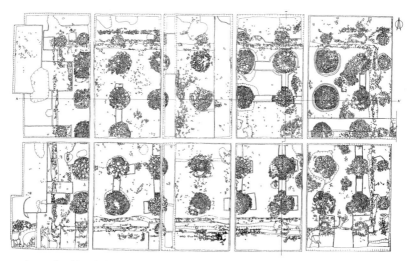

그림 42. 경주 황룡사지 동금당지 평·단면도 . 초석이 없이 적심석만 남아 있다.

림 42)[82)]의 평면도에서 불대좌로 볼 수 있는 초석이나 적심시설, 혹은 대
좌의 보강시설 등이 검출되지 않아 중금당에서와 같은 거형의 불상은 안
치되지 않았을 것이라는 점이다. 이러한 동금당지에서의 평면구조는 사
원의 대칭적 관점에서 서금당지도 마찬가지였을 것으로 사료된다.

이렇게 본다면 황룡사 중건가람의 3금당 중 주요 불상은 대부분 중금당
에 안치되었음을 의미한다. 이는 중금당의 규모를 통해서도 확연히 알 수
있다. 즉, 하층기단 만을 놓고 볼 때 중금당은 동서 길이가 55.3m인 반
면, 동금당은 38.18m로서 약 17m 정도의 차이가 있다. 아울러 중금당의
하층기단 상면에는 퇴칸 혹은 차양칸을 시설하기 위한 초석이 마련되어
있어 건물의 장엄성과 웅장함을 잘 표현하고 있다.

또한 축기부의 존재 유무에서도 중건가람의 중금당과 동·서금당의 차
이를 확연하게 살필 수 있다. 축기부는 층위상 기단부 아래에 시설되는
것으로 대지조성이 완료된 후 되파기하여 조성하고 있다. 대체로 해당 건
물의 하중이 육중할 때 사용하는 토목공법으로 알려져 있다.[83)] 즉, 중금
당에서는 토석을 혼축한 축기부(그림 43)[84)]가 확인된 반면, 초축기의 동·
서금당[85)]에서는 이러한 유구를 살필 수 없다. 불과 수 m 정도 떨어진 지

---

82) 文化財管理局 文化財研究所, 1982, 『皇龍寺 遺蹟發掘調査報告書(圖版編)』 I , 도
     면 8.

83) 조원창, 2008, 「백제 목탑지 편년과 축기부 축조기법에 관한 연구」 『건축역사연
     구』 59호.

84) 文化財管理局 文化財研究所, 1982, 『皇龍寺 遺蹟發掘調査報告書(圖版編)』 I , 도
     면 28.

85) 서금당의 경우 초축기에는 축기부가 시설되지 않았으나 제 2차 시기 즉 목탑 건
     립시기에 축기부가 조성되었다. 축기부의 범위는 동서 130척, 남북 74척, 깊이
     13척이다(文化財管理局 文化財研究所, 1984, 『皇龍寺 遺蹟發掘調査報告書』 I ,
     73~74쪽). 이로 보아 서금당의 경우 제 2차 시기에 불전 내부가 다소 변화되었음
     을 추정해 볼 수 있다. 왜냐하면 동금당의 경우도 서금당과 같이 3차례의 변천이

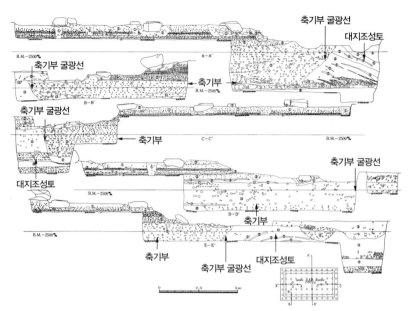

그림 43. 경주 황룡사지 중금당지 축기부 축조상태

점임에도 불구하고 이러한 토목공법을 확인할 수 없다. 이는 축기부의 필요조건으로서 건물의 하중이 중금당에 비해 동·서금당이 그만큼 미치지 못하였음을 의미하는 것이라 할 수 있다.

　이상으로 볼 때 중건가람의 중금당은 동·서 금당에 비해 규모만 큰 것이 아니라 그의 하중도 육중하였음을 알 수 있다. 특히, 중금당의 건물 규모(9칸×4칸)와 구조, 그리고 19구의 불상 안치는 북위 영령사의 주불전과도 비교되어 태극전으로 이해되기도 하였다.[86]

　이루어졌지만 축기부는 확인되지 않았기 때문이다. 한편, 서금당 내부가 변화하였다 하더라도 주불전으로서의 중금당 위상은 크게 바꾸어지지 않았을 것이다.

86) 양정석, 2004, 「Ⅳ 皇龍寺의 重建과 丈六尊像 및 Ⅴ 重建金堂과 太極殿」『皇龍寺의 造營과 王權』, 서경.

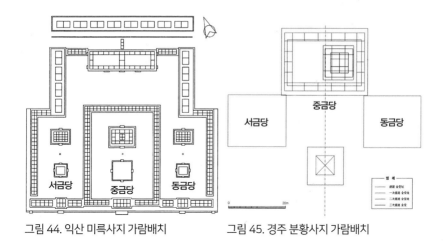

그림 44. 익산 미륵사지 가람배치   그림 45. 경주 분황사지 가람배치

이상에서처럼 중금당은 동·서금당과 달리 황룡사 중건가람의 주요 건물로서 태극전과 비교되며 그 규모가 동·서금당에 비해 월등히 장대하였음을 알 수 있다. 이러한 금당 간의 규모 차이는 한편으로 백제의 익산 미륵사지(그림 44)[87] 및 신라 분황사지(그림 45)[88] 등에서도 동일하게 살펴지고 있어 삼국시대 3금당 조성의 일정한 패턴으로 파악되고 있다.[89]

황룡사지 9호 폐와유구 출토 치미는 그 높이가 182cm로서 다른 치미에 비해 현저히 크게 제작되었음을 살필 수 있다. 이는 다른 유적의 치미와 비교해 절대적으로 큰 만큼 신라 와공의 제작기술도 뛰어났음을 알 수 있다. 아울러 치미의 기능이 벽사뿐만 아니라 건물의 균형미까지 고려되어 제작되었음을 볼 때 이것이 시설된 건물의 규모 또한 치미에 맞게 장대

---

87) 전라북도익산지구문화유적지관리사업소, 1997, 『미륵사지유물전시관』, 123쪽.

88) 國立慶州文化財硏究所, 2005, 『芬皇寺 發掘調査報告書(本文)』I, 49쪽.

89) 고구려의 경우도 청암리사지를 보면 중금당이 동·서금당에 비해 크게 조성되었다. 다만, 유구의 멸실 정도가 심해 금당간의 크기는 정확하게 비교할 수 없다.

하여야 하고 또한 주존불을 봉안한 주불전이어야 함이 당연할 것이다. 이러한 점에서 대형 치미의 사용처는 황룡사내 다른 전각들보다도 중금당의 경우가 가장 타당할 것이라 생각한다.

VI. 맺음말

그 동안 신라의 왕경인 경주지역의 황룡사지, 천군리사지, 감은사지, 불국사, 안압지, 사천왕사지, 월성해자, 굴불사지, 전 인용사지, 월성, 동궁과 월지 등에서는 특수기와의 한 종류인 치미가 출토되었다. 이는 장식적 기능 외에 벽사, 건물의 균형미 등을 대변해 주는 것으로서 삼국시대 이후 사원이나 궁궐 등 권위건물의 지붕에 주로 설치되었다.

황룡사지 치미는 9호 폐와유구에서 와당, 토기 등과 함께 편으로 출토되었다. 복원 높이가 182cm로서 그 동안 발굴조사를 통해 수습된 삼국시대 치미 중 가장 큰 규모를 보이고 있다. 치미의 몸통과 후면에는 연화문을 비롯한 인면문 등이 別造 장식되어 있다.

황룡사지 치미에 대한 편년은 폐와유구에서 공반 출토된 고신라계의 와당을 통해 584년 무렵으로 이해되고 있다. 그러나 9호 유구에서는 6세기 4/4분기의 와당뿐만 아니라 7~8세기 전반의 와당도 공반 수습되고 있다. 따라서 황룡사 치미의 편년을 어느 한 형식의 와당만을 고려하여 결정하는 것은 다소 문제의 소지가 있다고 생각된다.

황룡사지 치미에 장식된 연화문은 돌대식으로 돌대부가 확연하게 돌출되어 있다. 이러한 형상의 연화문은 경주 재매정지를 비롯한 전랑지, 충주 탑평리사지, 제천 장락사지 등에서 확인되고 있으며, 특히 충주 탑평리사지 및 제천 장락사지 출토 와당의 연화문과 친연성을 보이고 있다. 이 두 와례의 경우 7세기 3/4분기로 편년되고 있어 황룡사 대형 치미의 경우도 이와 비슷한 시기에 제작되었음을 유추해 볼 수 있다.

치미의 크기로 보아 이의 사용처 또한 대형 건물이었을 것으로 생각된다. 아울러 이의 출토지가 강당지의 동북편이라는 점에서 이와 인접한 건물의 소산물이었음을 추정해 볼 수 있다. 이렇게 볼 때 치미는 장육존상을 포함한 19구의 불상이 안치된 중금당에 사용되었을 가능성이 가장 높다. 이는 중금당의 규모와 구조, 그리고 태극전으로 이해되는 건물의 상징성에 기인한 바 크다.

　　황룡사지 출토 치미의 편년으로 보아 이는 중건가람 초창기의 것으로는 살피기 어려우며 7세기 3/4분기 무렵 치미의 개수과정에서 새롭게 제작된 것으로 이해된다. 아울러 치미에서 관찰되는 연화문은 왜 국지성 출토 와당에서도 살펴지고 있어 7세기 4/4분기 무렵 신라의 제와술이 왜에 전파되었음을 판단케 하고 있다.[90]

---

90)　이 글은 조원창, 2012, 「황룡사지 출토 대형 치미의 편년과 사용처 검토」 『先史와 古代』 36권의 내용을 수정·정리한 것이다.

• 조원창

공주사범대학 역사교육과 졸업
공주대학교 대학원 사학과 졸업(문학석사)
상명대학교 대학원 사학과 졸업(문학박사)
현 한얼문화유산연구원 원장
(사)국립공주박물관회 이사

주요 논저

『백제 건축기술의 대일전파』, 『한국 고대 와당과 제와술의 교류』,
『백제의 토목 건축』, 『기와건물지의 조사와 해석』, 『백제사지 연구』,
『역사고고학자와 함께 찾아가는 스토리가 있는 사찰, 문화재 1·2』,
『백제 사원유적 탐색』, 『수수께끼의 대통사를 찾아서』, 『고려사지와 건축고고』,
『건축유적의 발굴과 해석』
「황룡사지 출토 대형 치미의 편년과 사용처 검토」,
「백제 사비기 목탑 축조기술의 대외전파」,
「백제 정림사지 석탑 하부 축기부 판축토의 성격」,
「백제 판단첨형 연화문의 형식과 편년」,
「고고·문헌자료로 본 황룡사 필공의 의미와 창건가람의 존재」,
「기와로 본 백제 웅진기의 사비경영」 등

皇龍寺 | 황룡사 - 터 잡고 꽃을 피우다

초판인쇄일   2020년 2월 07일
초판발행일   2020년 2월 10일
지 은 이   조원창
발 행 인   김선경
책 임 편 집   김소라
발 행 처   서경문화사
주   소   서울시 종로구 이화장길 70-14(204호)
전   화   743-8203, 8205 / 팩스 : 743-8210
메   일   sk8203@chol.com
신 고 번 호   제1994-000041호
ISBN   978-89-6062-219-7   93000
ⓒ 조원창 · 서경문화사, 2020

정가 25,000